工业和信息化普通高等教育
"十三五"规划教材立项项目

高等院校
会计学新形态系列教材
ACCOUNTING

U0734391

会计信息系统
——业财一体化应用

用友 ERP–U8 V15.0 | 微课版

宋红尔 吴爽 / 主编

左继男 冉祥梅 / 副主编

ACCOUNTING
INFORMATION SYSTEM

人民邮电出版社
北 京

图书在版编目（ＣＩＰ）数据

会计信息系统：业财一体化应用：用友ERP U8V
15.0：微课版 / 宋红尔，吴爽主编. -- 北京：人民邮
电出版社，2022.1
高等院校会计学新形态系列教材
ISBN 978-7-115-57038-3

Ⅰ．①会… Ⅱ．①宋… ②吴… Ⅲ．①会计信息－财
务管理系统－高等学校－教材 Ⅳ．①F232

中国版本图书馆CIP数据核字(2021)第153613号

内 容 提 要

本书以用友 ERP U8 V15.0 版软件为蓝本，以虚拟的辽宁双圆轮胎有限公司 2022 年 1 月份的经济业务为背景，分别模拟账套主管、财务经理、会计等七个岗位，依次完成账套建立、基础设置、系统初始化、日常经济业务处理、期末处理等工作任务。

本书基于"教学做一体化"的模式编写。全书 163 个知识点均设计了实验资料，并给出了相应的实验过程，使读者能够掌握总账、应收款管理、应付款管理、采购管理、销售管理、库存管理、存货核算、固定资产、薪资管理及 UFO 报表十个子系统的基本应用。

本书可作为普通高等院校、职业本科院校、高职高专院校会计信息系统、会计信息系统应用、会计信息化等课程的教材，也可供社会在职人员参考使用。

- ◆ 主　　编　宋红尔　吴　爽
  副 主 编　左继男　冉祥梅
  责任编辑　刘向荣
  责任印制　李　东　胡　南
- ◆ 人民邮电出版社出版发行　　北京市丰台区成寿寺路 11 号
  邮编　100164　电子邮件　315@ptpress.com.cn
  网址　https://www.ptpress.com.cn
  三河市君旺印务有限公司印刷
- ◆ 开本：787×1092　1/16
  印张：14.75　　　　　　　2022 年 1 月第 1 版
  字数：425 千字　　　　　　2024 年 7 月河北第 5 次印刷

定价：49.80 元

读者服务热线：(010)81055256　印装质量热线：(010)81055316
反盗版热线：(010)81055315
广告经营许可证：京东市监广登字 20170147 号

前　言

随着数据库技术、计算机网络技术的发展以及电子票据、财务共享中心等的出现，会计人员的工作环境正在发生变化，会计对象本身也在向无纸化、信息化方向发展。熟练使用会计信息系统已成为对当今会计人员的基本要求，大学生会计信息处理能力的培养也更加重要。党的二十大报告明确提出"加快建设数字中国"的重大战略部署。企业会计工作也应顺应时代潮流，向信息化、数字化方向转型。在此背景下，我们编写了这本书。

本书共三篇 11 章，基本内容如下。

第一篇系统实施，即第 1 章～第 3 章。第 1 章主要介绍系统管理基本功能：建立账套、增加操作员并为其设置权限、账套备份与引入等。第 2 章主要介绍系统基础工作：设置各类基础档案、单据设置、数据权限管理等。第 3 章主要介绍九个子系统的初始化：采购管理系统初始化、销售管理系统初始化、库存管理系统初始化、存货核算系统初始化、应付款管理系统初始化、应收款管理系统初始化、固定资产系统初始化、薪资管理系统初始化、总账系统初始化。

第二篇日常业务处理，即第 4 章～第 9 章。第 4 章主要介绍填制凭证等总账系统日常业务处理。第 5 章主要介绍资产增加等固定资产系统日常业务处理。第 6 章主要介绍工资变动等薪资管理系统日常业务处理。第 7 章主要介绍供应链管理中的日常采购业务。第 8 章主要介绍供应链管理中的普通销售业务。第 9 章主要介绍供应链管理中的八种特殊业务。

第三篇期末处理，即第 10 章和第 11 章。第 10 章主要介绍出纳管理、期末转账和月末结账等。第 11 章主要介绍 UFO 报表系统：自定义报表、利用模板生成报表、自定义财务指标分析表等。

与同类教材比较，本书更加注重应用性，具有以下鲜明特色。

（1）基于实验任务导向的"教、学、做"一体化模式。全书 163个知识点均设计了实验资料，并给出了相应的实验过程，使读者能够掌握用友 ERP U8 V15.0 版的基本应用。

（2）业财一体信息化应用。一方面，本书以用友 ERP U8 V15.0软件为蓝本，通过学习，读者应能熟练掌握总账、应收款管理、应付款管理、采购管理、销售管理、库存管理、存货核算、固定资产、薪资管理及 UFO 报表十个子系统的业务处理，实现多模块综合应用。另一方面，本书全部实验任务按账套主管、财务经理、会计、出纳、销售员、采购员、库管员七个岗位分工设计，通过学习，读者能够实现多岗位综合应用。

（3）业务与流程完整相结合。一方面，本书以虚拟的辽宁双圆轮胎有限公司为背景，设计了多笔经济业务，其中既有普通业务，又有特殊业务；另一方面，本书要求读者依次完成账套建立、基础设置、系统初始化、日常业务处理、期末处理等工作任务。通过学习本书，读者能够完整地掌握一般工业企业会计信息化工作的全过程。

（4）紧跟时代步伐。本书一方面根据最新的财税政策及会计准则编写本书的实验资料，另一方面将会计信息系统在实际应用中的最新研究成果纳入书中，以更好地解决会计信息系统滞后于国家财税政策和会计实务的问题。

本书由宋红尔、吴爽任主编，左继男、冉祥梅任副主编，参与编写的还有刘阳、李国余、王中利、杨柳、郑晶晶、吴育才、李迎盈、李晗、刘唱。宋红尔负责拟定全书大纲及所有实验资料的制作，并对全书进行总纂、修改和定稿。

本书编写过程中参考了国内相关著述，在此对有关作者表示衷心的感谢。作为校企合作单位，本书的编写得到了辽宁华瑞会计师事务所的大力支持，在此也一并表示感谢。

虽然编者对会计信息系统应用一直在关注、追踪、学习，但因水平所限，书中难免有不当之处，欢迎广大读者不吝指正。您的批评和建议将是本书再次修订的重要依据。联系方式：E-mail：songhonger@163.com。

宋红尔

目 录 Contents

第一篇 系统实施

第1章 系统管理

1.1 概述

系统管理主要是对账套、操作员、角色等进行集中管理，主要包括以下功能。①对账套实行统一管理，包括建立、修改、备份（自动备份和手工输出）和引入。②对操作员及其功能级权限实行统一管理，包括用户、角色和权限设置。③系统任务管理，包括查看当前运行任务、清除指定任务、清退站点、清除单据锁定等。本章总体框架如图 1-1 所示。

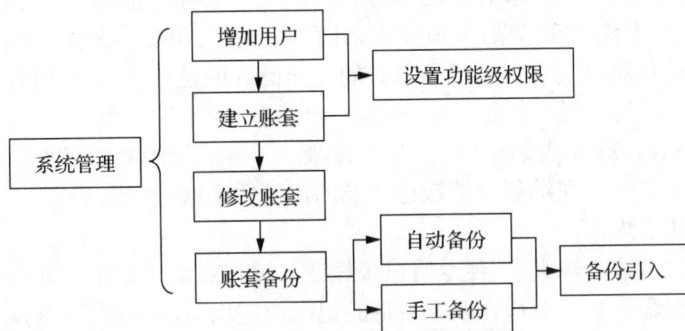

图 1-1 本章总体框架

1.2 案例背景资料

1. 企业基本情况

（1）公司注册资料。

公司注册名称：辽宁双圆轮胎有限公司（以下简称"辽宁双圆"）

公司统一社会信用代码：91210702539106708S

公司注册地址及电话：辽宁省锦州市古塔区文化路 7 号，电话：0416-2389252

公司邮箱地址：shuangyuan@163.com

公司注册资本：人民币 3 000 万元

公司法定代表人：陆之远

公司总经理：李梓楠

公司经营范围：主要从事汽车轮胎的生产和销售

（2）公司银行资料。

① 基本存款账户。

交通银行锦州古塔支行（基本存款账户），账号：6235166951987631615

交通银行锦州古塔支行（美元户），账号：6235166951169126917

② 一般存款账户。

锦州银行锦州古塔支行，账号：6235985107847117832

（3）公司税务资料。

国家税务总局锦州市古塔区税务局，纳税人识别号（即税号）同公司统一社会信用代码，缴款账户：国家金库锦州市古塔区支库，账号：2516576534978970592。

2．会计信息系统

公司于 2022 年 1 月启用用友 ERP-U8 V15.0 版本的会计信息系统（以下简称"U8 系统"），具体包括以下子系统：总账、应收款管理、应付款管理、固定资产、薪资管理、采购管理、销售管理、库存管理、存货核算及 UFO 报表系统。

3．会计核算制度

（1）公司以人民币作为记账本位币，记账文字为中文。

（2）税费的处理。

公司为增值税一般纳税人，增值税税率为 13%，按月缴纳，按当期应交增值税的 7%计算城市维护建设税，按 3%计算教育费附加和按 2%计算地方教育附加。公司当期取得的增值税专用发票，按照现行增值税制度规定当期准予抵扣的，均已认证且于当期一次性抵扣。

公司车船使用税、房产税和城镇土地使用税均按税法规定计算缴纳。

企业所得税税率为 25%，按年计征，分月预缴，年终汇算清缴，多退少补。企业所得税会计采用资产负债表债务法。交纳税费按银行开具的原始凭证编制记账凭证。

（3）会计凭证基本规定。

公司采用收款、付款、转账 3 种专用记账凭证。填制或生成记账凭证均由指定的会计人员操作，含有"库存现金"和"银行存款"科目的记账凭证均需出纳签字。对已记账凭证的修改，采用红字冲销法。为保证财务与业务数据的一致性，能在业务系统生成的记账凭证不得在总账系统直接填制。无特别要求，在业务发生当日，收到发票并支付款项的业务使用现付功能处理，开出发票同时收到款项的业务使用现结功能处理。

（4）货币资金业务的处理。

公司采用的结算方式包括现金结算、支票、托收承付、委托收款、银行汇票、商业汇票、电汇等。收、付款业务由财务部门根据有关凭证进行处理，在系统中没有对应结算方式时，其结算方式为"其他"。

（5）往来科目辅助核算要求。

往来科目的辅助账类型及受控系统如表 1-1 所示。

表 1-1　　　　　　　　　　　　　往来科目辅助核算一览表

科目编码	科目名称	辅助账类型	受控系统	备注
112101	应收票据	客户往来	应收款管理系统	

续表

科目编码	科目名称	辅助账类型	受控系统	备注
112201	应收账款/一般应收账款	客户往来	应收款管理系统	
112202	应收账款/资产处置应收款	客户往来		涉及固定资产处置的业务
1123	预付账款	供应商往来	应付款管理系统	
2201	应付票据	供应商往来	应付款管理系统	
220201	应付账款/一般应付账款	供应商往来	应付款管理系统	
220202	应付账款/暂估应付账款	供应商往来		暂估业务
220301	预收账款/一般预收账款	客户往来	应收款管理系统	
220302	预收账款/销售定金	客户往来		销售定金业务

（6）非往来科目辅助核算要求。

日记账：库存现金、银行存款。

银行账：银行存款。

部门核算：销售费用、管理费用的部分明细科目、制造费用及其明细科目。

个人往来：其他应收款/职工个人往来。

项目核算：交易性金融资产、债权投资和其他权益工具投资，以及这 3 个总账科目的明细科目；生产成本总账科目及其明细科目。

（7）固定资产业务的处理。

公司固定资产包括房屋及建筑物、生产设备、运输设备和管理设备，均为在用状态；采用平均年限法（一）按月计提折旧；同期增加多个固定资产时，不采用合并制单。该系统生成的凭证均到"批量制单"中完成。

（8）薪酬业务的处理。

根据现行个人所得税法律制度规定，公司预扣预缴个人所得税，其费用扣除标准为 5 000 元/月。假定公司员工除工资外，当年未取得劳务报酬所得、稿酬所得和特许权使用费所得。假定公司员工除享受子女教育、赡养老人两项专项附加扣除外，无其他专项附加扣除事项。

公司按有关规定计算缴纳社会保险费和住房公积金。社会保险费及住房公积金以固定工资基数 4 500（元/人）作为计提基数。"四险一金"计提比例如表 1-2 所示。

各类社会保险及公积金当月计提，次月缴纳。根据国家有关规定，公司代扣由个人承担的社会保险费、住房公积金。

公司职工福利费和职工教育经费不预提，按实际发生金额列支。工会经费按应付工资总额的 2%计提。

表1-2　　　　"四险一金"计提比例

项目	企业承担（%）	个人承担（%）	小计（%）
基本养老保险	16	8	24
医疗保险	7	2	9
失业保险	0.5	0.5	1
工伤保险	0.5		0.5
小计	24	10.5	34.5
住房公积金	10	10	20
合计	34	20.5	54.5

由公司预扣预缴的个人所得税通过"应交税费"账户进行核算。职工个人负担的社保及公积金通过"其他应付款"账户进行核算。工资分摊制单时勾选"合并科目相同、辅助项相同的分录"。

（9）存货业务的处理。

公司存货主要包括原材料、辅助材料、周转材料以及轿车轮胎、货车轮胎等产成品，按存货分类进行存放及核算。各类存货按照实际成本核算，采用永续盘存制。发出存货成本按仓库进行核算，采用全月平均法计价，"固定资产仓"为虚拟仓库，采用先进先出法计价。"周转材料"采用代管模式采购。

采购入库的存货对方科目全部使用"在途物资"科目，委托代销成本核算方式按发出商品核算。同一批出库或入库业务生成一张凭证；采购、销售必有订单，订单号为合同编号，到货必有到货单，发货必有发货单。

（10）成本核算。

公司采用品种法计算产品成本，成本项目为直接材料、直接人工和制造费用。本月发生的直接材料发生时直接计入产品成本，本月发生的直接人工和制造费用按本月各产品的投产量在各种产品之间分配。月末各产品全部完工，无在产品。

（11）坏账准备的计提。

公司除应收账款外，其他预付及应收款项不计提坏账准备。期末按应收账款余额的 0.5%计提坏账准备。

（12）财产清查的处理。

公司每月末对存货进行清查，每年年末对固定资产进行清查。根据盘点结果编制"盘点表"，并与账面数据比较，由库存管理员审核后处理。

（13）损益类账户的结转。

公司每月末将各损益类账户余额转入"本年利润"账户，结转时按收入和支出分别生成记账凭证。

（14）利润分配。

根据《公司法》及公司章程，公司税后利润按以下顺序分配：①弥补亏损；②按 10%提取法定盈余公积；③按 30%向投资者分配利润。

1.3 系统管理

1.3.1 增加用户

【实验资料】

辽宁双圆的 U8 系统共有 7 位操作员（用户），如表 1-3 所示。

表 1-3　　　　　　　　　　　　软件应用操作员/用户

编号	姓名	用户类型	认证方式	口令	所属部门	角色	工作岗位
A01	李梓楠	普通用户	用户+口令（传统）		行政部	账套主管	总经理
W01	王健荣	普通用户	用户+口令（传统）		财务部	普通员工	财务经理
W02	张博文	普通用户	用户+口令（传统）		财务部	普通员工	会计
W03	马浩男	普通用户	用户+口令（传统）		财务部	普通员工	出纳
G01	赵子晨	普通用户	用户+口令（传统）		采购部	普通员工	采购内勤
X01	纪超岩	普通用户	用户+口令（传统）		销售部	普通员工	销售内勤
C01	冯艳琪	普通用户	用户+口令（传统）		仓储部	普通员工	库管员

【实验过程】

（1）登录系统管理。执行"开始→所有程序→用友 U8 V15.0→系统服务→系统管理"命令，打开"用友 U8[系统管理]"窗口。在该窗口中，选择"系统→注册"命令，打开"登录"窗口。单击"登录"按钮，进入系统管理窗口，如图 1-2 所示。

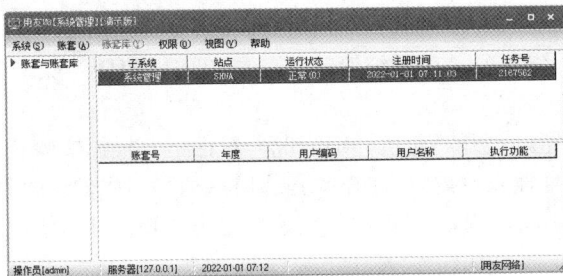

图 1-2　系统管理窗口

【提示】

能够登录系统管理的一般有以下几类操作员：系统管理员（admin）、安全管理员（sadmin）、账套主管和管理员用户。系统管理员负责整个系统的维护工作。以系统管理员身份注册进入，便可进行账套管理（包括账套的建立、引入和输出），以及角色、用户及其权限设置。以安全管理员的身份注册进入系统管理后（直接在"操作员"栏中输入"sadmin"即可），可以设置安全策略、执行数据清除和还原。账套主管可以完成账套修改、账套库的建立及删除、设置普通用户/角色权限等工作。管理员用户由系统管理员创建，该类用户协助系统管理员完成系统的维护工作，如账套库备份、升级、用户/角色管理，权限管理，任务管理等。

（2）增加用户。在系统管理窗口，单击"权限"菜单下的"用户"功能，打开"用户管理"窗口。单击工具栏的"增加"按钮，打开"操作员详细情况"对话框。根据实验资料输入李梓楠的相关信息，如图 1-3 所示。单击"增加"按钮，保存该操作员。按此方法继续增加其他操作员。增加完毕，退出"操作员详细情况"对话框并返回"用户管理"窗口。

图 1-3　增加操作员

【提示】

这里的"用户"指的是软件的操作员。在图1-3中，用户类型有两种：普通用户和管理员用户。普通用户一般指的是登录企业应用平台、进行各种业务处理的用户，系统中的大部分用户均属于此类型。管理员用户是进行账套管理、协助系统维护的用户，该类用户只能登录系统管理进行操作，为系统管理员分担一部分管理工作。

在"用户管理"窗口，选中要修改的用户信息，单击"修改"按钮，可进入修改状态，但已启用用户只能修改口令、所属部门、E-mail、手机号、认证方式和所属角色的信息。在修改状态下，单击"注销当前用户"按钮，将暂时停止该用户使用。

在"用户管理"窗口，选中要删除的用户，单击"删除"按钮，可删除该用户。但已启用的用户不能删除，已定义用户角色的用户必须先取消所属角色信息才能删除。

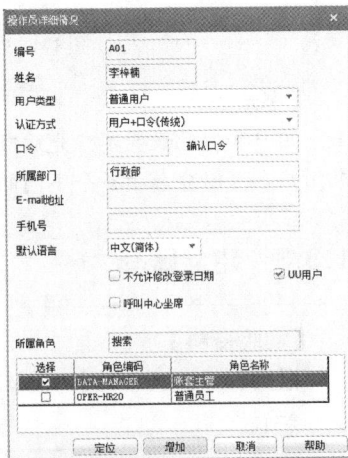

1.3.2　增加角色

【实验资料】

根据表 1-4 增加角色并分配用户。

表 1-4　　　　　　　　　　　　　　　　　角色

角色编码	角色名称	分配用户
01	内勤	G01 赵子晨；X01 纪超岩

【实验过程】

（1）以系统管理员身份登录系统管理，在系统管理窗口，单击"权限"菜单下的"角色"功能，打开"角色管理"窗口。

（2）单击工具栏的"增加"按钮，打开"角色详细情况"对话框。根据实验资料，在"角色编码"处输入"01"，"角色名称"处输入"内勤"。在"备选用户列表"中勾选"赵子晨""纪超岩"，单击"添加"按钮，如图1-4所示。单击"退出"按钮，退出"角色详细情况"对话框并返回"角色管理"窗口。

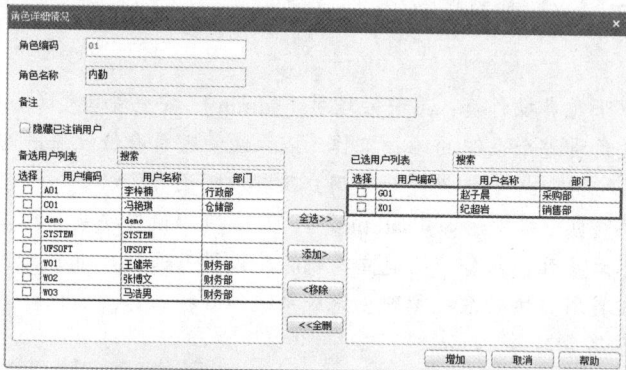

图1-4 "角色详细情况"对话框

【提示】

用户和角色设置不分先后顺序，用户可根据自己的需要设置。一个角色可以拥有多个用户，一个用户也可以分属于多个不同的角色。

1.3.3 建立账套

【实验资料】

根据表1-5建立辽宁双圆轮胎有限公司的账套。

表1-5 建账向导

建账向导	参数设置
账套信息	账套号：001；账套名称：辽宁双圆轮胎有限公司；启用会计期：2022年1月
单位信息	单位名称：辽宁双圆轮胎有限公司；单位简称：辽宁双圆；单位地址：辽宁省锦州市古塔区文化路7号；法人代表：陆之远；邮政编码：121000；联系电话/传真：0416-2389252；电子邮件：shuangyuan@163.com；税号：91210702539106708S
核算类型	本币代码：RMB；本币名称：人民币；企业类型：工业；行业性质：2007年新会计准则科目；账套主管：李梓楠
基础信息	对存货、客户、供应商进行分类，有外币核算
编码方案	科目编码级次：4-2-2-2-2；客户分类编码级次：2-2-2；供应商分类编码级次：2-2-2；存货分类编码级次：2-2-2；部门编码级次：2-2-2；收发类别编码级次：2-2
数据精度	存货单价小数位、开票单价小数位均设为4位，其他数据精度采用系统默认

【实验过程】

（1）以系统管理员身份登录系统管理，在系统管理窗口，单击"账套"菜单下的"建立"功能，打开"创建账套-建账方式"界面，如图1-5所示。

【提示】

只有系统管理员才有权限创建新账套。只有账套主管才能使用"账套库"菜单。

如果在图1-5所示的"账套"下拉列表框中存在若干账套，且当前待创建的账套与已存账套包含相同的基础档案和某些期初数据，则可以选择"参照已有账套"方式建账。

（2）单击"下一步"按钮，打开"创建账套-账套信息"界面。输入"账套号"为001，"账套名称"为"辽宁双圆轮胎有限公司"，"启用会计期"输入"2022年1月"，其他项默认，结果如图1-6所示。

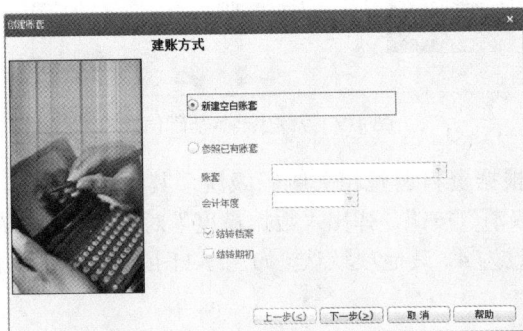

图1-5 创建账套-建账方式

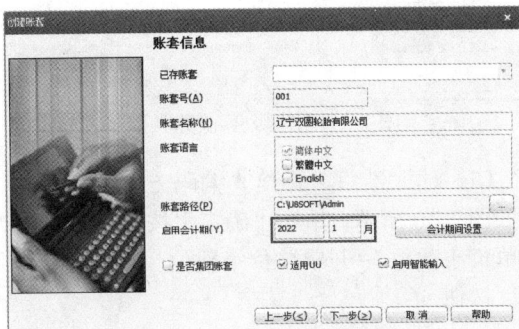

图1-6 创建账套-账套信息

【提示】

[已存账套]在建立新账套时已经存在的账套。这些账套只能参照，不能输入或修改。

[账套号]新建账套的编号，必输项，可输入001～999的任意3个数字，但不能与"已存账套"的账套号重复。

[账套路径]用来输入账套数据存储的路径，必输项，单击 ⋯ 按钮，可修改账套存放路径，但不能是网络路径中的磁盘。

[启用会计期]必输项，新建账套被启用的日期。

[会计期间设置]用来处理实际核算期间和正常的自然日期不一致的情况。单击"会计期间设置"按钮即可设置会计期间。"启用会计期"以前的日期不可修改，只能调整"启用会计期"以后的会计期间。

（3）输入完成后，单击"下一步"按钮，打开"创建账套-单位信息"对话框，根据实验资料输入本单位的基本信息，结果如图1-7所示。其中，单位名称为必输项。

（4）输入完成后，单击"下一步"按钮，打开"创建账套-核算类型"对话框，"企业类型"选择"工业"，"账套主管"选择"[A01]李梓楠"，其他项默认，结果如图1-8所示。

【提示】

[企业类型]若选择"工业"，则受托代销业务将不能使用。

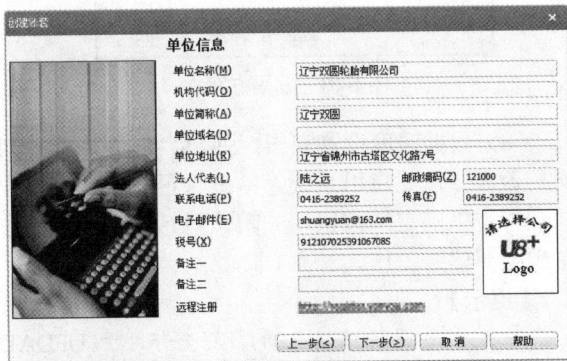

图1-7 创建账套-单位信息

[账套主管]用户须从下拉列表框已存的操作员中选择一位作为本账套的账套主管。

[按行业性质预置科目]若勾选此项，则系统将预置所属行业的总账科目，后续到"企业应用平台"增加明细科目即可。

（5）选择完成后，单击"下一步"按钮，打开"创建账套-基础信息"对话框，根据实验资料，勾选"有无外币核算"复选框，其他项默认，如图1-9所示。

（6）单击"下一步"按钮，打开"创建账套-开始"对话框，单击"完成"按钮，提示"可以创建账套了么？"，单击"是"按钮，系统开始建账。

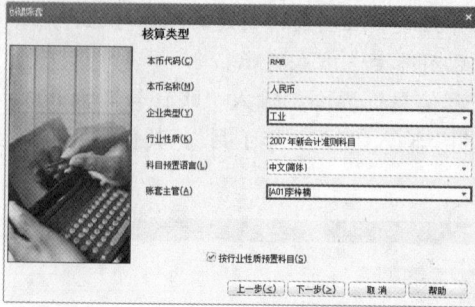

图1-8　创建账套-核算类型

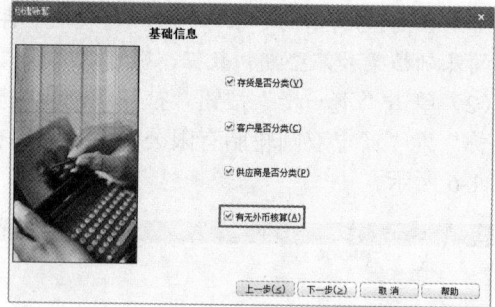

图1-9　创建账套-基础信息

（7）建账结束，弹出"编码方案"对话框，根据资料调整相关编码级次，其他项默认，结果如图1-10所示。单击"确定"按钮，再单击"取消"按钮，弹出"数据精度"对话框，将"存货单价小数位""开票单价小数位"的数据精度均设为4，其他项默认，如图1-11所示，单击"确定"按钮。

图1-10　编码方案

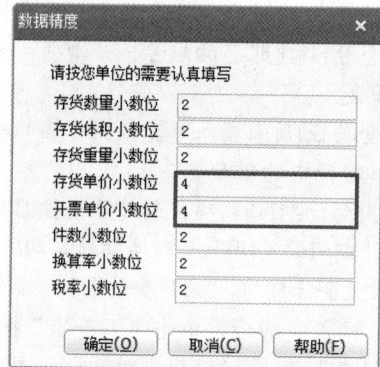

图1-11　数据精度

（8）数据精度设置完毕，弹出"创建账套"对话框，如图1-12所示，提示建账成功，并询问是否需要在此启用系统，单击"否"按钮，弹出"请进入企业应用平台进行业务操作！"对话框，单击"确定"按钮，关闭该对话框并返回"创建账套-开始"对话框。单击"退出"按钮，完成全部建账工作。

【提示】

在本例中，用友U8 V15.0的数据全部存于"UFDATA_001_2022""UFMeta_001""UFSystem"和"UTU"4个数据库中，如图1-13所示。其中，"UFDATA_001_2022"数据库存储了大量的业务数据，"UFSystem"数据库存储U8账套信息、产品启用、会计期间、单据号、用户、角色、权限和日志等数据。

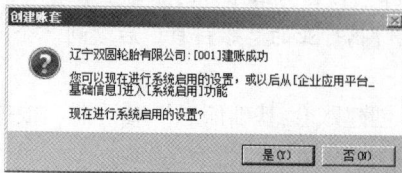

图1-12　系统启用对话框

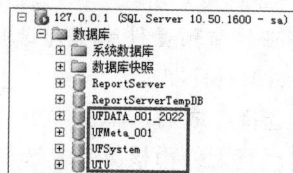

图1-13　U8相关数据库

1.3.4 设置功能级权限

【实验资料】

根据表 1-6 设置辽宁双圆的 U8 系统操作员权限。

表 1-6 软件应用操作员及操作权限分工表

编码	姓名	隶属部门	职务	权限分工
A01	李梓楠	行政部	总经理	账套主管（主要负责系统实施工作）
W01	王健荣	财务部	财务经理	总账的审核凭证、查询凭证、对账、结账；编制 UFO 报表
W02	张博文	财务部	会计	公用目录、总账（填制凭证、查询凭证、记账、常用凭证、账表、期末处理）、应收款管理和应付款管理[不含选择收（付）款、收（付）款录入、销售定金转出和票据管理]及固定资产、存货核算、薪资管理的所有权限
W03	马浩男	财务部	出纳	总账的出纳签字及出纳的所有权限；应收款管理和应付款管理的选择收（付）款、收（付）款录入、票据管理权限；应收款管理的销售定金转出、应收冲应付权限
X01	纪超岩	销售部	销售员	销售管理的所有权限
G01	赵子晨	采购部	采购员	采购管理的所有权限
C01	冯艳琪	仓储部	库管员	公共单据、库存管理的所有权限

【实验过程】

（1）以系统管理员身份登录系统管理，在"系统管理"窗口，单击"权限"菜单下的"权限"功能，打开"操作员权限"窗口。

设置功能级权限

（2）选择要分配权限的 001 账套及对应年度区间（即 2022 年），左边显示本账套内的所有角色和用户名。

（3）选择操作员"W01"，单击工具栏的"修改"按钮，单击 ⊞ 展开功能目录树，单击 ☑ 表示选中某项详细功能，根据实验资料（见表 1-6）给王健荣（W01）授权，单击工具栏的"保存"按钮，保存授权结果，如图 1-14 所示。

（4）按照上述方法根据实验资料对其他操作员进行授权。

图 1-14 为王健荣设置权限

【提示】

在图1-14中，如果勾选"账套主管"，则该操作员具有该账套库所有子系统的所有权限。一个账套可以有多个账套主管。由于李梓楠（A01）在建账时已被指定为账套主管，所以无须再次授权。

如果想一次性给一批操作员增加相同权限，可以单击工具栏中的"切换"按钮，在界面左侧选择某些权限，然后在右侧选择多个操作员。

如果对某角色分配了权限，则在增加新的用户（该用户属于此角色）时，该用户自动拥有此角色具有的权限。若修改了用户的所属角色，则该用户对应的权限也跟着角色的改变而相应改变。用户自动拥有所属角色拥有的所有权限，还可以额外增加角色没有的权限。

为了满足企业不断提高的管理要求，U8 系统提供了集中权限管理，实现了3个层次的权限管理。①功能级权限管理。该权限将提供更为细致的功能级权限管理功能。由系统管理员或有权限的管理员用户在系统管理中完成功能级权限的分配设置。②数据级权限管理。该权限可以通过记录级和字

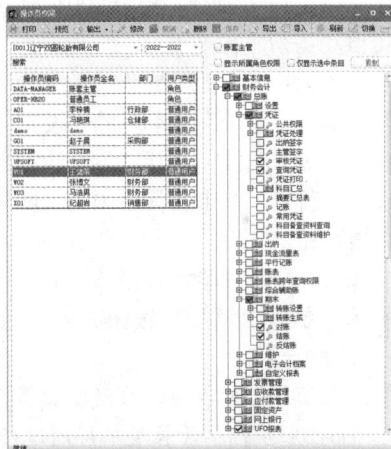

段级两个方面进行权限控制。③金额级权限管理。该权限可以对具体金额数量划分级别，控制不同操作员的金额级别。对于数据级权限和金额级权限，需在功能级权限分配之后，到企业应用平台的"系统服务→权限"菜单下完成（详见2.3.2节）。

1.3.5　账套备份与引入

1. 账套自动备份

【实验资料】

根据表 1-7 设置 001 账套的自动备份计划。

表 1-7　　　　　　　　　　　　　　　　　自动备份计划

项目	取值	项目	取值
计划编号	2022-001	开始时间	17:00:00
计划名称	001 账套自动备份	有效触发	2
备份类型	账套备份	保留天数	7
发生频率	每周	备份路径	C:\001 账套自动备份
发生天数	1	账套	001 辽宁双圆轮胎有限公司

【实验过程】

（1）在 C 盘中新建"001 账套自动备份"文件夹。

（2）由系统管理员登录系统管理，单击"系统"菜单下的"设置备份计划"功能，打开"备份计划设置"窗口，单击工具栏中的"增加"按钮，打开"备份计划详细情况"对话框。

账套自动备份

图 1-15　"备份计划详细情况"窗口

（3）根据实验资料录入备份计划，结果如图 1-15 所示，单击"增加"按钮关闭该对话框，返回"备份计划设置"窗口，退出该窗口。

【提示】

自动备份可以同时自动输出多个账套或账套库，而且可以进行定时设置。

[计划编号]编号长度不得超过12个字符。

[计划名称]名称不得超过40个字符。

[备份类型]系统管理员可以进行账套备份、账套库备份和账套库增量备份。账套主管或有权限的管理员用户只能进行后两种备份。

[发生天数]单选按钮，系统根据发生频率，确认执行备份计划的确切天数。在本案例中，每周的第一天进行一次备份。

[开始时间]是指在指定发生频率中的发生天数内的什么时间开始进行备份。

[有效触发]是指以备份开始时间为准，在有效触发小时的范围内，系统反复重新备份，直到备份成功。

2. 账套手工备份（输出）

【实验资料】

手动将账套数据输出至"D:\001 账套手工备份\0101 备份\"。

【实验过程】

（1）在 D 盘中新建"001 账套手工备份"文件夹，再在该文件夹下新建"0101 备份"文件夹。

（2）由系统管理员登录系统管理，选择"账套"菜单下的"输出"功能，打开"账套输出"对话框。

（3）勾选 001 账套的"选择"复选框，在"输出文件位置"栏选择"D:\001 账套手工备份\0101 备份\"，如图 1-16 所示。单击"确认"按钮，系统输出账套数据。输出完成后弹出"输出成功"提示框，单击"确定"按钮返回。

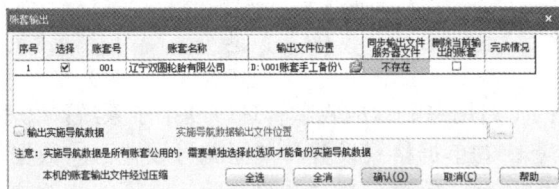

图 1-16 "账套输出"对话框

账套手工备份

【提示】

只有系统管理员有权进行账套输出。账套输出成功后，在文件输出位置指定的文件夹中生成 UFDATA.BAK 文件和 UfErpAct.Lst 文件。

如果将"删除当前输出的账套"同时选中，则在输出完成后，系统会确认是否将数据源从当前系统中删除。但是，正在使用的账套可以输出，不允许删除账套。

输出的备份数据应转存至其他介质。当企业由于不可预知的原因（如地震、火灾、计算机病毒、人为操作失误，等等），需要恢复数据时，备份数据可以将企业损失降至最低。

3. 账套引入

【实验资料】

将"D:\001 账套手工备份\0101 备份\"的账套数据引入系统默认路径。

【实验过程】

由系统管理员登录系统管理，单击"账套"菜单下的"引入"功能，打开"账套引入"对话框。选择要引入的账套数据备份文件，如图 1-17 所示。单击"确定"按钮，弹出"系统管理"提示框，如图 1-18 所示。单击"确定"按钮，返回"账套引入"对话框，本案例采用默认存储路径，如图 1-19 所示。直接单击"确定"按钮，系统随即引入账套数据。运行一段时间后，系统提示"账套[001]引入成功！"，单击"确定"按钮，完成账套引入。

账套引入

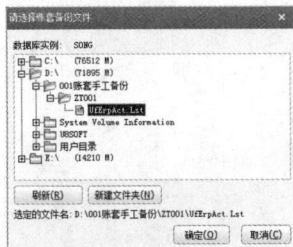

图 1-17 选择账套备份文件　　图 1-18 "系统管理"提示框　　图 1-19 "账套引入"对话框

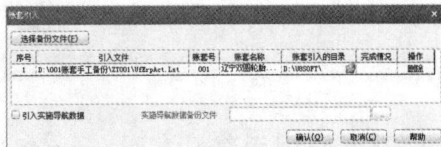

【提示】

只有系统管理员有权进行账套引入。引入账套时可修改数据库存放的路径和文件夹。以下情况可能需要进行账套引入：①当前账套数据遭到破坏；②母公司定期对子公司账套数据进行分析、汇总。

第2章 系统基础工作

2.1 概述

本章主要完成如下基础性工作：①启用总账、应收款管理等 9 个子系统；②添加部门档案、客户档案及会计科目等各种档案信息；③单据格式设置和单据编号设置；④数据权限设置。虽然从操作层面上，本章并不复杂，但是有些信息一旦被参照使用，将不能修改或删除，读者需准确处理。

本章总体框架如图 2-1 所示。

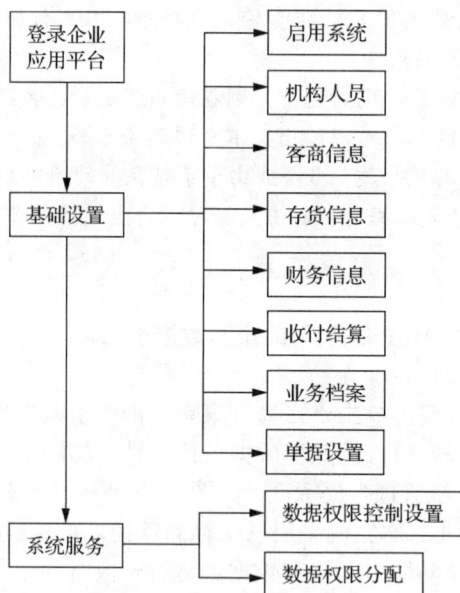

图 2-1　本章总体框架

2.2 基础设置

2.2.1 启用系统

【实验资料】

2022 年 1 月 1 日，根据表 2-1 启用辽宁双圆 U8 系统的 9 个子系统。

表 2-1　　　　　　　　　　　　辽宁双圆 001 账套启用的子系统

系统编码	系统名称	启用会计期间	启用自然日期	启用人
GL	总账	2022-01	2022-01-01	李梓楠
AR	应收款管理	2022-01	2022-01-01	李梓楠
AP	应付款管理	2022-01	2022-01-01	李梓楠
FA	固定资产	2022-01	2022-01-01	李梓楠
SA	销售管理	2022-01	2022-01-01	李梓楠
PU	采购管理	2022-01	2022-01-01	李梓楠
ST	库存管理	2022-01	2022-01-01	李梓楠
IA	存货核算	2022-01	2022-01-01	李梓楠
WA	薪资管理	2022-01	2022-01-01	李梓楠

【实验过程】

（1）由李梓楠（A01）登录企业应用平台。执行"开始→所有程序→用友 U8 V15.0→企业应用平台"命令，打开"登录"窗口。在"操作员"栏输入 A01，"账套"栏选择"[001]（default）辽宁双圆轮胎有限公司"，将"操作日期"改为"2022-01-01"。单击"登录"按钮，进入企业应用平台。

【提示】

如果系统桌面存在"企业应用平台"图标，则双击该图标也可登录企业应用平台。

如何修改当前操作员密码？在"登录"窗口的"密码"栏中输入正确密码，勾选"修改密码"，单击"登录"按钮，弹出"设置操作员密码"对话框，如图2-2所示。输入新密码并确认，单击"确定"按钮，修改密码成功并进入企业应用平台。

（2）系统启用。在 U8 企业应用平台，单击"基础设置→基本信息→系统启用"菜单，打开"系统启用"对话框。根据表 2-1 勾选总账、应收款管理、应付款管理、固定资产、销售管理、采购管理、库存管理、存货核算和薪资管理这 9 个系统左侧的复选框，日期均选择"2022-01-01"，结果如图 2-3 所示。然后退出该对话框。

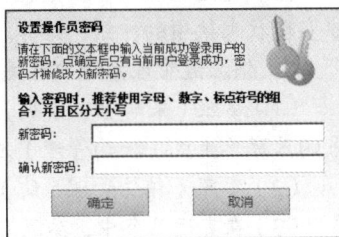

图 2-2　"设置操作员密码"对话框

图 2-3　启用系统

【提示】

除上述方法外，在创建账套结束并设置完数据精度后，系统提示是否启用系统，如图1-12所示，若单击"是"按钮，则弹出图2-3所示的"系统启用"对话框，以启用系统。

UFO报表系统自动启动，无须手工启动。各系统的启用自然日期必须大于等于建立账套时设定的"启用会计期"。若应付款管理系统先于总账系统启用，则在审核凭证时，总账系统启用之前的记账凭证将被标上有错标志，并且这些记账凭证会导致总账系统和应付款管理系统对账不平。

本书共介绍10个子系统，其中，总账、应收款管理、应付款管理、固定资产、薪资管理这5个系统可统称为财务会计系统，采购管理、销售管理、库存管理和存货核算这4个系统可统称为供应链管理系统。除此之外还有1个UFO报表系统。这10个系统之间至少存在如下数据关系。

1. 财务会计系统内部关系

（1）录入总账系统期初余额时，可将应收款管理系统、应付款管理系统受控科目的余额引入总账系统，并且这两个系统也可与总账系统进行期初余额对账。另外，虽然总账系统"坏账准备"科目的期初余额不能从应收款管理系统引入，但应与应收款管理系统坏账准备设置中的"坏账准备期初余额"（见图3-22）保持一致。

（2）总账系统中"固定资产""累计折旧"科目的余额应与固定资产系统原始卡片中的数据保持一致。固定资产系统也可与总账系统进行对账处理。

（3）应收款管理系统、应付款管理系统通过"生成凭证"生成的记账凭证自动传递到总账系统；固定资产系统通过"批量制单"生成的记账凭证自动传递到总账系统；薪资管理系统通过"工资分摊"生成的记账凭证自动传递到总账系统。

（4）通过应收款管理系统的票据背书功能，可以冲减应付款管理系统的应付账款，或形成新的预付账款。

（5）通过应收款管理系统的"应收冲应付"功能、应付款管理系统的"应付冲应收"功能，可以实现往来款项的冲销、结算。

2. 供应链管理系统内部关系

（1）参照（采购管理系统）到货单生成（库存管理系统）采购入库单，可参照（库存管理系统）采购入库单生成（采购管理）采购专用发票。

（2）参照（销售管理系统）发货单生成（库存管理系统）销售出库单。

（3）在直运业务中，参照（销售管理系统）直运销售订单生成（采购管理系统）直运采购订单。

（4）库存管理系统的期初结存与存货核算系统的期初余额之间可相互取数。

（5）根据（库存管理系统）采购入库单到存货核算系统进行单据记账、生成凭证。

（6）根据（库存管理系统）销售出库单或（销售管理系统）销售发票到存货核算系统进行单据记账、生成凭证。

3. 财务会计系统与供应链管理系统之间的关系

（1）采购管理系统生成的采购发票到应付款管理系统审核、生成凭证。

（2）采购发票的现付功能，能够生成应付款管理系统的付款单。

（3）在供应链管理的固定资产采购业务流程中，采购发票到应付款管理系统审核、生成凭证，采购入库单到固定资产系统生成固定资产卡片。

（4）销售管理系统生成的销售发票、零售日报等到应收款管理系统审核、生成凭证。

（5）销售发票、零售日报的现结功能，能够生成应收款管理系统的收款单。

（6）销售管理系统的代垫费用单审核后，生成应收款管理系统的其他应收单。

（7）销售管理系统的销售费用支出单审核后，生成应付款管理系统的其他应付单。

（8）存货核算系统生成的凭证自动传递至总账系统。

（9）期末结账时，应先对供应链管理系统，以及应收、应付、固定资产和薪资管理等业务系统进行结账，最后进行总账系统结账。

4. UFO报表与各系统的关系

在UFO报表中，可利用取数函数从上述9个系统提取数据。

2.2.2　设置机构人员

1. 设置部门档案

【实验资料】

根据表 2-2 增加部门档案。

表 2-2　　　　　　　　　　　　　　　　部门档案

部门编码	部门名称	部门编码	部门名称
01	行政部	05	生产部
02	财务部	0501	一车间
03	采购部	0502	二车间
04	销售部	06	仓储部

【实验过程】

（1）2022 年 1 月 1 日，由李梓楠（A01）登录企业应用平台。

（2）在 U8 企业应用平台，单击"基础设置→基础档案→机构人员→机构→部门档案"菜单，打开"部门档案"对话框。单击工具栏的"增加"按钮，在"部门编码"栏输入"01"，在"部门名称"栏输入"行政部"，输入完毕后，单击工具栏的"保存"按钮，完成第一个部门档案的增加。

（3）单击"增加"按钮，根据实验资料继续增加其他部门档案，结果如图 2-4 所示。

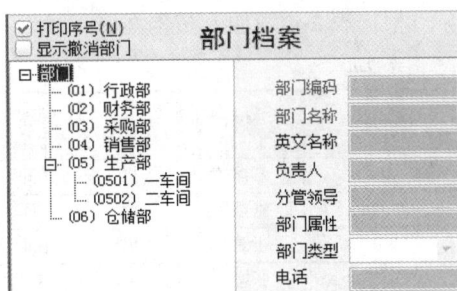

设置部门档案

图 2-4　部门档案

【提示】

部门编码和部门名称为必输项。部门编码必须符合部门编码级次规则（见图1-10）。

2. 设置人员类别

【实验资料】

根据表 2-3 增加正式工的人员子类别。

表 2-3　　　　　　　　　　　　　　　正式工的人员子类别

档案编码	档案名称
1011	企业管理人员
1012	采购人员
1013	销售人员
1014	车间管理人员
1015	生产人员

【实验过程】

（1）在 U8 企业应用平台，单击"基础设置→机构人员→人员→人员类别"菜单，打开"人员类别"窗口。根据实验资料，单击左侧的"正式工"，再单击工具栏的"增加"按钮，弹出"增加档案项"对话框。

（2）在"档案编码"栏输入 1011，在"档案名称"栏输入"企业管理人员"，单击"确定"按钮。继续输入剩余的人员类别档案。全部输入完毕后，关闭"增加档案项"对话框，返回"人员类别"窗口，如图2-5所示。最后退出该窗口。

人员类别

人员类别(0HR_CT000)	序号	档案编码	档案名称	档案简称	档案简拼	档案级别	上级代码	是否自定义	是否有下级	是否显示	备注
白 正式工	1	1011	企业管理人员	企业管理人员	QYGLRY	1	101	用户	否	是	
企业管理人员	2	1012	采购人员	采购人员	CGRY	1	101	用户	否	是	
采购人员	3	1013	销售人员	销售人员	XSRY	1	101	用户	否	是	
销售人员	4	1014	车间管理人员	车间管理人员	CJGLRY	1	101	用户	否	是	
车间管理人员	5	1015	生产人员	生产人员	SCRY	1	101	用户	否	是	
生产人员											
合同工											
实习生											

图2-5　人员类别

设置人员类别

【提示】

档案编码和档案名称为必输项。新增或修改人员类别档案时，只能选择末级的人员类别。人员类别使用后，不能增加下级子类别。未使用的人员类别可直接删除。人员类别在薪资管理系统的工资分摊中有非常重要的应用。

3. 设置人员档案

【实验资料】

根据表2-4增加人员档案。

表2-4　　　　　　　　　　　　　人员档案

人员编码	姓名	性别	雇佣状态	人员类别	行政部门	是否业务员	是否操作员
A01	李梓楠	男	在职	企业管理人员	行政部	是	是
A02	刘颖华	女	在职	企业管理人员	行政部	是	
W01	王健荣	男	在职	企业管理人员	财务部	是	是
W02	张博文	男	在职	企业管理人员	财务部	是	是
W03	马浩男	女	在职	企业管理人员	财务部	是	是
G01	赵子晨	男	在职	采购人员	采购部	是	是
G02	徐日强	男	在职	采购人员	采购部	是	
X01	纪超岩	男	在职	销售人员	销售部	是	是
X02	胡海燕	女	在职	销售人员	销售部	是	
S11	孙春鹏	男	在职	车间管理人员	一车间		
S12	陈惠民	男	在职	生产人员	一车间		
S21	张绍阳	男	在职	车间管理人员	二车间		
S22	马飞雪	女	在职	生产人员	二车间		
C01	冯艳琪	女	在职	企业管理人员	仓储部	是	是

【实验过程】

（1）在U8企业应用平台，单击"基础设置→机构人员→人员→人员档案"菜单，打开"人员列表"窗口。

（2）根据实验资料，单击工具栏的"增加"按钮，弹出人员档案录入界面，录入档案信息，结果如图2-6所示，单击"保存"按钮，若该人员已在系统管理中设置为操作员，则弹出提示框提示"人员信息已改，是否同步修改操作员的相关信息？"，单击"是"按钮，系统保存该人员信息。

设置人员档案

（3）继续录入剩余人员的档案信息，录入完毕后退出该界面，返回"人员列表"窗口。

【提示】

此处的人员档案信息可供薪资管理系统的人员档案功能调用。人员编码、姓名、性别、雇佣状态、人员类别和行政部门必须输入，其中，人员编码必须唯一，保存后不能修改，姓名可以重复，

可随时修改。

勾选"业务员"的人员可在其他档案或单据中的"业务员"栏被参照。

勾选"操作员"后，若该人员在系统管理的用户列表中不存在，则系统将该人员自动追加到系统管理的用户列表中（角色为普通员工），此处的人员编码即为操作员的密码；若该人员在系统管理的用户列表中已经存在，则系统将该人员自动追加到系统管理的用户列表中（角色为普通员工），操作员的密码不变。

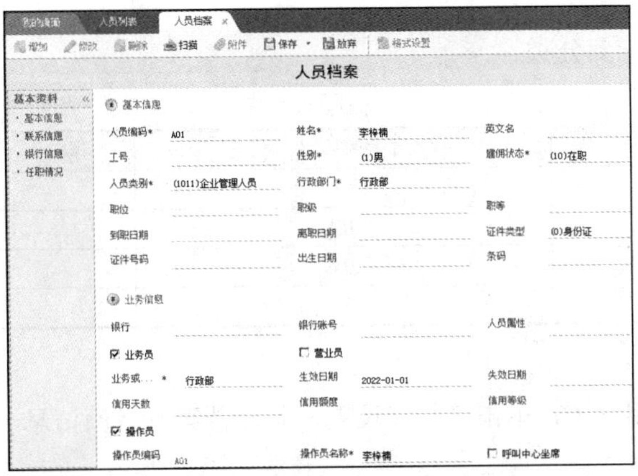

图 2-6　人员档案录入界面

2.2.3　设置客商信息

1．设置地区分类

【实验资料】

根据表 2-5 增加地区分类。

表 2-5　　　　　　　　　　　　　　　　地区分类

分类编码	分类名称	分类编码	分类名称
01	华东地区	05	东北地区
02	华南地区	06	西南地区
03	华中地区	07	西北地区
04	华北地区		

【实验过程】

（1）2022 年 1 月 1 日，由李梓楠（A01）登录企业应用平台。

（2）在 U8 企业应用平台，单击"基础设置→基础档案→客商信息→地区分类"菜单，打开"地区分类"窗口。

（3）根据实验资料，单击工具栏的"增加"按钮，在"分类编码"栏输入"01"，"分类名称"栏输入"华东地区"，单击"保存"按钮，保存该地区分类。单击"增加"按钮，继续添加剩余的地区分类信息，结果如图 2-7 所示。

设置地区分类

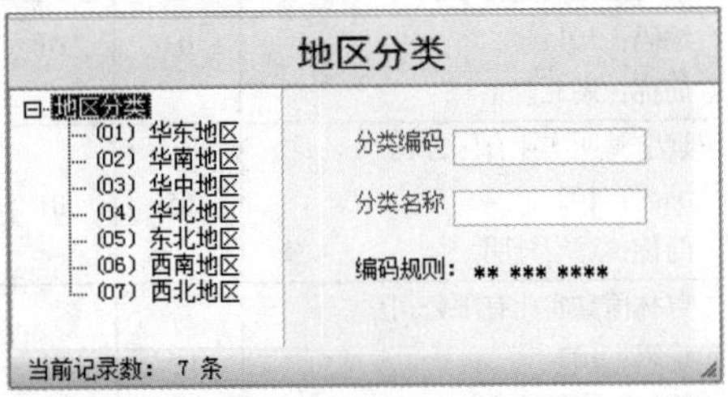

图 2-7　地区分类

【提示】

分类编码、分类名称为必输项。新增分类的分类编码必须与图1-10中"编码方案"中设定的规则相符。地区分类最多可设置五级，企业可以根据实际需要进行分类。分类必须逐级增加。除了一级分类之外，新增分类的分类编码必须有上级分类编码。已经保存的地区分类只能修改分类名称，不能修改分类编码。已经使用的地区分类不能删除，非末级地区分类不能删除。

2. 设置供应商分类

【实验资料】

根据表2-6增加供应商分类。

表2-6　　　　　　　　　　　　　　　　　　供应商分类

客户/供应商	分类编码	分类名称
供应商	01	原材料供应商
	02	包装供应商
	03	劳务供应商
	09	共同类

【实验过程】

（1）在 U8 企业应用平台，单击"基础设置→基础档案→客商信息→供应商分类"菜单，打开"供应商分类"窗口。

（2）根据实验资料，单击工具栏的"增加"按钮，在"分类编码"栏输入"01"，"分类名称"栏输入"原材料供应商"，单击"保存"按钮，保存该供应商分类。单击"增加"按钮，继续添加剩余的供应商分类信息，结果如图2-8所示。

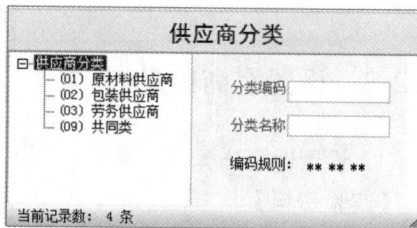

设置供应商分类

图2-8　供应商分类

【提示】

分类编码、分类名称为必输项。供应商分类必须逐级增加。已经使用的供应商分类不能删除，非末级供应商分类不能删除。供应商分类在U8系统的总账、应付款管理、采购管理、存货核算等系统中均有重要用途。例如，按供应商分类设置应付款管理系统的控制科目或对方科目等。

3. 设置供应商档案

【实验资料】

根据表2-7增加供应商档案。

表2-7　　　　　　　　　　　　　　　　　　供应商档案

供应商名称、编码、简称	所属地区	所属分类	地址、电话、税号	开户银行、账号
湖北蓝星实业有限公司 编码：101 简称：湖北蓝星	03	01	湖北省宜昌市夷陵区振兴路56号 0717-6158519 91420506799898262K	交通银行宜昌振兴支行 3591019328287521042
辽宁彗明实业有限公司 编码：102 简称：辽宁彗明	05	01	辽宁省沈阳市大东区紫光路12号 024-87280799 91210104567932116X	中国银行沈阳大东支行 6638197891752266315
吉林恒鑫实业有限公司 编码：103 简称：吉林恒鑫	05	01	吉林省通化市东昌区梅花路19号 0435-7911232 91220502783532965N	民生银行通化东昌支行 2615083708167197901

续表

供应商名称、编码、简称	所属地区	所属分类	地址、电话、税号	开户银行、账号
四川志华包装有限公司 编码：201 简称：四川志华	06	02	四川省成都市金牛区知春路 28 号 028-26396108 915101063290357 22U	招商银行成都金牛分行 5545373468116081796
锦州顺通物流有限公司 编码：301 简称：锦州顺通	05	03	辽宁省锦州市凌河区五福路 5 号 0416-7313013 91210703965622226G	华夏银行锦州凌河支行 6313916208287539663
北京吉祥商贸有限公司 编码：901 简称：北京吉祥	04	09	北京市通州区学苑路街 688 号 010-21869117 91110112539926484R	招商银行北京海淀支行 8535725010737379952
上海亿达商贸有限公司 编码：902 简称：上海亿达	01	09	上海市嘉定区庆满西路 2038 号 021-33516722 91310114160215873X	招商银行上海嘉定支行 9280728372644332503
重庆中冠商贸有限公司 编码：903 简称：重庆中冠	06	09	重庆市江北区光华路 1309 号 023-32638368 91500105421319660P	兴业银行重庆江北支行 9617221736575291396

【实验过程】

（1）在 U8 企业应用平台，单击"基础设置→基础档案→客商信息→供应商档案"菜单，打开"供应商档案"窗口。

（2）单击工具栏的"增加"按钮，根据实验资料，在"基本"选项卡的"供应商编码"栏输入"101"，"供应商名称"栏输入"湖北蓝星实业有限公司"，"税号"栏输入"91420506799898262K"，"开户银行"栏输入"交通银行宜昌振兴支行"，"银行账号"栏输入"3591019328287521042"，"所属银行"选择"00003"（交通银行），如图 2-9 所示。

单击"联系"选项卡，在"地址"栏输入"湖北省宜昌市夷陵区振兴路 56 号"，"电话"栏输入"0717-6158519"。

（3）单击"保存并新增"按钮，继续添加剩余的供应商档案。录入完毕后，关闭录入界面返回"供应商档案"窗口。

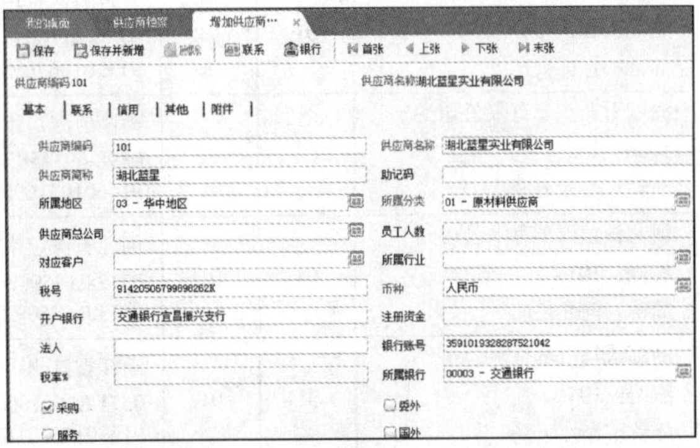

【提示】

"基本"选项卡。该选项卡内包含供应商的主要信息，其中，蓝字的栏目为必输项。"对应客户"不允许重复选择，即不允许有多个供应商对应一个客户的情况出现。供应商总公司是指当前供应商所隶属的最高一级的公司。

图 2-9 供应商档案录入界面

"联系"选项卡。如果设置了"分管部门"和"专管业务员"，则在填制采购发票时，系统自动根据供应商信息带出部门及业务员信息。

"信用"选项卡。该选项卡用于记录供应商信用信息，与应付款管理系统的"单据报警"和"信用额度控制"有关联关系。

4. 设置客户分类

【实验资料】

根据表 2-8 增加客户分类。

表 2-8 客户分类

客户/供应商	分类编码	分类名称
客户	01	批发类
	02	零售类
	09	共同类

【实验过程】

（1）在 U8 企业应用平台，单击"基础设置→基础档案→客商信息→客户分类"菜单，打开"客户分类"窗口。

（2）参照添加供应商分类的方法，根据实验资料添加客户分类，结果如图 2-10 所示。

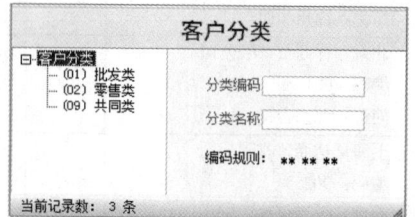

设置客户分类

图 2-10 客户分类

【提示】

客户分类的增加、修改、删除等业务规则与供应商分类的一致。客户分类在U8系统的总账、应收款管理、销售管理、存货核算等系统中均有重要用途。例如，按客户分类设置应收款管理系统的控制科目和对方科目等。

5. 设置客户档案

【实验资料】

根据表 2-9 增加客户档案。

表 2-9 客户档案

客户名称、编码、简称	所属地区	所属分类	地址、电话、税号	开户银行、账号
江苏远达汽车有限公司 编码：101 简称：江苏远达	01	01	江苏省南京市鼓楼区云飞路 10 号 025-88071765 91320106309578658R	中国银行南京鼓楼支行 9726067635772537265
海南万通汽车有限公司 编码：102 简称：海南万通	02	01	海南省海口市秀英区科技路 3 号 0898-69375850 91460105169963892B	华夏银行海口秀英支行 2071287360416386275
河北长信汽车有限公司 编码：103 简称：河北长信	04	01	河北省保定市南市区建国路 22 号 0312-2175968 91130604509212189W	交通银行保定建国路支行 6213724067221580217
浙江天马汽车有限公司 编码：104 简称：浙江天马	01	01	浙江省杭州市西湖区云飞路 1 号 0571-81651606 91330106121872059X	兴业银行杭州西湖支行 3011882588067509750
零散客户 编码：201	05	02		
北京吉祥商贸有限公司 编码：901 简称：北京吉祥	04	09	北京市通州区学苑路街 688 号 010-21869117 91110112539926484R	招商银行北京海淀支行 8535725010737379952
上海亿达商贸有限公司 编码：902 简称：上海亿达	01	09	上海市嘉定区庆满西路 2038 号 021-33516722 91310114160215873X	招商银行上海嘉定支行 9280728372644332503
重庆中冠商贸有限公司 编码：903 简称：重庆中冠	06	09	重庆市江北区光华路 1309 号 023-32638368 91500105421319660P	兴业银行重庆江北支行 9617221736575291396

【实验过程】

（1）在 U8 企业应用平台，单击"基础设置→基础档案→客商信息→客户档案"菜单，打开"客户档案"窗口。

（2）单击工具栏的"增加"按钮，根据实验资料，在"基本"选项卡的"客户编码"栏输入"101"，"客户名称"栏输入"江苏远达汽车有限公司"，"税号"栏输入"91320106309578658R"，如图 2-11 所示。

设置客户档案

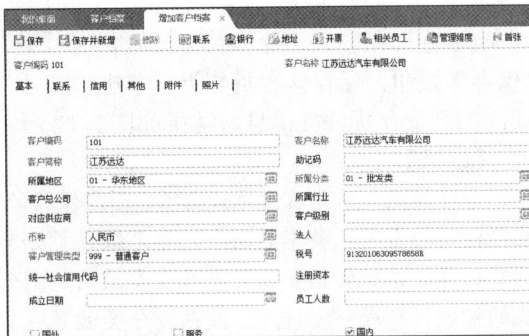

单击"联系"选项卡，在"地址"栏输入"江苏省南京市鼓楼区云飞路 10 号"，"电话"栏输入"025-88071765"。

单击工具栏的"银行"按钮，弹出"客户银行档案"窗口，单击工具栏的"增加"按钮，在"所属银行"栏选择"中国银行"，在"开户银行"栏输入"中国银行南京鼓楼支行"，在"银行账号"栏输入"9726067635772537265"，"默认值"选择"是"。单击"保存"按钮后，退出该窗口并返回客户档案录入界面。

图 2-11　客户档案录入界面

（3）单击"保存并新增"按钮，继续添加剩余的客户档案。录入完毕，关闭录入界面返回"客户档案"窗口。

【提示】

"基本"选项卡。该选项卡内包含客户的主要信息，其中，蓝字的栏目为必输项。"对应供应商"不允许重复选择，即不允许有多个客户对应一个供应商的情况出现。"客户总公司"是指当前客户所隶属的最高一级的公司。具有同一个客户总公司的不同客户的发货业务，可以汇总在一张发票中统一开票。

"联系"选项卡。如果设置了"分管部门"和"专管业务员"，则在填制销售发票时，系统自动根据客户信息带出部门及业务员信息。

"信用"选项卡。该选项卡用于记录客户信用信息，与应收款管理系统的"单据报警"和"信用额度控制"有关联关系。

2.2.4　设置存货信息

1. 设置存货分类

【实验资料】

根据表 2-10 增加存货分类。

表 2-10　　　　　　　　　　　　　　存货分类

一级分类		二级分类	
编码	名称	编码	名称
01	原材料		
02	周转材料	0201	包装物
		0202	低值易耗品
03	产成品	0301	轿车轮胎
		0302	货车轮胎
08	固定资产		
09	应税劳务		

【实验过程】

（1）2022年1月1日，由李梓楠（A01）登录企业应用平台。

（2）在 U8 企业应用平台，单击"基础设置→基础档案→存货→存货分类"菜单，打开"存货分类"窗口。单击工具栏的"增加"按钮，根据实验资料，在"分类编码"栏输入"01"，"分类名称"栏输入"原材料"，单击"保存"按钮，保存该存货分类。单击"增加"按钮，继续添加剩余存货分类信息，结果如图2-12所示。

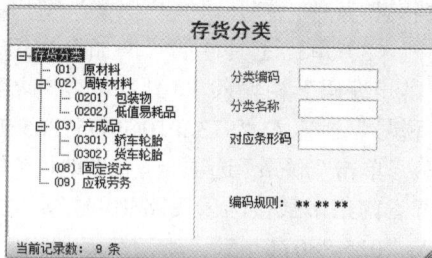

图2-12　存货分类

【提示】

分类编码、分类名称为必输项。已经保存的存货分类只允许修改分类名称，不能修改分类编码。已经使用的存货分类不能删除，非末级存货分类不能删除。存货分类在应收款管理、应付款管理、存货核算等系统的初始设置中有重要应用。例如，按存货分类设置应付款管理系统、应收款管理系统的控制科目或对方科目，按存货分类设置存货核算系统的存货科目、对方科目和坏账准备科目。

2．设置计量单位

【实验资料】

根据表2-11增加计量单位组及具体的计量单位。

表2-11　　　　　　　　　　　计量单位组及计量单位

计量单位组			计量单位		
编码	名称	类别	编码	名称	备注
01	基本计量单位	无换算率	0101	千克	
			0102	套	
			0103	双	
			0104	个	
			0105	台	
			0106	千米	
			0107	次	

【实验过程】

（1）在 U8 企业应用平台，单击"基础设置→基础档案→存货→计量单位"菜单，打开"计量单位"窗口。

（2）单击工具栏的"分组"按钮，打开"计量单位组"窗口，单击工具栏的"增加"按钮，在"计量单位组编码"栏输入"01"，"计量单位组名称"栏输入"基本计量单位"，"计量单位组类别"选择"无换算率"，如图2-13所示，单击"保存"按钮，保存该计量单位组。

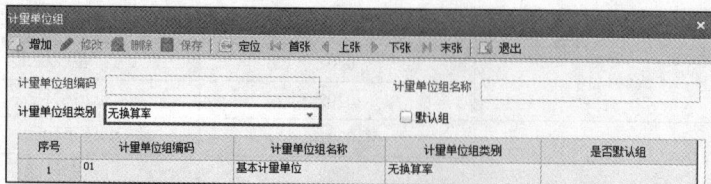

图2-13　"计量单位组"窗口

【提示】

计量单位组分为无换算率、浮动换算率、固定换算率3种。换算率是指辅计量单位和主计量单位之间的换算比。

[无换算率]该组的计量单位不存在换算关系，全部为主计量单位。计量单位组中最多只能有一个无换算率组。

[固定换算率]该组包含一个主计量单位和多个辅计量单位，主、辅计量单位之间存在固定的换算关系。一般将最小计量单位作为主计量单位。例如，1标准箱香烟=250条香烟=2 500盒香烟。这里可将"盒"作为主计量单位，"盒"与"条"的换算率设为10，"盒"与"标准箱"的换算率设为2 500。

[浮动换算率]该组只能包括两个计量单位：一个主计量单位，一个辅计量单位。

（3）退出"计量单位组"窗口，返回"计量单位"窗口。单击工具栏的"单位"按钮，打开"计量单位"窗口，根据实验资料，单击工具栏的"增加"按钮，在"计量单位编码"栏输入"0101"，"计量单位名称"栏输入"千克"，单击"保存"按钮。再单击"增加"按钮，继续添加剩余计量单位，结果如图 2-14 所示。添加完毕后退出"计量单位"窗口。

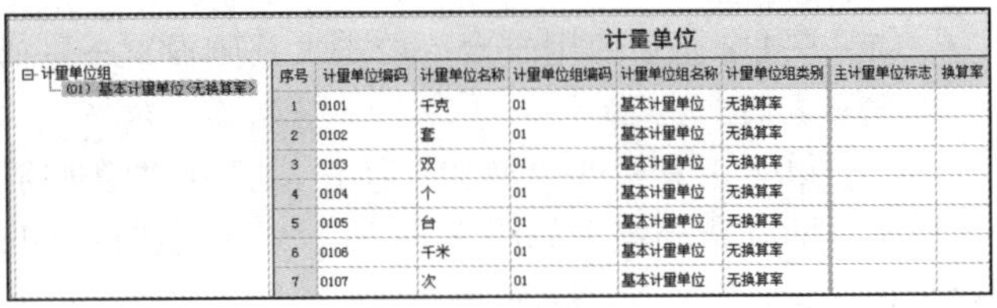

图 2-14　计量单位

【提示】

在设置计量单位时，必须先设置计量单位组，再在计量单位组下增加具体的计量单位。

3．设置存货档案

【实验资料】

根据表 2-12 增加存货档案。

表 2-12　　　　　存货档案

存货编码	存货名称	存货分类	计量单位组	计量单位	存货属性	税率（%）
0101	丁苯橡胶	01	01	千克	内销、采购、生产耗用	13
0102	天然橡胶	01	01	千克	内销、采购、生产耗用	13
0103	硅烷偶联剂	01	01	千克	内销、采购、生产耗用	13
0104	防焦剂	01	01	千克	内销、采购、生产耗用	13
0105	芳烃油	01	01	千克	内销、采购、生产耗用	13
0106	硫化剂	01	01	千克	内销、采购、生产耗用	13
0107	促进剂	01	01	千克	内销、采购、生产耗用	13
0108	软化剂	01	01	千克	内销、采购、生产耗用	13
0109	防老剂	01	01	千克	内销、采购、生产耗用	13
0110	补强剂	01	01	千克	内销、采购、生产耗用	13
0111	脱模剂	01	01	千克	内销、采购、生产耗用	13
0112	热镀锌钢丝	01	01	千克	内销、采购、生产耗用	13
0113	镀铜钢丝	01	01	千克	内销、采购、生产耗用	13
0114	炭黑	01	01	千克	内销、采购、生产耗用	13
0201	轮胎包装膜	0201	01	千克	内销、采购、生产耗用	13
0202	轮胎包装袋	0201	01	个	内销、采购、生产耗用	13
0251	鞋套	0202	01	双	内销、采购、生产耗用	13
0252	头套	0202	01	个	内销、采购、生产耗用	13
0253	手套	0202	01	双	内销、采购、生产耗用	13

续表

存货编码	存货名称	存货分类	计量单位组	计量单位	存货属性	税率（%）
0301	185型轿车轮胎	0301	01	套	内销、采购、自制	13
0302	195型轿车轮胎	0301	01	套	内销、采购、自制	13
0351	235型货车轮胎	0302	01	套	内销、采购、自制	13
0352	265型货车轮胎	0302	01	套	内销、采购、自制	13
0801	佳能激光打印机	08	01	台	内销、采购、资产	13
0901	运输费	09	01	千米	内销、采购、应税劳务	9
0902	代销手续费	09	01	次	内销、采购、应税劳务	6

【实验过程】

（1）在U8企业应用平台，单击"基础设置→基础档案→存货→存货档案"菜单，打开"存货档案"窗口。

（2）单击工具栏的"增加"按钮，打开"增加存货档案"窗口。根据实验资料，输入"丁苯橡胶"的存货档案，如图2-15所示。单击"保存并新增"按钮，保存该存货档案并添加剩余存货档案。

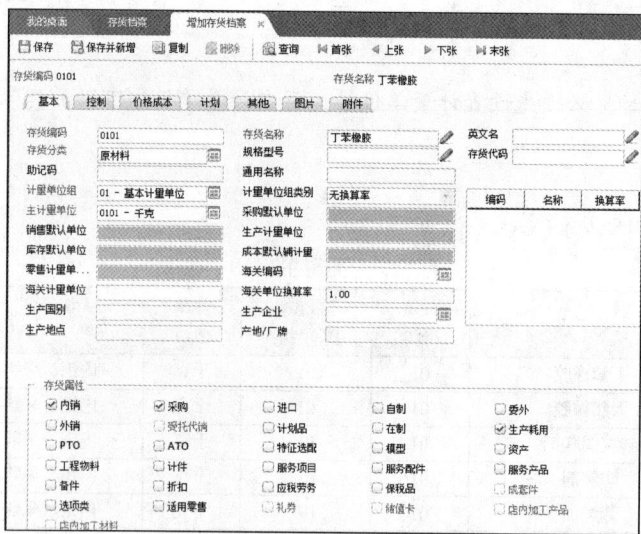

图2-15 存货档案录入界面

（3）所有存货档案添加完毕后，关闭"增加存货档案"窗口，返回"存货档案"窗口。

【提示】

[存货编码]最多可输入60位数字或字符。

[存货名称]最多可输入255位汉字或字符。

存货属性：设置存货属性是为了控制在各种业务操作中是否可用此存货。同一存货可以设置多个属性，部分存货属性存在互斥或控制关系。

[内销]具有该属性的存货可用于销售。发货单、销售发票、销售出库单等与销售有关的单据参照存货时，要求存货具有该属性。若需在销售发票等单据上填写应税劳务，则该应税劳务也应设置为内销属性，否则无法参照。

[采购]具有该属性的存货可用于采购。到货单、采购发票、采购入库单等与采购有关的单据参照存货时，要求存货具有该属性。若需在采购发票等单据上填写采购费用，则该采购费用也应设置

为采购属性，否则无法参照。

[自制]工业企业生产的产品达到完工程度需办理入库，系统处理时需填制产成品入库单，则产成品入库单中的存货必须具有"自制"属性。

[生产耗用]工业企业生产产品需投入原材料及辅助材料等，系统处理时需填制材料出库单，则材料出库单中的存货必须具有"生产耗用"属性。

[资产]该属性与"受托代销"属性互斥。资产存货，默认仓库只能录入和参照存货档案中的资产仓。非资产存货，默认仓库只能录入和参照仓库档案中的非资产仓。

[应税劳务]是指开具在采购发票等单据上的运输费用、保险费用、代销手续费等采购费用或开具在销售发票等单据上的应税劳务。该属性应与"自制""在制""生产耗用"属性互斥。

"价格成本"选项卡的"计价方式"：当用户在存货核算系统的选项中设置"核算方式"为"按存货核算"时（见图3-8），该属性必须设置且严格起控制作用，系统将按照这里设置的计价方式进行成本确认。

2.2.5 设置财务信息

会计科目，简称科目，是对会计要素的具体内容进行分类核算的项目，是进行会计核算和提供会计信息的基础。会计科目设置的完整性影响会计过程的顺利实施，会计科目设置的层次深度直接影响会计核算的详细、准确程度。

1. 维护会计科目

（1）指定会计科目。

【实验资料】

指定"1001 库存现金"为现金科目，"1002 银行存款"为银行科目。

【实验过程】

① 2022 年 1 月 1 日，由李梓楠（A01）登录企业应用平台。

② 在 U8 企业应用平台，单击"基础设置→基础档案→财务→会计科目"菜单，打开"会计科目"窗口。

③ 单击"编辑"菜单下的"指定科目"功能，打开"指定科目"对话框。根据实验资料，单击 ＞ 按钮，将"1001 库存现金"添加到"已选科目"区，如图 2-16 所示。

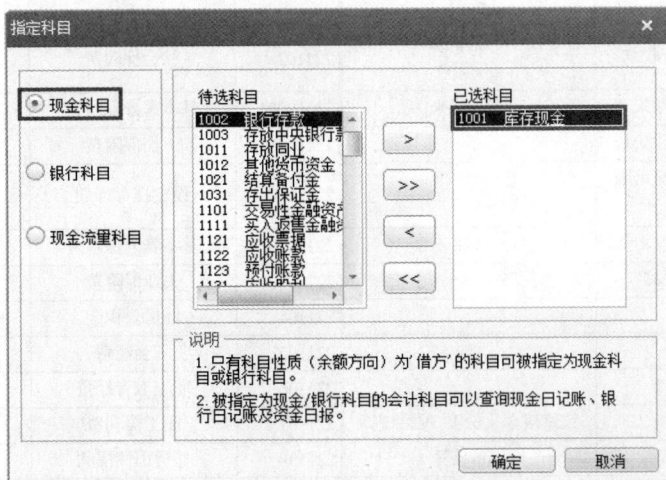

图 2-16 指定科目

单击该对话框左侧的"银行科目"，再单击 > 按钮，将"1002 银行存款"添加到"已选科目"区。单击"确定"按钮完成指定科目并返回"会计科目"窗口。

【提示】

只有指定现金科目、银行科目，才能进行记账凭证的出纳签字操作，才能在总账系统的"出纳"菜单下查询现金日记账、银行存款日记账。指定银行科目是使用支票登记簿的条件之一。

（2）增加会计科目。

【实验资料】

根据表 2-13 增加会计科目。

表 2-13　　　　　　　　　　　　会计科目表

科目编码	科目名称	辅助账类型	科目编码	科目名称	辅助账类型
100201	交通银行	日记账 银行账	150301	成本	数量核算[股（份）]、项目核算
10020101	锦州古塔支行	日记账 银行账	150302	公允价值变动	项目核算
1002010101	基本户	日记账 银行账	152101	成本	
1002010102	美元户	日记账 银行账	152102	公允价值变动	
100202	锦州银行	日记账 银行账	170101	专利权	
10020201	锦州古塔支行	日记账 银行账	170102	商标权	
101201	存出投资款		170103	土地使用权	
101202	银行汇票		190101	待处理流动资产损溢	
101203	银行本票		190102	待处理固定资产损溢	
101204	信用卡		200101	交通银行锦州古塔支行	
101205	信用证保证金		220201	一般应付账款	供应商往来，应付款管理系统受控
101206	外埠存款		220202	暂估应付账款	供应商往来，应付款管理系统不受控
110101	成本	数量核算[股（份）]、项目核算	220301	一般预收账款	客户往来，应收款管理系统受控
110102	公允价值变动	项目核算	220302	销售定金	客户往来，应收款管理系统不受控
112201	一般应收账款	客户往来，应收款管理系统受控	221101	工资	
112202	资产处置应收款	客户往来，应收款管理系统不受控	221102	社会保险费	
122101	职工个人往来	个人往来	22110201	基本医疗保险费	
122102	金鼎财产保险公司		22110202	工伤保险费	
122103	锦州顺通物流有限公司		221103	设定提存计划	
141101	包装物		22110301	基本养老保险费	
141102	低值易耗品		22110302	失业保险费	
14110201	在用		221104	住房公积金	
14110202	在库		221105	工会经费	
14110203	摊销		221106	职工教育经费	
150101	成本	数量核算（份）、项目核算	221107	职工福利费	
150102	利息调整	项目核算	221108	非货币性福利	
150103	应计利息	项目核算	221109	带薪缺勤	

科目编码	科目名称	辅助账类型	科目编码	科目名称	辅助账类型
222101	应交增值税		510102	职工薪酬	部门核算
22210101	进项税额（注：借方）		510103	水电费	部门核算
22210103	已交税金（注：借方）		510104	劳保费	部门核算
22210105	转出未交增值税（注：借方）		510105	办公费	部门核算
22210106	销项税额		605101	出售原材料收入	
22210108	进项税额转出		605102	出售包装物收入	
22210109	转出多交增值税		6115	资产处置损益	
222102	未交增值税		630101	盘盈利得	
222103	预交增值税		630102	捐赠利得	
222104	待抵扣进项税额		630103	罚款收入	
222105	待认证进项税额		660101	折旧费	部门核算
222106	待转销项税额		660102	职工薪酬	部门核算
222107	简易计税		660103	水电费	部门核算
222108	转让金融商品应交增值税		660104	差旅费	部门核算
222121	应交消费税		660105	办公费	部门核算
222122	应交企业所得税		660106	业务招待费	部门核算
222123	应交个人所得税		660107	运输费	
222124	应交城市维护建设税		660108	保险费	
222125	应交教育费附加		660109	广告宣传费	
222126	应交地方教育附加		660110	委托代销手续费	
222127	应交房产税		660201	折旧费	部门核算
222128	应交城镇土地使用税		660202	职工薪酬	部门核算
222129	应交车船税		660203	水电费	部门核算
222130	应交土地增值税		660204	差旅费	部门核算
224101	代扣职工三险一金		660205	办公费	部门核算
22410101	代扣医疗保险		660206	业务招待费	部门核算
22410102	代扣养老保险		660207	品牌管理费	
22410103	代扣失业保险		660208	修理费	
22410104	代扣住房公积金		660209	无形资产摊销	
400201	资本溢价		660210	存货盘点	
400202	其他资本公积		660301	利息支出	
410101	法定盈余公积		660302	汇兑损益	
410102	任意盈余公积		660303	手续费及工本费	
410401	提取法定盈余公积		660304	现金折扣	
410402	提取任意盈余公积		660305	票据贴现	
410403	应付现金股利或利润		6702	信用减值损失（注：支出）	
410404	盈余公积补亏		671101	盘亏损失	
410409	未分配利润		671102	公益性捐赠支出	
500101	直接材料	项目核算	671103	罚款支出	
500102	直接人工	项目核算	671104	处置非流动资产损失	
500103	制造费用	项目核算	671105	非常损失	
500199	共同产品		680101	当期所得税费用	
510101	折旧费	部门核算	680102	递延所得税费用	

【实验过程】

在"会计科目"窗口单击"增加"按钮，进入"新增会计科目"对话框。根据实验资料，在"科目编码"栏输入"100201"，"科目名称"栏输入"交通银行"，如图 2-17 所示，单击"确定"按钮，该科目添加成功。单击"增加"按钮，继续添加剩余会计科目，全部添加完毕后关闭"新增会计科目"对话框。

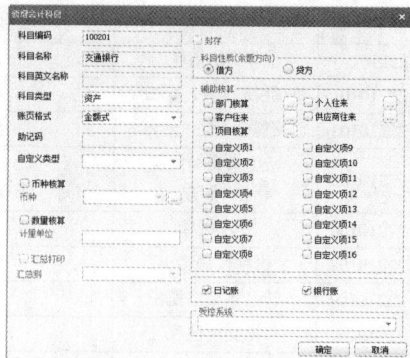

增加会计科目

【提示】

科目编码必须唯一，科目编码必须按其级次的先后次序

图 2-17　新增会计科目

建立。级次由系统根据科目编码方案（见图1-10）定义。科目中文名称最多可输入20个汉字，科目英文名称最多可输入100个英文字母。科目中文名称和科目英文名称不能同时为空。

[币种核算]一个科目只能核算一种外币。

[数量核算]如果只启用总账系统，则原材料等存货科目应勾选此项并输入计量单位，以进行数量核算。

[科目性质（余额方向）]一般情况下，资产类科目的科目性质默认为借方，负债类科目的科目性质默认为贷方。只能在一级科目设置科目性质，下级科目的科目性质与其一级科目相同。已有数据的科目不能再修改科目性质。

[辅助核算]也称辅助账类，用于说明本科目除完成一般的总账、明细账核算外，是否有其他核算要求。系统提供以下几种专项核算功能：部门核算、个人往来、客户往来、供应商往来、项目核算。辅助核算可以组合设置，一个科目可同时设置3种辅助核算，具体可参照表2-14。但是，部门核算和个人往来不能组合设置，客户往来与供应商往来不能一同设置。如果会计科目已有数据，而又对该科目的辅助核算进行修改，那么很可能造成总账与辅助账对账不平。

表 2-14　　　　　　　　　　　　辅助核算组合方式

辅助核算组合方式	部门	个人	客户	供应商	项目
部门+客户	√		√		
部门+供应商	√			√	
客户+项目			√		√
供应商+项目				√	√
部门+项目	√				√
个人+项目		√			√
部门+客户+项目	√		√		√
部门+供应商+项目	√			√	√

[受控系统]若某科目的"受控系统"不为空，则该科目为受控科目，与该受控科目相关的制单业务应到相应的"受控系统"中完成。

（3）修改会计科目。

【实验资料】

修改会计科目"应收票据"辅助核算为"客户往来"，受控于"应收款管理系统"。

修改会计科目"应付票据""预付账款"辅助核算为"供应商往来"，受控于"应付款管理系统"。

将"持有至到期投资"和"可供出售金融资产"的科目名称分别改为"债权投资""其他权

益工具投资"。

为"交易性金融资产""债权投资"和"其他权益工具投资"设置项目核算。

为"生产成本"设置项目核算。

为"制造费用"设置部门核算。

将"营业税金及附加"的科目名称改为"税金及附加"。

【实验过程】

在"会计科目"窗口，单击需要修改的"应收票据"科目，单击工具栏的"修改"按钮，打开"会计科目_修改"对话框（直接双击待修改科目也可打开该对话框）。单击"修改"按钮，勾选"客户往来"辅助核算，如图 2-18 所示，单击"确定"按钮。根据实验资料继续修改其他会计科目。

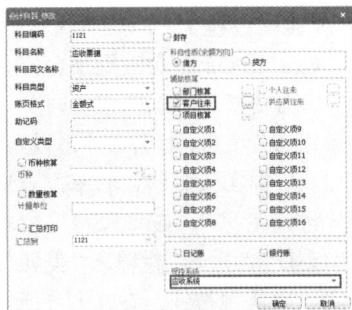

图 2-18　修改会计科目

【提示】

如果某科目已被制过单或已录入期初余额，则该科目不能删除、修改。要修改该科目，必须先删除包含该科目的记账凭证，并将该科目及其下级科目的余额清除。非末级科目及已使用的末级科目不能再修改科目编码。

2．设置凭证类别

【实验资料】

根据表 2-15 选择凭证分类并设置凭证类别。

表 2-15　　　　　　　　　凭证类别

类别字	类别名称	限制类型	限制科目
收	收款凭证	借方必有	1001,1002
付	付款凭证	贷方必有	1001,1002
转	转账凭证	凭证必无	1001,1002

【实验过程】

（1）在 U8 企业应用平台，单击"基础设置→基础档案→财务→凭证类别"菜单，打开"凭证类别预置"对话框。根据实验资料，选择第二种分类方式，如图 2-19 所示。

（2）单击"确定"按钮，打开"凭证类别"窗口，单击"修改"按钮，选择各类凭证的"限制类型"，并输入其限制科目，如图 2-20 所示。退出该窗口。

设置凭证类别

【提示】

已使用的凭证类别不能删除，也不能修改类别字。以转账支票结算的业务应填制付款凭证，而非转账凭证。在采用专用记账凭证的情况下，对于库存现金、银行存款之间的收付业务（如存现、取现等），为避免重复记账，一般只填制付款凭证。

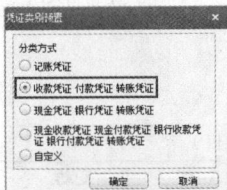

图 2-19　选择凭证分类方式

图 2-20　设置凭证类别

3. 设置外币核算

【实验资料】

（1）定义外币。币符：USD；币名：美元；汇率小数位：4位；浮动汇率；假定2022年1月1日记账汇率为6.6082；其他默认。

（2）修改会计科目。设置"1002010102 银行存款/交通银行/锦州古塔支行/美元户"有美元外币核算。

【实验过程】

（1）在U8企业应用平台，单击"基础设置→基础档案→财务→外币设置"菜单，打开"外币设置"窗口。根据实验资料，汇率方式选择"浮动汇率"，在"币符"栏输入"USD"，"币名"栏输入"美元"，单击"确认"按钮，在1月1日的"记账汇率"栏输入6.6082，如图2-21所示。退出该窗口。

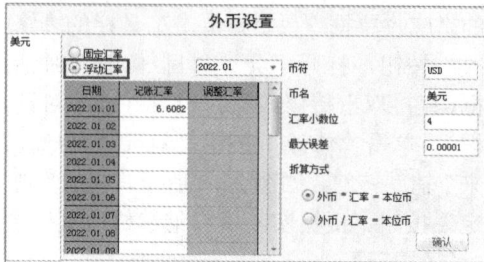

图 2-21　外币设置

【提示】

若选择固定汇率作为记账汇率，则每月在填制凭证前，应预先在此录入该月的记账汇率，否则在填制该月外币凭证时，将会出现汇率为零的错误。若选择浮动汇率作为记账汇率，则在填制当天凭证前，应预先在此录入当天的记账汇率。

（2）在U8企业应用平台，单击"基础设置→基础档案→财务→会计科目"菜单，打开"会计科目"窗口。双击"1002010102 银行存款/交通银行/锦州古塔支行/美元户"科目，单击窗口右下方的"修改"按钮，在"会计科目_修改"对话框中勾选"币种核算"，币种选择美元，如图2-22所示。

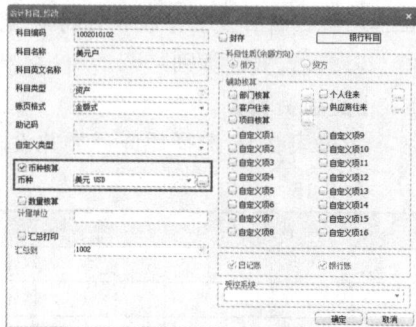

图 2-22　修改会计科目

4. 设置项目目录

【实验资料】

（1）根据表2-16逐步设置"生产成本核算"项目目录。

表 2-16　　　　　　　　　　　　　"生产成本核算"项目目录设置

① 项目大类	生产成本核算（注：普通项目）	
② 核算科目	5001生产成本、500101直接材料、500102直接人工、500103制造费用	
③ 项目分类	1 轿车轮胎	2 货车轮胎
④ 项目目录	0301 185型轿车轮胎	0351 235型货车轮胎
	0302 195型轿车轮胎	0352 265型货车轮胎
	0309 轿车轮胎共用	0359 货车轮胎共用

（2）根据表2-17逐步设置"金融资产"项目目录。

表 2-17　　　　　　　　　　　　　"金融资产"项目目录设置

① 项目大类	金融资产（注：普通项目）
② 核算科目	1101 交易性金融资产、110101 成本、110102 公允价值变动
	1501 债权投资、150101 成本、150102 利息调整、150103 应计利息
	1503 其他权益工具投资、150301 成本、150302 公允价值变动

续表

③ 项目分类	1 股票	2 债券
④ 项目目录	11 银龙股份	21 东岳城建
	12 兴华股份	22 永康债券

【实验过程】

（1）增加项目大类。在 U8 企业应用平台，单击"基础设置→基础档案→财务→项目大类"菜单，打开"项目大类"窗口。单击"增加"按钮，打开"项目大类定义_增加"对话框，在"新项目大类名称"栏输入"生产成本核算"，如图 2-23 所示，单击"下一步"按钮，进入定义项目级次界面，再单击"下一步"按钮，进入定义项目栏目界面，单击"完成"按钮，项目大类添加完毕。

设置项目目录

（2）指定核算科目。在"项目大类"窗口的"项目大类"下拉框中选择"生产成本核算"大类。单击 > 按钮，将待选科目区的 5001 生产成本、500101 直接材料、500102 直接人工和 500103 制造费用移动到"已选科目"区，如图 2-24 所示。

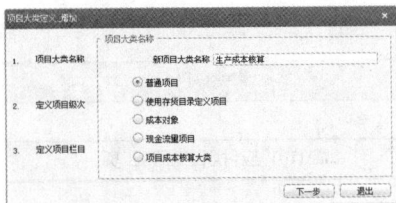

图 2-23　增加项目大类

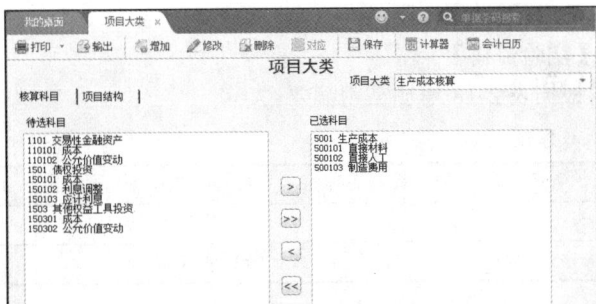

图 2-24　指定核算科目

【提示】

只有设置了"项目核算"辅助核算的会计科目才能显示在"待选科目"区。

一个项目大类可以指定多个科目，一个科目只能属于一个项目大类。

（3）增加项目分类。在 U8 企业应用平台，单击"基础设置→基础档案→财务→项目分类"菜单，打开"项目分类"窗口。在"项目大类"下拉框中选择"生产成本核算"大类。单击"增加"按钮，根据实验资料，"分类编码"栏输入"1"，"分类名称"栏输入"轿车轮胎"，单击"保存"按钮。再增加第二个项目分类，结果如图 2-25 所示。

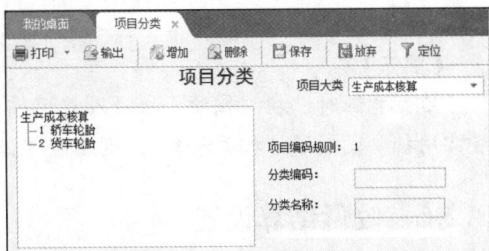

图 2-25　增加项目分类

【提示】

已使用的项目分类不能删除。未使用的分类编码和分类名称、已使用的分类名称可以修改。非末级分类编码和已使用的分类编码不能修改。非末级分类编码不能删除。若某项目分类已定义项目目录，则该项目分类不能删除，也不能定义下级分类，必须先删除项目目录，再删除该项目分类或定义下级分类。

（4）增加项目目录。在 U8 企业应用平台，单击"基础设置→基础档案→财务→项目目录"菜单，弹出"查询条件-项目目录"对话框，"项目大类"选择"生产成本核算"，单击"确定"按钮，打开"项目目录"窗口。单击"增加"按钮，根据实验资料输入项目编号和项目名称，选择所属分类码，结果如图 2-26 所示。关闭该窗口。

图 2-26　增加项目目录

（5）参照上述方法，完成表 2-17 的项目目录设置。

【提示】

在每年年初应将已结算或不用的项目删除。项目编号必须唯一，不能重复。不同的项目可使用相同的所属分类码。

5. 设置常用摘要

【实验资料】

根据表 2-18 增加常用摘要。

表 2-18　　　　　　　　　　　　　　　常用摘要

摘要编码	摘要内容	相关科目
01	支付办公费	
02	发放上月工资	221101 应付职工薪酬/工资

【实验过程】

在 U8 企业应用平台，单击"基础设置→基础档案→其他→常用摘要"菜单，打开"常用摘要"窗口。单击"增加"按钮，根据实验资料添加常用摘要，结果如图 2-27 所示。

设置常用摘要

图 2-27　常用摘要

【提示】

填制凭证时，在"摘要"栏输入常用摘要编码，系统自动调入该摘要内容和相关科目。如果某条常用摘要设置了"相关科目"，则填制凭证时，在调用常用摘要的同时可自动调入该相关科目。

2.2.6　收付结算设置

1. 结算方式

【实验资料】

根据表 2-19 增加常用结算方式。

表 2-19　　　　　　　　　　　　　　　常用结算方式

结算方式编码	结算方式名称	是否票据管理
1	现金	
2	支票	是
201	现金支票	是

续表

结算方式编码	结算方式名称	是否票据管理
202	转账支票	是
3	汇票	
301	银行汇票	
302	银行承兑汇票	
303	商业承兑汇票	
4	汇兑	
401	电汇	
402	信汇	
5	委托收款	
6	托收承付	
9	其他	

【实验过程】

（1）2022 年 1 月 1 日，由李梓楠（A01）登录企业应用平台。

（2）在 U8 企业应用平台，单击"基础设置→基础档案→收付结算→结算方式"菜单，打开"结算方式"窗口。单击"增加"按钮，根据实验资料添加结算方式并保存。结果如图 2-28 所示。退出该窗口。

结算方式

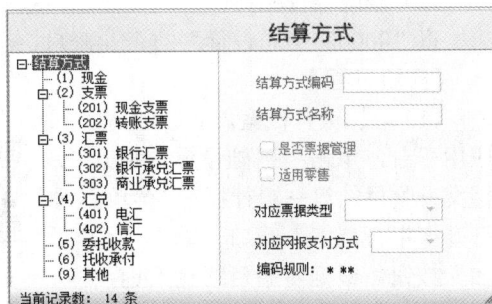

图 2-28　结算方式

【提示】

[是否票据管理]勾选该项的结算方式将进行支票登记簿管理。例如，在应收应付款管理系统中，勾选票据管理结算方式的收付款单可登记到总账系统的支票登记簿中。

2．设置付款条件

【实验资料】

根据表 2-20 增加付款条件。

表 2-20　　　　　　　　　　　　　　　　付款条件

编码	付款条件名称	信用天数	优惠天数 1	优惠率 1	优惠天数 2	优惠率 2
01	2/10,1/20,n/30	30	10	2	20	1

【实验过程】

在 U8 企业应用平台，单击"基础设置→基础档案→收付结算→付款条件"菜单，打开"付款条件"窗口。单击"增加"按钮，根据实验资料输入"付款条件编码""信用天数"，以及"优惠天数"和"优惠率"并保存。结果如图 2-29 所示。退出该窗口。

设置付款条件

图 2-29　付款条件

【提示】

付款条件编码应唯一，最多3个字符。付款条件名称自动形成，不可修改。这里的信用天数是指最大的信用天数，如超过此天数，则不仅要按全额支付货款，还可能要支付逾期付款利息或违约金。付款条件在订单、发票、客户档案、供应商档案等表单中被引用。付款条件一旦被引用，将不能进行修改和删除的操作。

3. 维护银行档案

【实验资料】

（1）增加银行档案。

根据表 2-21 增加银行档案，并设置企业账户、个人账户均定长。

表 2-21　　　　　　　　　　　　　银行档案

银行编码	银行名称	企业账号长度	个人账号长度
05	锦州银行	19	19

（2）修改银行档案。

将"00003 交通银行"的企业账户、个人账户均设为定长 19 位。

【实验过程】

（1）增加银行档案。在 U8 企业应用平台，单击"基础设置→基础档案→收付结算→银行档案"菜单，打开"银行档案"窗口。单击"增加"按钮，根据实验资料输入锦州银行的档案信息，如图 2-30 所示。保存后退出添加界面返回"银行档案"窗口。

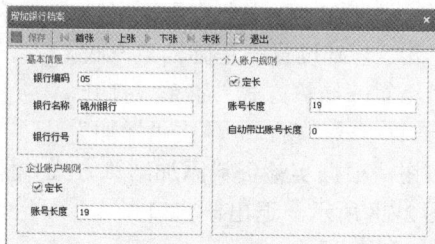

维护银行档案

图 2-30　增加银行档案

（2）修改银行档案。在"银行档案"窗口，单击编码为"00003"的交通银行，再单击"修改"按钮，将"企业账户规则""个人账户规则"中的账号长度均改为定长"19"，保存并退出该窗口。

【提示】

该功能用来建立和管理用户在经营活动中涉及的银行总行档案。

[银行名称]不允许为空，长度不得超过20个字符。

[银行编码]不允许为空，长度不得超过5个字符。

[定长]勾选此项，则要求所有企业账户或所有个人账户的长度必须相同。

4. 设置本单位开户银行

【实验资料】

根据表 2-22 设置"辽宁双圆轮胎有限公司"的开户银行信息。

表 2-22　　　　　　　　　　　　本单位开户银行

编码	银行账号	开户银行	币种	所属银行
01	6235166951987631615	交通银行锦州古塔支行	人民币	00003
02	6235166951169126917	交通银行锦州古塔支行	美元	00003
03	6235985107847117832	锦州银行锦州古塔支行	人民币	05

【实验过程】

在 U8 企业应用平台，单击"基础设置→基础档案→收付结算→本单位开户银行"菜单，打开"本单位开户银行"窗口。单击"增加"按钮，根据实验资料输入交通银行锦州古塔支行的档案信息，如图 2-31 所示。保存后继续添加剩余两个开户银行信息，全部添加完毕后，退出添加界面返回"本单位开户银行"窗口。

图 2-31 增加本单位开户银行

设置本单位开户银行

【提示】

编码、银行账号、币种、开户银行、所属银行编码为必输项。

[编码]最多可输入3个字符。

[银行账号]必须唯一，最多可输入20个字符。

[开户银行]可以重复，最多可输入30个字符或15个汉字。

"本单位开户银行"档案一旦被引用，将不能进行修改和删除操作。

2.2.7 设置业务档案

1. 仓库档案

【实验资料】

根据表 2-23 设置仓库档案。

表 2-23   仓库档案

仓库编码	仓库名称	计价方式	备注
01	原材料仓	全月平均法	
02	周转材料仓	全月平均法	勾选"代管仓"
03	产成品仓	全月平均法	
08	固定资产仓	先进先出法	勾选"资产仓"

【实验过程】

（1）2022 年 1 月 1 日，由李梓楠（A01）登录企业应用平台。

（2）在 U8 企业应用平台，单击"基础设置→基础档案→业务→仓库档案"菜单，打开"仓库档案"窗口，单击"增加"按钮，根据表 2-23 添加仓库档案，其他项默认，结果如图 2-32 所示。

序号	仓库编码	仓库名称	计价方式	参与需求计划运算	仓库属性	资产仓	记入成本	代管仓	是否门店	保税仓	电商仓
1	01	原材料仓	全月平均法	是	普通仓	否	是	否	否	否	否
2	02	周转材料仓	全月平均法	是	普通仓	否	是	是	否	否	否
3	03	产成品仓	全月平均法	是	普通仓	否	是	否	否	否	否
4	08	固定资产仓	先进先出法	否	普通仓	是	否	否	否	否	否

图 2-32 仓库档案

仓库档案

【提示】

仓库编码、仓库名称是必输项。仓库档案一旦被使用，将不能删除。

[计价方式]建账时，企业类型选择"工业"（见图1-8）的账套，系统提供6种计价方式：计划价法、全月平均法、移动平均法、先进先出法、后进先出法、个别计价法。每个仓库必须选择一种计价方式。全月平均法：该方法通过"期末处理"功能计算全月加权平均单价，并将该单价自动填入已记账单据。先进先出法：使用该方法，出库单据记账时自动计算出库成本。

[资产仓]它与"代管仓""记入成本""参与需求计划运算"互斥。

[代管仓]它与代管采购业务相关，具体可参阅9.2.5节。

2. 收发类别

【实验资料】

根据表2-24设置收发类别。

表2-24　　　　　　　　　　收发类别

一级类别		收发标志	二级类别	
编码	名称		编码	名称
01	入库	收	0101	采购入库
			0102	产成品入库
			0103	盘盈入库
			0104	直运采购
			0105	调拨入库
			0106	代管入库
			0129	其他入库
02	出库	发	0201	材料领用出库
			0202	销售出库
			0203	盘亏出库
			0204	直运销售
			0205	调拨出库
			0206	代管出库
			0207	委托代销出库
			0208	分期收款销售出库
			0229	其他出库

【实验过程】

在U8企业应用平台，单击"基础设置→基础档案→业务→收发类别"菜单，打开"收发类别"窗口，单击"增加"按钮，根据表2-24添加"收发类别"信息，结果如图2-33所示。

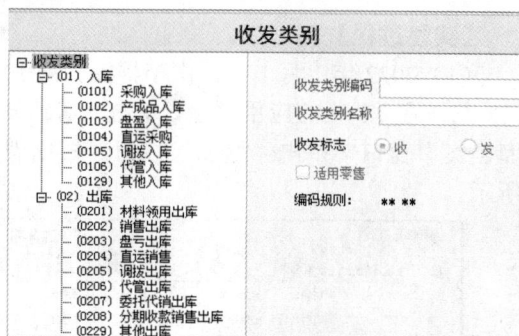

收发类别

图2-33　收发类别

【提示】

[收发类别编码]必输项，最多可分三级，最大位数为5位。

[收发类别名称]必输项，最大位数为12位。相

同级次且上级级次相同的类别名称不可以相同。

[收发标志]必选项，系统提供两种收发标志，即收和发。

收发类别的主要用途：①对存货的出入库情况进行分类统计；②根据收发类别设置存货核算系统的"对方科目"，进而可按不同收发类别生成记账凭证。

3. 采购类型

【实验资料】

根据表 2-25 设置采购类型。

表 2-25   采购类型

采购类型编码	采购类型名称	入库类别
01	正常采购	0101 采购入库
02	直运采购	0104 直运采购
03	代管采购	0106 代管入库

【实验过程】

在 U8 企业应用平台，单击"基础设置→基础档案→业务→采购类型"菜单，打开"采购类型"窗口，单击"增加"按钮，根据表 2-25 添加采购类型信息，结果如图 2-34 所示。

采购类型						
序号	采购类型编码	采购类型名称	入库类别	是否默认值	是否委外默认值	参与需求计划运算
1	01	正常采购	采购入库	否	否	是
2	02	直运采购	直运采购	否	否	是
3	03	代管采购	代管入库	否	否	是

图 2-34   采购类型

采购类型

【提示】

[采购类型编码]必输项，编码最多占2个字符，且不能重复。

[采购类型名称]必输项，且不能重名。

[入库类别]即收发类别中的收发标志为"收"的部分。参照到货单生成采购入库单时，系统自动将到货单表头"采购类型"对应的"入库类别"带入采购入库单的表头。

采购类型的主要用途：①按采购类型统计数据；②按采购类型设置应付款管理系统的控制科目或对方科目。

4. 销售类型

【实验资料】

根据表 2-26 设置销售类型。

表 2-26   销售类型

销售类型编码	销售类型名称	出库类别
01	正常销售	0202 销售出库
02	直运销售	0204 直运销售
03	代管货物销售	0206 代管出库
04	委托代销	0207 委托代销出库
05	分期收款销售	0208 分期收款销售出库

【实验过程】

在 U8 企业应用平台，单击"基础设置→基础档案→业务→销售类型"菜单，打开"销售类型"窗口，单击"增加"按钮，根据表2-26添加销售类型信息，结果如图2-35所示。

销售类型					
序号	销售类型编码	销售类型名称	出库类别	是否默认值	参与需求计划运算
1	01	正常销售	销售出库	否	是
2	02	直运销售	直运销售	否	是
3	03	代管货物销售	代管出库	否	是
4	04	委托代销	委托代销出库	否	是
5	05	分期收款销售	分期收款销售出库	否	是

图2-35　销售类型

销售类型

【提示】

[销售类型编码]必输项，编码最多占2个字符，且不能重复。

[销售类型名称]必输项，且不能重名。

[出库类别]即收发类别中的收发标志为"发"的部分。参照到发单生成销售出库单时，系统自动将发货单表头"销售类型"对应的"出库类别"带入销售出库单的表头。

销售类型的主要用途：①按销售类型统计数据；②按销售类型设置应收款管理系统的控制科目或对方科目；③在存货核算系统按不同的销售类型生成凭证。

5. 费用项目

【实验资料】

根据表2-27设置费用项目。

表2-27　费用项目

费用项目编码	费用项目名称	费用项目分类编码	费用项目分类名称
01	代销手续费	1	日常费用
02	运输费	1	日常费用

【实验过程】

（1）在U8企业应用平台，单击"基础设置→基础档案→业务→费用项目分类"菜单，打开"费用项目分类"窗口，单击"增加"按钮，根据表2-27添加费用项目分类信息。

（2）在U8企业应用平台，单击"基础设置→基础档案→业务→费用项目"菜单，打开"费用项目"窗口，单击"增加"按钮，根据表2-27添加费用项目信息，结果如图2-36所示。

费用项目分类	序号	费用项目编码	费用项目名称	费用项目分类名称	销项税率(%)	会计科目名称	方向	预算项目	业务类型
(1) 日常费用	1	01	代销手续费	日常费用					
	2	02	运输费	日常费用					

图2-36　费用项目

费用项目

【提示】

在填制销售管理系统的代垫费用单、销售费用支出单时，需使用这里的费用项目。

6. 非合理损耗类型

【实验资料】

根据表2-28设置非合理损耗类型。

表2-28　非合理损耗类型

非合理损耗类型编码	非合理损耗类型名称	是否默认值
01	运输单位责任	否
02	保险公司责任	否
03	员工个人责任	否

【实验过程】

在 U8 企业应用平台，单击"基础设置→基础档案→业务→非合理损耗类型"菜单，打开"非合理损耗类型"窗口，单击"增加"按钮，根据表 2-28 添加非合理损耗类型信息，结果如图 2-37 所示。添加完毕后退出该窗口。

非合理损耗类型					
序号	非合理损耗类型编码	非合理损耗类型名称	会计科目名称	是否默认值	备注
1	01	运输单位责任		否	
2	02	保险公司责任		否	
3	03	员工个人责任		否	

图 2-37　非合理损耗类型

非合理损耗类型

【提示】

在企业采购货物过程中，如果发生非合理损耗，则需要根据不同原因做出处理。从系统应用角度，非合理损耗的采购业务在手工采购结算时，需选择"非合理损耗类型"。

2.2.8　单据设置

在 U8 系统中，为描述和处理各种经济业务设置的如采购专用发票、销售订单、收款单、付款单、材料出库单等，称为单据。单据设置主要包括单据格式设置和单据编号设置。

1.　单据格式设置

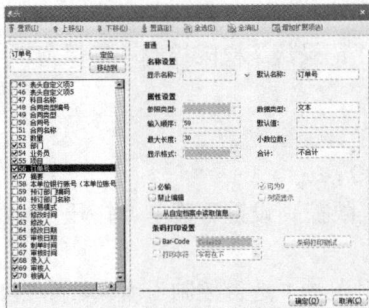

【实验资料】

（1）为应收收款单表头增加"订单号"项目。

（2）为销售订单表头增加"必有定金""定金比例""定金原币金额""定金本币金额""定金累计实收原币金额"和"定金累计实收本币金额"项目。

（3）为委托代销结算单表头增加"发票号"项目。

（4）为销售费用支出单表头增加"费用供货商名称"和"单据流向"项目。

（5）为销售专用发票表体增加"退补标志"项目，将其表体"数量"项目改为非必填项。

（6）为材料出库单表体增加"项目大类编码""项目大类名称""项目编码""项目""代管商代码"和"代管商"项目。

【实验过程】

（1）2022 年 1 月 1 日，由李梓楠（A01）登录企业应用平台。

（2）在 U8 企业应用平台，单击"基础设置→单据设置→单据格式设置"菜单，打开"单据格式设置"窗口。根据实验资料，在应收款管理中找到"应收收款单显示模板"。

单据格式设置

（3）单击工具栏的"表头栏目"，打开"表头"对话框，在"项目名称"列表框中勾选"56 订单号"项，如图 2-38 所示。单击"确定"按钮，再单击工具栏的"保存"按钮，结果如图 2-39 所示。

图 2-38　"表头"对话框

图 2-39　（应收收款单）单据格式设置结果

（4）参照上述方法继续完成其他单据的格式设置。

2. 单据编号设置

【实验资料】

（1）将销售专用发票、销售零售日报、采购专用发票的编号方式设置为"完全手工编号"。

（2）将销售订单、采购订单、销售出库单、调拨单、产成品入库单、材料出库单、采购入库单的编号方式设置为"手工改动，重号时自动重取"。

【实验过程】

（1）在 U8 企业应用平台，单击"基础设置→单据设置→单据编号设置"菜单，打开"单据编号设置"对话框。

（2）根据实验资料，在销售管理中找到"销售专用发票"，单击 "编辑"按钮，勾选"完全手工编号"，如图 2-40 所示。单击 "保存"按钮，完成该单据的单据编号设置。按上述方法继续设置剩余单据的单据编号。

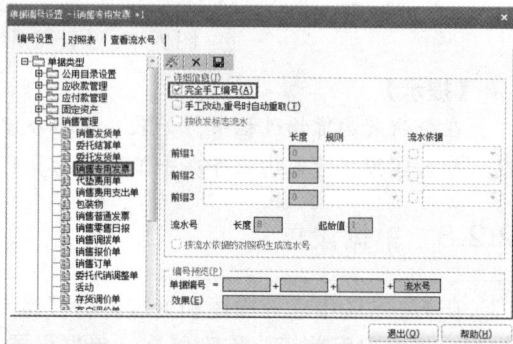

单据编号设置

图 2-40 （销售专用发票）单据编号设置

【提示】

[完全手工编号]新增单据时，单据号为空，需手工填入单据号。

[手工修改，重号时自动重取]如果批量生单或自动生单不能显示生成的单据并填入单据号，则无法保存单据，该种单据应采用此种编号方式。

[按收发标志流水]一般入库单、出库单采用这种方式编号。

在"查看流水号"选项卡，可查看某种单据的流水号，包括收发标志、流水依据、级次、编码等信息。这里的流水号是指该种单据已经使用的最大编号（含已删除单据的编号）。假如某种单据的流水号为3，由于某种原因，第2号、第3号单据已被删除，为充分利用空号，可在这里将流水号改为1，表示该单据的最大流水号是1，以后按流水依据自动编号时，从2开始编号。

2.3

数据权限管理

2.3.1 数据权限控制设置

【实验资料】

取消对"仓库""工资权限"和"科目"这 3 个业务对象的"记录级"权限控制，仅保留"用户"的"记录级"权限控制，取消所有"字段级"权限控制。

【实验过程】

（1）2022 年 1 月 1 日，由李梓楠（A01）登录企业应用平台。

（2）在 U8 企业应用平台，单击"系统服务→权限→数据权限控制设置"菜单，打开"数据权限控制设置"窗口。

（3）取消勾选"仓库""工资权限"和"科目"这三个业务对象的"是否控制"项，如图 2-41 所示。

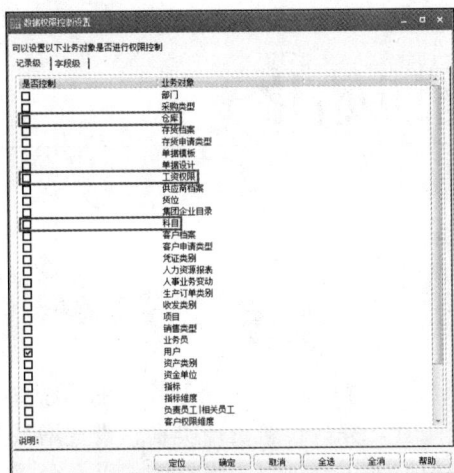

图 2-41　数据权限控制设置

数据权限控制设置

（4）在"字段级"选项卡，单击窗口右下角的"全消"按钮，再单击"确定"按钮完成设置。

【提示】

数据权限的控制分为记录级和字段级两个层次，对应"记录级"和"字段级"两个选项卡。勾选了"是否控制"项的业务对象将在"数据权限设置"的"业务对象"中显示。对业务对象启用记录级权限控制后，默认所有操作员对此业务对象没有任何权限。对业务对象启用字段级权限控制后，默认所有操作员对此业务对象有读写权限，可以按业务对象设置默认"有权"还是"无权"。图2-41中的"用户"指的是系统的操作员（见表1-3）。

2.3.2　数据权限分配

【实验资料】

为王健荣授权，使其有权对张博文所填制凭证进行查询、删除、审核、弃审以及撤销。

为张博文、马浩男授予"主管"权限，使其拥有所有操作员的全部记录级数据权限。

【实验过程】

（1）在 U8 企业应用平台，单击"系统服务→权限→数据权限分配"菜单，打开"权限浏览"窗口。

（2）在用户列表中单击选中"王健荣"，单击工具栏的"授权"按钮，打开"记录权限设置"对话框。单击 > 按钮，将"张博文"由"禁用"区移动到"可用"区，如图 2-42 所示，单击"保存"按钮，系统提示保存成功。关闭该对话框。

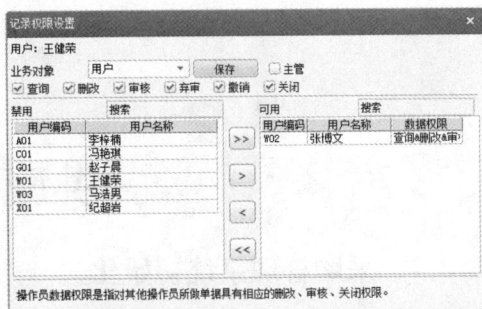

数据权限分配

图 2-42　为王健荣（W01）分配数据权限

（3）参照上述方法为张博文、马浩男授权。

【提示】

如果用户或角色为账套主管，则其拥有所有记录权限，不参加数据权限分配。只有在"数据权限控制设置"中至少选择控制一个记录级业务对象，才能分配数据权限。只有在系统管理中定义角色或用户并分配完功能级权限后，才能分配数据权限。

第3章 系统初始化

3.1 概述

本章主要完成如下系统初始化工作：①设置总账等 9 个子系统的系统参数；②录入系统期初余额；③设置科目；④建立固定资产账套，完成设置资产类别、设置增减方式以及录入原始卡片等工作。⑤建立薪资管理账套，完成增加工资项目、设置公式以及分摊类型设置等工作。本章总体框架如图 3-1 所示。

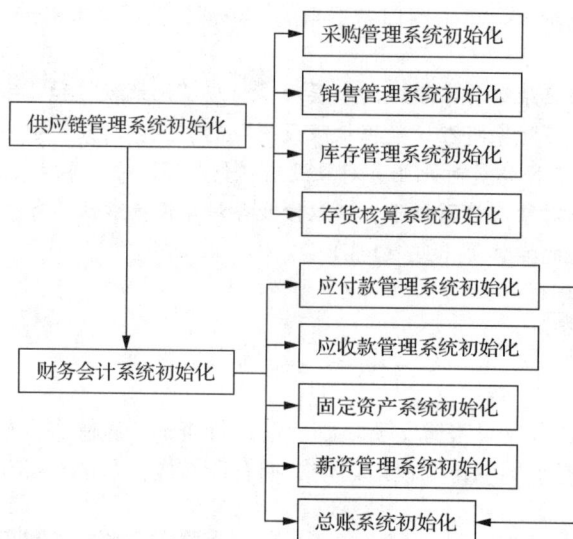

图 3-1　本章总体框架

3.2 供应链管理系统初始化

3.2.1 采购管理系统初始化

1. 设置系统参数

【实验资料】

根据表 3-1 设置采购管理系统选项。

表 3-1　　　　　　　　　　　　　　　　　系统选项

系统	选项卡	参数设置
采购管理	业务及权限控制	启用代管业务

【实验过程】

2022 年 1 月 1 日，由李梓楠（A01）登录企业应用平台。在 U8 企业应用平台，依次单击"业务工作→供应链→采购管理→设置→选项"菜单，打开"采购系统选项"对话框。根据实验资料，在"业务及权限控制"选项卡中勾选"启用代管业务"，如图 3-2 所示。单击"确定"按钮。

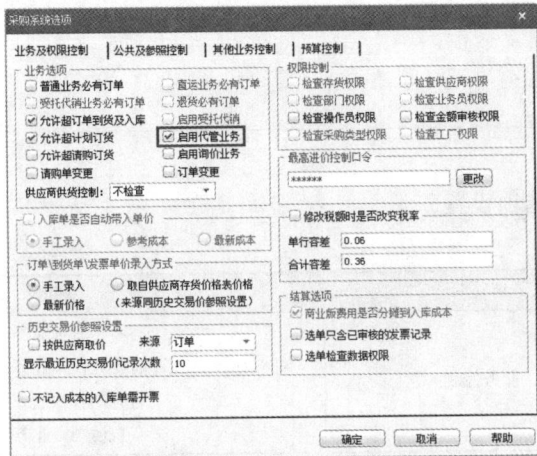

图 3-2 采购管理系统选项设置——"业务及权限控制"选项卡

设置采购管理系统参数

2. 录入期初采购入库单并记账

【实验资料】

（1）录入期初采购入库单。

2021 年 12 月 30 日，采购部徐日强从上海亿达购入硫化剂 800 千克，无税单价 14.9 元/千克。当日全部货物验收合格入库（入库单号：RKA12586），并预付货款 6 000 元（见表 3-14）。合同约定 2022 年 1 月 11 日开具增值税专用发票并结清剩余款项。采购类型为"正常采购"。

（2）对采购管理系统进行期初记账。

【实验过程】

（1）在 U8 企业应用平台，依次单击"业务工作→供应链→采购管理→采购入库→采购入库单"菜单，打开"采购入库单"窗口。单击"增加"按钮，根据实验资料填制期初采购入库单，录入完毕后单击"保存"按钮，结果如图 3-3 所示。关闭该窗口。

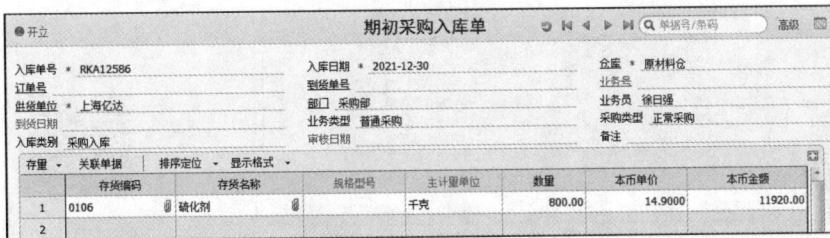

图 3-3 期初采购入库单

录入期初采购入库单

（2）在 U8 企业应用平台，依次单击"业务工作→供应链→采购管理→设置→采购期初记账"菜单，打开"期初记账"对话框，如图 3-4 所示。单击"记账"按钮，系统提示"期初记账完毕！"，单击"确定"按钮。退出该窗口。

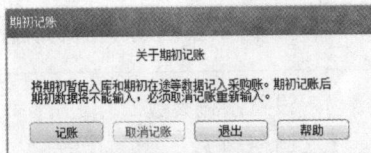

图 3-4 采购管理系统期初记账

【提示】

期初记账是将期初采购入库单、期初采购专用发票等期初数据记账，以保证业务的连贯性，并开始新的日常业务处理。即使没有期初数据，也应进行期初记账。以下情况不允许取消采购期初记账：①采购管理系统已进行了月末结账；②采购管理系统已经进行了采购结算；③存货核算系统已经进行了期初记账。

3.2.2 销售管理系统初始化

【实验资料】

根据表 3-2 进行销售管理系统选项设置。

表 3-2   系统参数

系统	选项卡	参数设置
销售管理	业务控制	有零售日报业务 有委托代销业务 有分期收款业务 有直运销售业务

【实验过程】

2022 年 1 月 1 日，由李梓楠（A01）登录企业应用平台。在 U8 企业应用平台，依次单击"业务工作→供应链→销售管理→设置→选项"菜单，打开"销售选项"对话框。根据实验资料，在"业务控制"选项卡中勾选"有零售日报业务""有委托代销业务""有分期收款业务""有直运销售业务"，如图 3-5 所示。设置完毕后单击"确定"按钮。

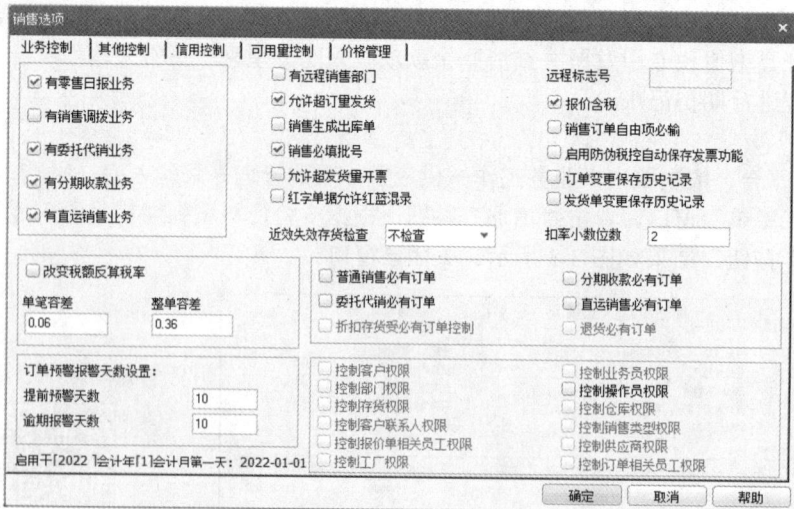

图 3-5 销售管理系统选项设置——"业务控制"选项卡

销售管理系统初始化

3.2.3 库存管理系统初始化

1. 设置系统参数

【实验资料】

根据表 3-3 进行库存管理系统选项设置。

表 3-3　　　　　　　　　　　　　　　　　系统参数

系统	选项卡	参数设置
库存管理	通用设置	有借入借出业务 采购入库审核时改现存量 销售出库审核时改现存量 产成品入库审核时改现存量 材料出库审核时改现存量 其他出入库审核时改现存量 勾选"是否库存生成销售出库单"
	专用设置	入库单成本：按计价方式取单价 出库单成本：按计价方式取单价

【实验过程】

2022 年 1 月 1 日，由李梓楠（A01）登录企业应用平台。在 U8 企业应用平台，依次单击"业务工作→供应链→库存管理→设置→选项"菜单，打开选项设置对话框。根据实验资料设置库存管理系统选项，如图 3-6 所示。设置完毕后单击"确定"按钮。

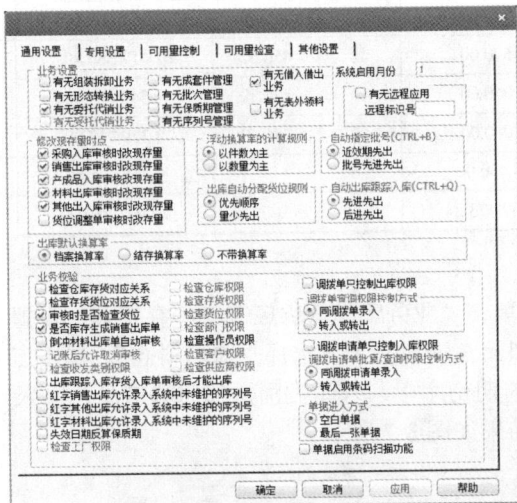

图 3-6　库存管理系统选项设置——"通用设置"选项卡

设置库存管理系统参数

【提示】

[是否库存生成销售出库单]若勾选该项，则库存管理系统的销售出库单不可手工填制，需参照发货单生成，但可修改销售出库单表体的数量，实现一次发货多次出库。

2．录入期初数据

【实验资料】

根据表 3-4 录入库存管理系统期初结存数据。其中，原材料仓的入库类别为"采购入库"，部门为"采购部"；产成品仓的入库类别为"产成品入库"，轿车轮胎的部门为"一车间"，货车轮胎的部门为"二车间"。

表 3-4　　　　　　　　　　　　　　　　库存商品期初结存

仓库	存货	数量	单位	单价（元）	金额（元）	存货科目
原材料仓	0101 丁苯橡胶	686 950.00	千克	12.85	8 827 307.50	1403 原材料
	0102 天然橡胶	790 730.00	千克	11.45	9 053 858.50	1403 原材料

续表

仓库	存货	数量	单位	单价（元）	金额（元）	存货科目
原材料仓	0103 硅烷偶联剂	7 827.40	千克	14.30	111 931.82	1403 原材料
	0104 防焦剂	2 428.15	千克	22.60	54 876.19	1403 原材料
	0105 芳烃油	3 780.52	千克	8.75	33 079.55	1403 原材料
	0106 硫化剂	6 482.50	千克	14.90	96 589.25	1403 原材料
	0107 促进剂	7 215.00	千克	21.75	156 926.25	1403 原材料
	0108 软化剂	6 015.75	千克	4.80	28 875.60	1403 原材料
	0109 防老剂	3 621.40	千克	13.90	50 337.46	1403 原材料
	0110 补强剂	7 142.20	千克	3.85	27 497.47	1403 原材料
	0111 脱模剂	5 899.12	千克	25.50	150 427.56	1403 原材料
	0112 热镀锌钢丝	3 599.40	千克	6.10	21 956.34	1403 原材料
	0113 镀铜钢丝	2 298.60	千克	7.55	17 354.43	1403 原材料
	0114 炭黑	6 033.20	千克	3.65	22 021.18	1403 原材料
小 计		1 540 023.24			18 653 039.10	
产成品仓	0301 185 型轿车轮胎	8 720.00	套	430.18	3 751 169.60	1405 库存商品
	0302 195 型轿车轮胎	3 590.00	套	450.52	1 617 366.80	1405 库存商品
	0351 235 型货车轮胎	2 060.00	套	752.39	1 549 923.40	1405 库存商品
	0352 265 型货车轮胎	3 080.00	套	756.40	2 329 712.00	1405 库存商品
小 计		17 450.00			9 248 171.80	
合 计		1 557 473.24			27 901 210.90	

【实验过程】

（1）在 U8 企业应用平台，依次单击"业务工作→供应链→库存管理→设置→期初结存"菜单，打开"库存期初数据录入"窗口。在窗口右上方选择"原材料仓"，单击工具栏的"修改"按钮，根据实验资料录入原材料仓的期初库存、入库类别、部门等信息，录入完毕后单击"保存"按钮，再单击"批审"按钮，结果如图 3-7 所示。

图 3-7 原材料仓期初结存

录入库存管理系统
期初数据

（2）将"库存期初数据录入"窗口右上角的仓库改为"产成品仓"，单击工具栏的"修改"按钮，根据实验资料录入产成品仓的期初库存、入库类别、部门等信息，录入完毕后保存并批审。

【提示】

库存管理系统的期初结存数据也可从存货核算系统取数。

3.2.4 存货核算系统初始化

1. 设置系统参数

【实验资料】

根据表 3-5 进行存货核算系统选项设置。

表 3-5　　　　　　　　　　　　　　　　　系统参数

系统	选项卡	参数设置
存货核算	核算方式	暂估方式：单到补差 销售成本核算方式：按销售发票核算 委托代销成本核算方式：按发出商品核算
	控制方式	勾选"单据审核后才能记账" 勾选"结算单价与暂估单价不一致是否调整出库成本"

【实验过程】

2022 年 1 月 1 日，由李梓楠（A01）登录企业应用平台。在 U8 企业应用平台，依次单击"业务工作→供应链→存货核算→设置→选项"菜单，打开"选项录入"对话框。

设置存货核算系统参数

单击对话框下方的"编辑"按钮，根据表 3-5 进行存货核算系统选项设置，如图 3-8 所示。按此方法继续完成其他选项卡的参数设置。设置完毕后关闭该窗口。

【提示】

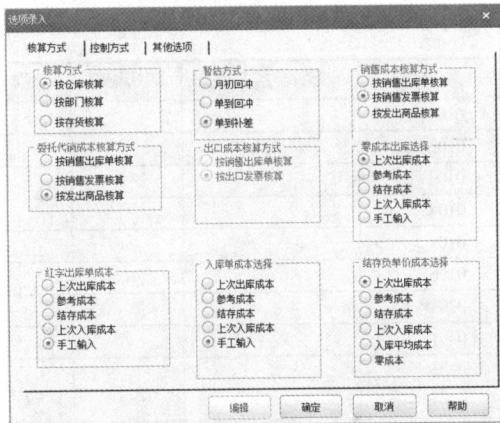

图 3-8　存货核算系统选项设置——"核算方式"选项卡

[暂估方式]系统提供3种暂估方式：月初回冲、单到回冲、单到补差。月初回冲：月初，系统自动生成红字回冲单，采购结算时，系统自动根据结算金额生成蓝字回冲单。单到回冲：采购结算时，系统自动生成红字回冲单和蓝字回冲单。单到补差：采购结算时，系统根据结算金额与暂估金额的差额自动生成一张入库调整单，若差额为零，则不生成入库调整单。

[销售成本核算方式]系统提供3种销售成本核算方式：按销售出库单核算、按销售发票核算和按发出商品核算。系统默认按销售发票核算，此时系统将按照销售发票的数量计算已销商品的成本。

[委托代销成本核算方式]系统提供3种委托代销成本核算方式：按销售出库单核算、按销售发票核算、按发出商品核算（系统默认）。

按销售出库单核算：发出商品时，不进行发出商品记账，也不进行正常单据记账，办理委托代销结算后，根据销售出库单进行正常单据记账。

按销售发票核算：发出商品时，不进行发出商品记账，也不进行正常单据记账，办理委托代销结算后，根据销售发票进行正常单据记账。

按发出商品核算：发出商品时，根据委托代销发货单进行发出商品记账，办理委托代销结算后，根据销售专用发票进行第二次发出商品记账。

[单据审核后才能记账]若勾选该项，则库存管理系统的采购入库单、产成品入库单、其他入库单、材料出库单、销售出库单、其他出库单这6种单必须审核，才能在存货核算的正常单据记账列表中显示。

[结算单价与暂估单价不一致是否调整出库成本]若勾选该项，则在先进先出法、个别计价法下，结算成本处理时，除了生成入库调整单，还将生成出库调整单。

2. 科目设置

【实验资料】

（1）设置存货科目。

根据表 3-6 设置存货科目。

表 3-6 存货科目

存货分类	存货科目	分期收款发出商品科目	委托代销发出商品科目	直运科目
01 原材料	1403 原材料	1406 发出商品	1406 发出商品	1402 在途物资
0201 包装物	141101 包装物	1406 发出商品	1406 发出商品	1402 在途物资
03 产成品	1405 库存商品	1406 发出商品	1406 发出商品	1402 在途物资

（2）设置对方科目。

根据表 3-7 设置对方科目。

表 3-7 对方科目

收发类别编码	存货分类编码	部门编码	项目大类编码	项目编码	对方科目编码	暂估科目编码
0101					1402	220202
0102	03				500199	
0103					190101	
0104					1402	
0105					1405	
0106					1402	
0201			00	0301	500101	
0201			00	0302	500101	
0201			00	0351	500101	
0201			00	0352	500101	
0202	01				6402	
0202	02				6402	
0202	03				6401	
0203					190101	
0204	01				6402	
0204	02				6402	
0204	03				6401	
0205					1405	
0206		04			6402	
0206	0501		00	0301	500101	
0206	0501		00	0302	500101	
0206	0502		00	0351	500101	
0206	0502		00	0352	500101	
0207					6401	
0208					6401	

【实验过程】

（1）设置存货科目。在 U8 企业应用平台，依次单击"业务工作→供应链→存货核算→设置→存货科目"菜单，打开"存货科目"窗口。单击"增行"按钮，根据表 3-6 录入存货科目，录入完毕后单击"保存"按钮，结果如图 3-9 所示。

（2）设置对方科目。在存货核算系统，依次单击"设置→对方科目"菜单，打开"对方科目"窗口。单击"增行"按钮,根据表 3-7 录入对方科目,录入完毕后单击"保存"按钮,结果如图 3-10 所示。

				存货科目							
存货分类编码	存货分类名称	存货科目编码	存货科目名称	分期收款发出商品科目编码	分期收款发出商品科目名称	委托代销发出商品科目编码	委托代销发出商品科目名称	直运科目编码	直运科目名称
01	原材料	1403	原材料	1406	发出商品	1406	发出商品	1402	在途物资
0201	包装物	141101	包装物	1406	发出商品	1406	发出商品	1402	在途物资
03	产成品	1405	库存商品	1406	发出商品	1406	发出商品	1402	在途物资

图 3-9　存货科目

存货核算系统
科目设置

				对方科目				
收发类别编码	收发类别名称	存货分类编码	部门编码	项目大类编码	项目编码	对方科目编码	对方科目名称	暂估科目编码
0101	采购入库					1402	在途物资	220202
0102	产成品入库	03				500199	共同产品	
0103	盘盈入库					190101	待处理流动资产损益	
0104	直运采购					1402	在途物资	
0105	调拨入库					1405	库存商品	
0106	代管入库					1402	在途物资	
0201	材料领用出库			00	0301	500101	直接材料	
0201	材料领用出库			00	0302	500101	直接材料	
0201	材料领用出库			00	0351	500101	直接材料	
0201	材料领用出库			00	0352	500101	直接材料	
0202	销售出库	01				6402	其他业务成本	
0202	销售出库	02				6402	其他业务成本	
0202	销售出库	03				6401	主营业务成本	
0203	盘亏出库					190101	待处理流动资产损益	
0204	直运销售	01				6402	其他业务成本	
0204	直运销售	02				6402	其他业务成本	
0204	直运销售	03				6401	主营业务成本	
0205	调拨出库					1405	库存商品	
0206	代管出库		04			6402	其他业务成本	
0206	代管出库	0501		00	0301	500101	直接材料	
0206	代管出库	0501		00	0302	500101	直接材料	
0206	代管出库	0502		00	0351	500101	直接材料	
0206	代管出库	0502		00	0352	500101	直接材料	

图 3-10　对方科目

【提示】

(1)普通采购业务科目设置。

采购入库单制单时,借方取存货科目,贷方取收发类别对应的对方科目。

(2)生产业务科目设置。

材料出库单制单时,借方取收发类别对应的对方科目,贷方取存货科目。

产成品入库单制单时,借方取存货科目,贷方取收发类别对应的对方科目。

(3)普通销售业务科目设置。

销售出库单或销售发票结转成本制单时,借方取收发类别对应的对方科目,贷方取存货科目。

(4)特殊业务科目设置。

直运业务:①直运采购发票制单时,借方取存货科目中设置的直运科目、税金科目,贷方取应付科目或结算科目。②直运销售发票制单时,借方取对方科目,贷方取存货科目中设置的直运科目。

分期收款业务:①发货单制单时,借方科目取分期收款发出商品科目,贷方取存货科目。②发票制单时,借方科目取收发类别对应的科目,贷方取分期收款发出商品科目。

委托代销业务:①发货单制单时,借方科目取委托代销发出商品科目,贷方取存货科目。②发票制单时,借方科目取收发类别对应的科目,贷方取委托代销发出商品科目。

调拨业务制单时,借方取入库存货的存货科目,贷方取出库存货的存货科目。

盘点业务:①盘盈业务制单时,借方取存货科目,贷方取对方科目。②盘亏业务制单时,借方取对方科目,贷方取存货科目。

3. 录入期初余额

【实验资料】

期初余额与库存管理系统期初结存数据一致，从库存管理系统取数至存货核算系统。取数完毕，对存货明细账进行期初记账。

【实验过程】

（1）在U8企业应用平台，依次单击"业务工作→供应链→存货核算→设置→期初余额"菜单，打开"期初余额"窗口。仓库选择"原材料仓"，单击"取数"按钮，系统自动从库存管理系统取期初结存至存货核算系统。

（2）参照上述方法，完成"产成品仓"的取数处理。两个仓库取数完毕后单击工具栏的"记账"按钮，系统提示"期初记账成功！"，单击"确定"按钮。

录入存货核算系统
期初余额

【提示】

由于本案例启用了分期收款业务和委托代销业务，所以系统要求对"设置"菜单下的期初分期收款发出商品和期初委托代销发出商品进行"取数"操作，否则存货核算系统不允许期初记账。期初数据录入完毕后，必须期初记账。即使没有期初数据，也必须进行期初记账。期初记账后，系统选项"核算方式""暂估方式"将不能修改。

4. 跌价准备设置

【实验资料】

根据表3-8进行跌价准备设置。

表3-8　　　　　　　　　　　　　跌价准备设置

存货分类编码	跌价准备科目	计提费用科目
01	1471 存货跌价准备	6701 资产减值损失
02	1471 存货跌价准备	6701 资产减值损失
03	1471 存货跌价准备	6701 资产减值损失

【实验过程】

在U8企业应用平台，依次单击"业务工作→供应链→存货核算→跌价准备→跌价准备设置"菜单，打开"跌价准备设置"窗口。单击"增加"按钮，根据表3-8设置存货的跌价准备科目和计提费用科目，结果如图3-11所示。

存货分类编码	存货分类名称	存货编码	存货名称	可变现价格	跌价准备科目编码	跌价准备科目名称	计提费用科目编码	计提费用科目名称
01	原材料				1471	存货跌价准备	6701	资产减值损失
02	周转材料				1471	存货跌价准备	6701	资产减值损失
03	产成品				1471	存货跌价准备	6701	资产减值损失

图3-11　跌价准备设置

跌价准备设置

3.3

财务会计系统初始化

3.3.1　应付款管理系统初始化

1. 设置系统参数

【实验资料】

根据表3-9进行应付款管理系统选项设置。

表 3-9   系统参数

系统	选项卡	参数设置
应付款管理	常规	应付单据审核日期：单据日期 勾选"自动计算现金折扣" 勾选"登记支票"
	凭证	受控科目制单方式：明细到单据 凭证合并规则：票据号

设置应付款管理
系统参数

【实验过程】

2022 年 1 月 1 日，由李梓楠（A01）登录企业应用平台。在 U8 企业应用平台，依次单击"业务工作→财务会计→应付款管理→设置→选项"菜单，打开"账套参数设置"对话框。单击对话框下方的"编辑"按钮，根据表 3-9 进行应付款管理系统选项设置，如图 3-12 所示。按此方法完成"凭证"选项卡的参数设置。设置完毕后关闭该对话框。

【提示】

[应付单据审核日期]系统提供两种确认单据审核日期的依据：单据日期和业务日期。如果选择"单据日期"，则在单据审核时，系统自

图 3-12　应付款管理系统选项设置——"常规"选项卡

动将该单据的单据日期作为单据的审核日期（即入账日期）。如果选择"业务日期"，则在单据审核时，系统自动将当前业务日期（即登录日期）作为单据的审核日期（即入账日期）。

[自动计算现金折扣]若勾选此项，则系统会在核销界面自动计算可享受折扣。

[登记支票]若勾选此项，则系统自动将具有票据管理的结算方式的付款单登记支票登记簿。若不选择此项，则用户需通过付款单上的"登记支票"按钮手工登记支票登记簿。

[受控科目制单方式]系统提供两种受控科目制单方式：明细到单据和明细到供应商。明细到单据：将一个供应商的多笔业务合并生成一张凭证时，系统将每一笔业务形成一条分录。明细到供应商：将一个供应商的多笔业务合并生成一张凭证时，如果这些业务的控制科目相同，则系统将自动将其合并成一条分录。

[凭证合并规则]系统提供以下几种合并规则：科目、辅助项、摘要、结算方式、票据号以及表头自定义项1至表头自定义项16。其中，"科目"和"辅助项"系统默认已经勾选，不可修改。本案例还勾选了"票据号"，应付款管理系统制单时，系统自动判断票据号是否相同，如果相同，则表头科目合并，否则，表头科目不合并。

2. 初始设置

【实验资料】

（1）设置基本科目。

根据表 3-10 设置应付款管理系统基本科目。

表 3-10   基本科目

基础科目种类	科目	币种
应付科目	220201 应付账款/一般应付账款	人民币
预付科目	1123 预付账款	人民币
采购科目	1402 在途物资	人民币

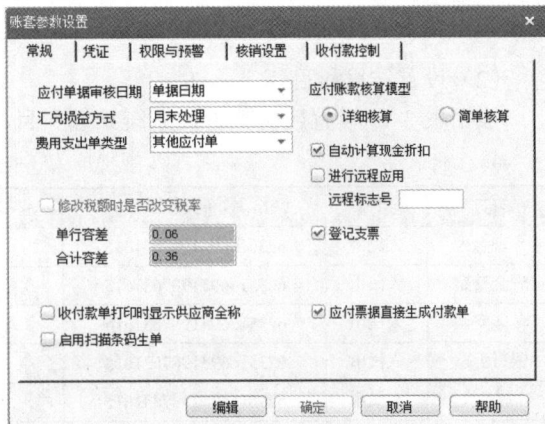

基础科目种类	科目	币种
税金科目	22210101 应交税费/应交增值税/进项税额	人民币
汇兑损益科目	660302 财务费用/汇兑损益	人民币
商业承兑科目	2201 应付票据	人民币
银行承兑科目	2201 应付票据	人民币
票据利息科目	660301 财务费用/利息支出	人民币
现金折扣科目	660304 财务费用/现金折扣	人民币
固定资产采购科目	1601 固定资产	人民币

（2）设置结算科目。

根据表 3-11 设置应付款管理系统结算科目。

表 3-11   结算科目

结算方式	币种	本单位账号	科目
现金	人民币	6235166951987631615	1001 库存现金
现金支票	人民币	6235166951987631615	1002010101 银行存款/交通银行/锦州古塔支行/基本户
转账支票	人民币	6235166951987631615	1002010101 银行存款/交通银行/锦州古塔支行/基本户
银行汇票	人民币	6235166951987631615	101202 其他货币资金/银行汇票
电汇	人民币	6235166951987631615	1002010101 银行存款/交通银行/锦州古塔支行/基本户
信汇	人民币	6235166951987631615	1002010101 银行存款/交通银行/锦州古塔支行/基本户
委托收款	人民币	6235166951987631615	1002010101 银行存款/交通银行/锦州古塔支行/基本户
托收承付	人民币	6235166951987631615	1002010101 银行存款/交通银行/锦州古塔支行/基本户
其他	人民币	6235166951987631615	1002010101 银行存款/交通银行/锦州古塔支行/基本户

【实验过程】

（1）设置基本科目。在 U8 企业应用平台，依次单击"业务工作→财务会计→应付款管理→设置→科目设置→基本科目"菜单，打开"应付基本科目"窗口。单击工具栏的"增行"按钮，根据表 3-10 设置应付款管理系统的基本科目，结果如图 3-13 所示。关闭该窗口。

（2）设置结算科目。在应付款管理系统，依次单击"设置→科目设置→结算科目"菜单，打开"应付结算科目"窗口。单击工具栏的"增行"按钮，根据表 3-11 设置应付款管理系统的结算科目，结果如图 3-14 所示。关闭该窗口。

应付款管理系统
初始设置

【提示】

"商业承兑汇票"和"银行承兑汇票"这两种结算方式的入账科目已在"基本科目"的"商业承兑科目"和"银行承兑科目"中设置，不在"结算科目"中设置。

基本科目、控制科目、对方科目、结算科目制单时的选取规则：单据上科目→控制科目、对方科目或结算科目→基本科目→手工输入科目。以采购发票制单为例，系统先判断控制科目是否设置，若设置则取该科目。同时判断对方科目是否设置，若设置则取该科目。若没有设置控制科目或对方科目，则取基本科目中设置的应付科目、采购科目和税金科目。若没有设置基本科目，则弹出的记账凭证的"科目名称"栏为空，需手工输入科目。若单据上有科目，则优先使用该科目。

基本科目

基本科目种类	科目	币种
应付科目	220201	人民币
预付科目	1123	人民币
采购科目	1402	人民币
税金科目	22210101	人民币
汇兑损益科目	660302	人民币
商业承兑科目	2201	人民币
银行承兑科目	2201	人民币
票据利息科目	660301	人民币
现金折扣科目	660304	人民币
固定资产采购科目	1601	人民币

图 3-13　基本科目

结算方式科目

结算方式	币　种	本单位账号	科　目
1 现金	人民币	6235166951987631615	1001
201 现金支票	人民币	6235166951987631615	1002010101
202 转账支票	人民币	6235166951987631615	101202
301 银行汇票	人民币	6235166951987631615	101202
401 电汇	人民币	6235166951987631615	1002010101
402 信汇	人民币	6235166951987631615	1002010101
5 委托收款	人民币	6235166951987631615	1002010101
6 托收承付	人民币	6235166951987631615	1002010101
9 其他	人民币	6235166951987631615	1002010101

图 3-14　结算科目

3. 录入期初余额

【实验资料】

（1）根据表 3-12 录入应付账款期初余额，业务员为赵子晨。

表 3-12　　　　　　　　　　　　　　应付账款期初余额

单据类型	发票号	开票日期	供应商	科目	存货编码	数量	单价	价税合计（元）
采购专用发票	27721103	2021-12-24	湖北蓝星	220201	0102	2000	11.2	25 312.00

（2）根据表 3-13 录入应付票据期初余额，承兑银行为交通银行，业务员为徐日强。

表 3-13　　　　　　　　　　　　　　应付票据期初余额

单据名称	单据类型	票据编号	收票单位	科目	票据面值	签发日期	到期日
应付票据	银行承兑汇票	76371645	吉林恒鑫	2201	50 000.00	2021-10-12	2022-01-12

（3）根据表 3-14 录入预付账款期初余额，业务员为徐日强。

表 3-14　　　　　　　　　　　　　　预付账款期初余额

单据名称	单据类型	日期	供应商	结算方式	金额	票据号	科目
预付款	付款单	2021-12-28	上海亿达	电汇	6 000.00	31265601	1123

【实验过程】

在应付款管理系统，依次单击"期初余额→期初余额"菜单，弹出"期初余额-查询"对话框，单击"确定"按钮，打开"期初余额"窗口。单击工具栏的"增加"按钮，根据表 3-12 填制期初采购专用发票，根据表 3-13 填制期初应付票据，根据表 3-14 填制期初预付款单，结果分别如图 3-15～图 3-17 所示。

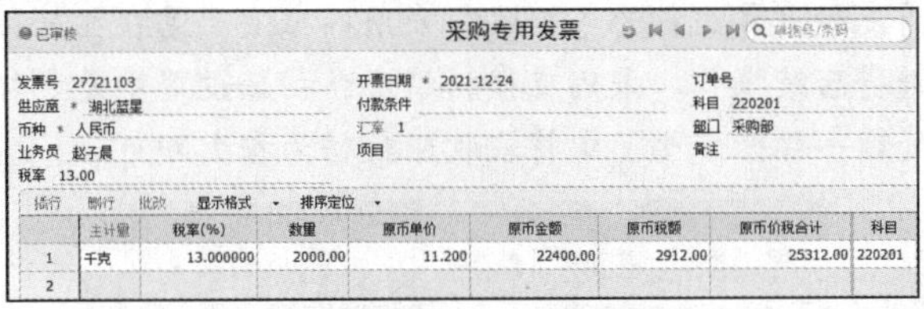

图 3-15　期初采购专用发票

录入应付款管理系统期初余额

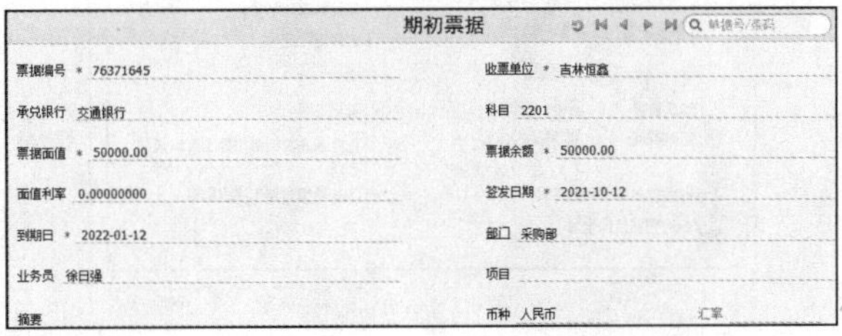

图 3-16　期初应付票据

图 3-17　期初预付款单

【提示】

对于采购发票以外其他情况形成的应付账款期初余额，可填制期初其他应付单。

3.3.2　应收款管理系统初始化

1. 设置系统参数

【实验资料】

根据表 3-15 进行应收款管理系统选项设置。

表 3-15　　　　　　　　　　　　　　系统参数

系统	选项卡	参数设置
应收款管理	常规	应收单据审核日期：单据日期 坏账处理方式：应收余额百分比法 勾选"自动计算现金折扣" 勾选"登记支票"
	凭证	受控科目制单方式：明细到单据 凭证合并规则：票据号

设置应收款管理
系统参数

【实验过程】

2022 年 1 月 1 日，由李梓楠（A01）登录企业应用平台。在 U8 企业应用平台，依次单击"业务工作→财务会计→应收款管理→设置→选项"菜单，打开"账套参数设置"对话框。单击对话框下方的"编辑"按钮，根据表 3-15 进行应收款管理系统选项设置，如图 3-18 所示。按此方法完成"凭证"选项卡的参数设置。设置完毕后关闭该对话框。

【提示】

[坏账处理方式]系统提供以下4种坏账处理方式：应收余额百分比法、销售收入百分比法、账龄分析法和直接转销法。前三种方式统称为备抵法。采用备抵法，需在初始设置中进行坏账准备设置等，才能在坏账处理中进行后续操作。采用直接转销法，初始设置中无"坏账准备设置"项，坏账发生时，直接到"坏账处理→坏账发生"中将应收账款转为损失即可。

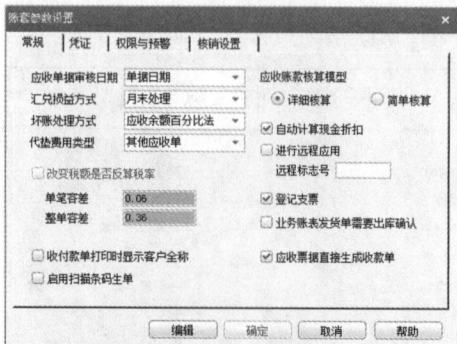

图 3-18　应收款管理系统选项设置——"常规"选项卡

2. 初始设置

【实验资料】

（1）设置基本科目。

根据表 3-16 设置应收款管理系统基本科目。

表 3-16　　　　　　　　　　　　　　　　基本科目

基础科目种类	科目	币种
应收科目	112201 应收账款/一般应收账款	人民币
预收科目	220301 预收账款/一般预收账款	人民币
汇兑损益科目	660302 财务费用/汇兑损益	人民币
商业承兑科目	1121 应收票据	人民币
银行承兑科目	1121 应收票据	人民币
票据利息科目	660301 财务费用/利息支出	人民币
票据费用科目	660305 财务费用/票据贴现	人民币
收支费用科目	660105 销售费用/办公费	人民币
现金折扣科目	660304 财务费用/现金折扣	人民币
税金科目	22210106 应交税费/应交增值税/销项税额	人民币
销售收入科目	6001 主营业务收入	人民币
销售退回科目	6001 主营业务收入	人民币
销售定金科目	220302 预收账款/销售定金	人民币

（2）设置结算科目。

根据表 3-17 设置应收款管理系统结算科目。

表 3-17　　　　　　　　　　　　　　　　结算科目

结算方式	币种	本单位账号	科目
现金	人民币	6235166951987631615	1001 库存现金
现金支票	人民币	6235166951987631615	1002010101 银行存款/交通银行/锦州古塔支行/基本户
转账支票	人民币	6235166951987631615	1002010101 银行存款/交通银行/锦州古塔支行/基本户
银行汇票	人民币	6235166951987631615	1002010101 银行存款/交通银行/锦州古塔支行/基本户
电汇	人民币	6235166951987631615	1002010101 银行存款/交通银行/锦州古塔支行/基本户
信汇	人民币	6235166951987631615	1002010101 银行存款/交通银行/锦州古塔支行/基本户
委托收款	人民币	6235166951987631615	1002010101 银行存款/交通银行/锦州古塔支行/基本户
托收承付	人民币	6235166951987631615	1002010101 银行存款/交通银行/锦州古塔支行/基本户
其他	人民币	6235166951987631615	1002010101 银行存款/交通银行/锦州古塔支行/基本户

（3）设置对方科目。

根据表 3-18 设置应收款管理系统对方科目。

表 3-18　　　　　　　　　　　　　　　　对方科目

存货分类编码	销售收入科目	销售退回科目
01	605101 其他业务收入/出售原材料收入	605101 其他业务收入/出售原材料收入
0201	605102 其他业务收入/出售包装物收入	605102 其他业务收入/出售包装物收入

（4）坏账准备设置。

根据表 3-19 进行坏账准备设置。

表 3-19 坏账准备设置

提取比率	坏账准备期初余额	坏账准备科目	对方科目
0.500%	4 469.15	1231 坏账准备	6702 信用减值损失

【实验过程】

（1）设置基本科目。在 U8 企业应用平台，依次单击"业务工作→财务会计→应收款管理→设置→科目设置→基本科目"菜单，打开"应收基本科目"窗口。单击工具栏的"增行"按钮，根据表 3-16 设置应收款管理系统的基本科目，结果如图 3-19 所示。关闭该窗口。

应收款管理系统
初始设置

（2）设置结算科目。在应收款管理系统，依次单击"设置→科目设置→结算科目"菜单，打开"应收结算科目"窗口。单击工具栏的"增行"按钮，根据表 3-17 设置应收款管理系统的结算科目，结果如图 3-20 所示。关闭该窗口。

基本科目		
基本科目种类	科目	币种
应收科目	112201	人民币
预收科目	220301	人民币
汇兑损益科目	660302	人民币
商业承兑科目	1121	人民币
银行承兑科目	1121	人民币
票据利息科目	660301	人民币
票据费用科目	660305	人民币
收支费用科目	660105	人民币
现金折扣科目	660304	人民币
税金科目	22210106	人民币
销售收入科目	6001	人民币
销售退回科目	6001	人民币
销售定金科目	220302	人民币

图 3-19 基本科目

结算方式科目			
结算方式	币 种	本单位账号	科 目
1 现金	人民币	6235166951987631615	1001
201 现金支票	人民币	6235166951987631615	1002010101
202 转账支票	人民币	6235166951987631615	1002010101
301 银行汇票	人民币	6235166951987631615	1002010101
401 电汇	人民币	6235166951987631615	1002010101
402 信汇	人民币	6235166951987631615	1002010101
5 委托收款	人民币	6235166951987631615	1002010101
6 托收承付	人民币	6235166951987631615	1002010101
9 其他	人民币	6235166951987631615	1002010101

图 3-20 结算科目

（3）设置对方科目。在应收款管理系统，依次单击"设置→科目设置→对方科目"菜单，打开"应付对方科目"窗口。单击工具栏的"增行"按钮，根据表 3-18 设置应付款管理系统的对方科目，结果如图 3-21 所示。关闭该窗口。

（4）坏账准备设置。在应收款管理系统，依次单击"设置→初始设置"菜单，打开"初始设置"窗口。单击窗口左侧的"坏账准备设置"，根据表 3-19 进行坏账准备设置，设置完毕，单击"确定"按钮，结果如图 3-22 所示。

应收对方科目			
序号	存货分类编码	存货分类名称	销售收入科目编码	销售退回科目编码
1	01	原材料	605101	605101
2	0201	包装物	605102	605102
3				

图 3-21 对方科目

图 3-22 坏账准备设置

【提示】

"商业承兑汇票"和"银行承兑汇票"这两种结算方式的入账科目已在"基本科目"的"商业承兑科目"和"银行承兑科目"中设置，不在"结算科目"中设置。

基本科目、控制科目、对方科目、结算科目制单时的选取规则：单据上科目→控制科目、对方科目或结算科目→基本科目→手工输入科目。以销售发票制单为例，系统先判断控制科目是否设置，若设置，则取该科目。同时判断对方科目是否设置，若设置，则取该科目。若没有设置控制科目或对方科目，则取基本科目中设置的应收科目、销售收入科目和税金科目。若没有设置基本科目，则弹出的记账凭证的"科目名称"栏为空，需手工输入科目。若单据上有科目，则优先使用该科目。

关于坏账准备设置。坏账初始设置因应收款管理系统选项中设置的坏账处理方式的不同而不同。如果选择直接转销法，则在初始设置中不显示"坏账初始设置"功能。进行坏账处理（计提坏账准备、坏账发生、坏账收回）后，该参数将不能修改。根据企业会计准则，坏账处理后应考虑该事项的所得税影响。

3. 录入期初余额

【实验资料】

（1）根据表 3-20 录入应收账款期初余额，业务员为销售部胡海燕。

表 3-20　　　　　　　　　　　应收账款期初余额

开票日期	发票号	客户	科目	存货编码	数量	无税单价	价税合计（元）
2021-12-07	35827680	浙江天马	112201	0351	700	1 130	893 830.00

（2）根据表 3-21 录入应收票据期初余额，承兑银行为交通银行，业务员为销售部纪超岩。

表 3-21　　　　　　　　　　　应收票据期初余额

单据类型	票据编号	开票单位	票据面值	科目	签发日期	收到日期	到期日
银行承兑汇票	66091213	河北长信	35 000.00	1121	2021-07-19	2021-07-21	2022-01-19

（3）根据表 3-22 录入预收账款期初余额，业务员为销售部胡海燕。

表 3-22　　　　　　　　　　　预收账款期初余额

单据名称	单据类型	日期	客户	结算方式	金额	票据号	科目
预收款	收款单	2021-12-28	江苏远达	电汇	40 000.00	86950733	220301

【实验过程】

在应收款管理系统，单击"期初余额→期初余额"菜单，弹出"期初余额-查询"对话框，单击"确定"按钮，打开"期初余额"窗口。单击工具栏的"增加"按钮，根据表 3-20 填制期初销售专用发票，根据表 3-21 填制期初应收票据，根据表 3-22 填制期初预收款单，结果分别如图 3-23～图 3-25 所示。

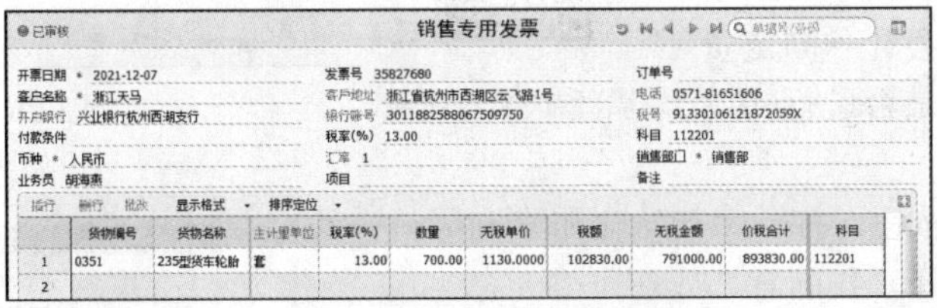

图 3-23　期初销售专用发票

录入应收款管理
系统期初余额

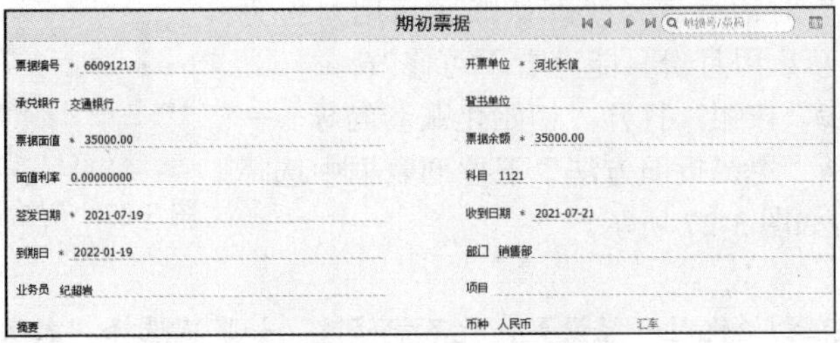

图 3-24　期初应收票据

图 3-25　期初预收款单

【提示】

对于销售发票以外其他情况形成的应收账款期初余额，可填制期初其他应收单。

3.3.3　固定资产系统初始化

1. 建立固定资产账套

【实验资料】

2022 年 1 月 1 日，根据表 3-23 建立固定资产账套，其他项默认。

表 3-23　　　　　　　　　固定资产系统建账向导

建账向导	参数设置
约定及说明	我同意
启用月份	2022.01
折旧信息	采用"平均年限法（一）"计提折旧
编码方式	固定资产类别编码方式为"2-1-1-2" 固定资产编码方式采用"类别编码+序号"的自动编码方式，其序号长度为3
账务接口	固定资产对账科目为"1601 固定资产" 累计折旧对账科目为"1602 累计折旧"

【实验过程】

（1）2022 年 1 月 1 日，由李梓楠（A01）登录企业应用平台。

（2）在 U8 企业应用平台，单击"业务工作→财务会计→固定资产"菜单，系统提示是否进行初始化，如图 3-26 所示。

建立固定资产账套

图 3-26　系统提示

（3）单击"是"按钮，打开"初始化账套向导——约定及说明"对话框，选择"我同意"。

（4）单击"下一步"按钮，打开固定资产"初始化账套向导——启用月份"对话框。系统默认账套启用月份为"2022.01"。这里的账套启用月份只能查看不可修改。

（5）单击"下一步"按钮，打开"初始化账套向导——折旧信息"对话框，从"主要折旧方法"下拉列表框中选择"平均年限法（一）"，如图 3-27 所示。

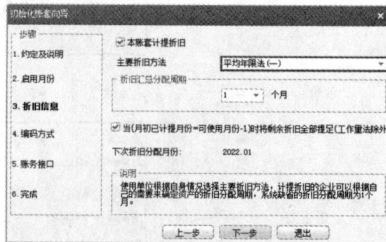

图 3-27　初始化账套向导——折旧信息

【提示】

[本账套计提折旧]在初始化时一经设置，就不能修改。如果不选择"本账套计提折旧"，则折旧方法为"不提折旧"，且账套内与折旧有关的功能将不可用。

[主要折旧方法]系统提供以下6种折旧方法：平均年限法（一）、平均年限法（二）、工作量法、年数总和法、双倍余额递减法（一）、双倍余额递减法（二）。选择折旧方法后，在新增资产类别时，系统自动带出该折旧方法。

[折旧汇总分配周期]一般企业按月计提折旧。如果按季、半年或年计提折旧，则可在此设置折旧周期。此时，每个会计月均计提折旧，但折旧的汇总分配按这里设定的周期进行，把该周期内各会计月计提的折旧汇总分配。

（6）单击"下一步"按钮，打开"初始化账套向导——编码方式"对话框。固定资产编码方式选择"自动编码"及"类别编号+序号"，序号长度为"3"，如图3-28所示。

图3-28　初始化账套向导——编码方式

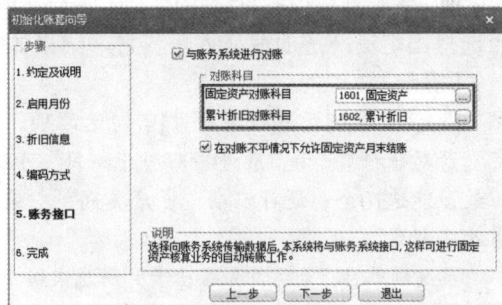

【提示】

[资产类别编码方式]未使用的类别编码长度可以修改，一旦新增某一级资产类别，则该级的类别编码长度将不能修改。

[固定资产编码方式]系统提供两种固定资产编码方式：手工输入和自动编码。自动编码又包括以下几种方式：类别编号+序号、部门编号+序号、类别编号+部门编号+序号、部门编号+类别编号+序号。其中，"类别编号"的长度由"资产类别编码方式"决定；"序号"的长度可自由设定为1～5位。

（7）单击"下一步"按钮，打开"初始化账套向导——账务接口"对话框。"固定资产对账科目"栏参照选择"1601，固定资产"，"累计折旧对账科目"栏选择"1602，累计折旧"，如图3-29所示。

图3-29　初始化账套向导——账务接口

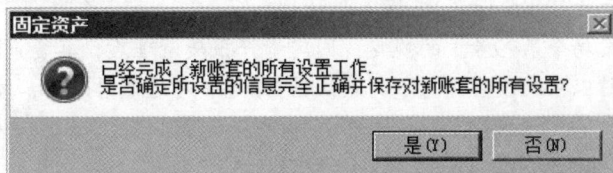

【提示】

这里的对账是指核对固定资产系统的原值、累计折旧与总账系统固定资产科目和累计折旧科目的余额。

[在对账不平情况下允许固定资产月末结账]系统默认勾选此项，表示本系统与总账系统对账不平时，固定资产系统也可结账。如果不勾选此项，则表示对账不平时不允许结账，在月末结账时，自动执行一次对账，给出对账结果；如果不平，则表明两系统存在偏差，应予以调整。

（8）单击"下一步"按钮，打开"初始化账套向导——完成"对话框。

（9）单击"完成"按钮，弹出图3-30所示的提示框。

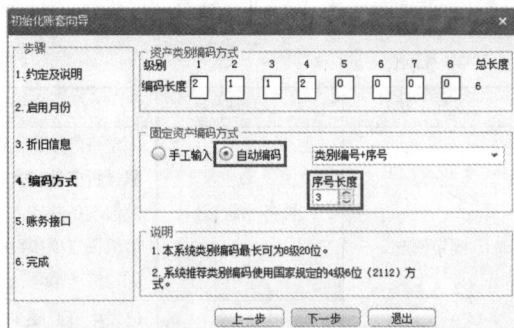

图3-30　固定资产系统初始化确认

（10）单击"是"按钮，系统提示"已成功初始化本固定资产账套！"，单击"确定"按钮，固定资产建账完成。

2. 初始设置

（1）设置系统参数

【实验资料】

根据表3-24进行固定资产系统选项设置。

表3-24　　　　　　　　　　　　　　选项设置

系统名称	选项卡	选项设置
固定资产	与账务系统接口	固定资产缺省入账科目：1601 累计折旧缺省入账科目：1602 减值准备缺省入账科目：1603 增值税进项税额缺省入账科目：22210101 固定资产清理缺省入账科目：1606
	其他	已发生资产减少的卡片10年后可删除 卡片金额型数据显示千分位格式

设置固定资产
系统参数

【实验过程】

① 在U8企业应用平台，单击"业务工作→财务会计→固定资产→设置→选项"菜单，打开"选项"对话框。

② 单击"与账务系统接口"选项卡，单击对话框左下角的"编辑"按钮，根据实验资料参照选择固定资产等的默认入账科目，结果如图3-31所示。

【提示】

[按资产类别设置缺省科目]若勾选此项，则"固定资产对账科目"和"累计折旧对账科目"可以多选，但最多能选10个；还可以在"资产类别"中录入"缺省入账科目"。

系统制单时，系统首先带出卡片所属末级资产类别的缺省入账科目；若在资产类别中没有设置缺省入账科目，则带出选项中设置的缺省入账科目；若在选项中没有设置缺省入账科目，则弹出的记账凭证中相关科目为空，此时需手工参照选择相关科目。

③ 单击"其他"选项卡，修改"已发生资产减少卡片可删除时限"为"10年"，勾选"卡片金额型数据显示千分位格式"。单击"确定"按钮，完成选项设置。

图3-31　固定资产系统选项设置——
"与财务系统接口"选项卡

【提示】

[已发生资产减少卡片可删除时限]根据《会计档案管理办法》（国家档案局令第79号）的规定，固定资产报废清理后，其资产卡片最低保管期限为5年，即大于等于5年。所以系统设置该时限的默认值为5年。超过该时限后，才能将相关资产的卡片或变动单删除。

（2）设置部门对应折旧科目

【实验资料】

根据表3-25设置部门对应折旧科目。

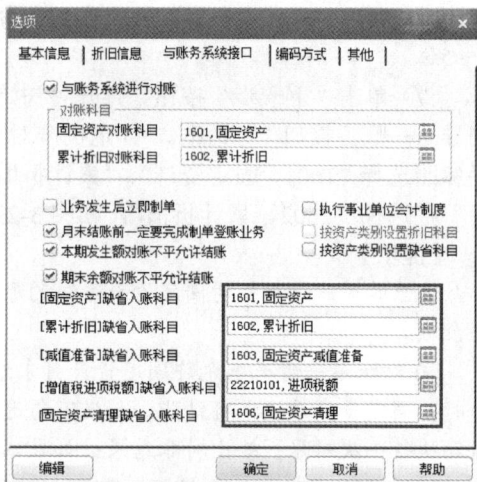

表 3-25　　　　　　　　　　　　部门对应折旧科目

部门名称	折旧科目
行政部	管理费用/折旧费（660201）
财务部	管理费用/折旧费（660201）
采购部	管理费用/折旧费（660201）
销售部	销售费用/折旧费（660101）
一车间	制造费用/折旧费（510101）
二车间	制造费用/折旧费（510101）
仓储部	管理费用/折旧费（660201）

设置部门对应
折旧科目

【实验过程】

① 在 U8 企业应用平台，单击"业务工作→财务会计→固定资产→设置→部门对应折旧科目"菜单，打开"部门对应折旧科目"窗口。

② 单击"行政部"，再单击工具栏的"修改"按钮，打开"单张视图"窗口。根据实验资料，在"折旧科目"栏录入"660201"（管理费用/折旧费），如图 3-32 所示。

③ 单击工具栏的"保存"按钮。依此方法继续录入其他部门的折旧科目。

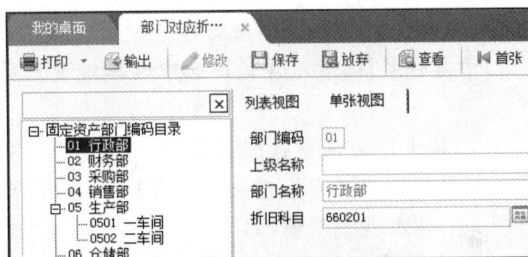

图 3-32　部门对应折旧科目——单张视图

【提示】

修改本级部门的折旧科目，其下级部门的折旧科目可以同步修改。设置部门对应折旧科目时，必须选择末级会计科目。

根据受益原则，按使用部门或资产类别将固定资产折旧计入成本费用。若按使用部门归集，则在此处设置对应的折旧入账科目。录入固定资产卡片时，该科目自动显示在卡片中。在生成部门折旧分配表时，每一部门按折旧科目汇总，生成记账凭证。

（3）设置资产类别

【实验资料】

根据表 3-26 设置固定资产类别。

表 3-26　　　　　　　　　　　　固定资产类别

类别编码	类别名称	使用年限	净残值率	计提属性	折旧方法	卡片样式
01	房屋及建筑物	20	4%	正常计提	平均年限法（一）	含税卡片样式
02	生产设备	10	4%	正常计提	平均年限法（一）	含税卡片样式
03	运输设备	4	4%	正常计提	平均年限法（一）	含税卡片样式
031	轿车	4	4%	正常计提	平均年限法（一）	含税卡片样式
032	货车	4	4%	正常计提	平均年限法（一）	含税卡片样式
04	管理设备	5	4%	正常计提	平均年限法（一）	含税卡片样式
041	计算机	5	4%	正常计提	平均年限法（一）	含税卡片样式
042	复印机	5	4%	正常计提	平均年限法（一）	含税卡片样式
043	打印机	5	4%	正常计提	平均年限法（一）	含税卡片样式

【实验过程】

① 在 U8 企业应用平台，依次单击"业务工作→财务会计→固定资产→设置→资产类别"菜单，打开"资产类别"窗口。

② 单击"增加"按钮，打开"资产类别——单张视图"窗口，根据实验资料，录入"类别名称""使用年限""净残值率"等信息，"卡片样式"参照选择"含税卡片样式"，结果如图 3-33 所示，单击工具栏的"保存"按钮。

【提示】

类别编码、类别名称、计提属性、卡片样式为必输项。

[类别名称]该项资产类别名称不可与同级资产类别同名。

[计提属性]系统提供3个计提属性：正常计提、总提折旧和总不提折旧。计提属性一经选择并使用，就不允许修改。

[卡片样式]从卡片样式目录中选择该资产类别对应的卡片样式。

图 3-33　增加一级资产类别

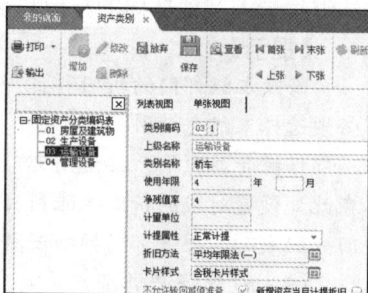

③ 依上述方法继续录入其他一级资产类别信息并保存。第 4 个一级资产类别保存完毕后，单击工具栏的"放弃"按钮，系统提示"是否取消本次操作？"，单击"是"按钮，返回"资产类别——列表视图"窗口。

④ 单击窗口左侧的"运输设备"资产类别，单击"增加"按钮，"类别名称"输入"轿车"，如图 3-34 所示。

【提示】

建立多级固定资产类别，应先建立上级固定资产类别，再建立下级类别。增加下级类别，可继承上级类别的使用年限、净残值率、计提属性等信息。如果下级类别与上级类别设置不同，则可以修改。下级类别的类别编码由其所属上级类别编码（一级类别除外）和输入的本级编码共同组成。非明细级别类别编码不能修改和删除，修改末级类别编码时，只能修改本级的编码。

⑤ 单击"保存"按钮。依上述方法继续录入其他二级资产类别信息并保存。

⑥ 单击"放弃"按钮，系统提示"是否取消本次操作？"，单击"是"按钮，返回"资产类别——列表视图"窗口。

图 3-34　增加二级资产类别

（4）设置增减方式

【实验资料】

根据表 3-27 设置增减方式的对应入账科目。

表 3-27　　　　　　　　　　固定资产增减方式对应入账科目

增减方式类别	增减方式名称	对应入账科目
增加方式	直接购入	银行存款/交通银行/锦州古塔支行/基本户（1002010101）
	投资者投入	实收资本（4001）
	捐赠	营业外收入/捐赠利得（630102）
	盘盈	以前年度损益调整（6901）
	在建工程转入	在建工程（1604）
减少方式	出售	固定资产清理（1606）
	盘亏	待处理财产损溢/待处理固定资产损溢（190102）

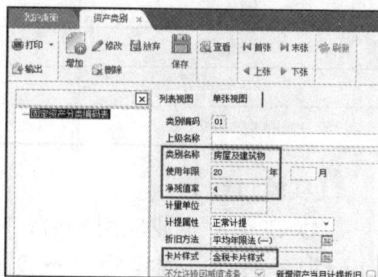

续表

增减方式类别	增减方式名称	对应入账科目
减少方式	投资转出	固定资产清理（1606）
	捐赠转出	固定资产清理（1606）
	报废	固定资产清理（1606）

【实验过程】

① 在 U8 企业应用平台，单击"业务工作→财务会计→固定资产→设置→增减方式"菜单，打开"增减方式"窗口。

② 选中增加方式下的"101 直接购入"，单击"修改"按钮，打开"增减方式——单张视图"窗口，在"对应入账科目"栏输入"1002010101"（银行存款/交通银行/锦州古塔支行/基本户），如图 3-35 所示，单击"保存"按钮。

③ 依上述方法继续设置其他增减方式的对应入账科目。

【提示】

"资产增加""资产减少"等业务批量制单时，将带出这里设置的入账科目。在系统默认的增减方式中，"盘盈""盘亏""毁损"不能修改和删除。非末级的增减方式和已使用的增减方式不能删除。

3. 录入原始卡片

【实验资料】

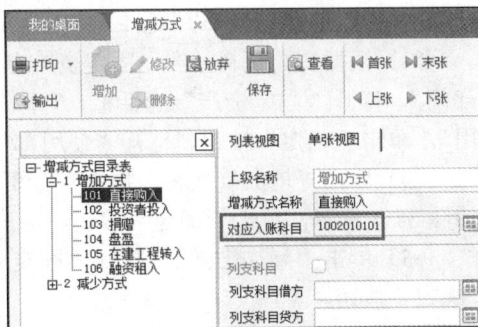

图 3-35 增减方式——单张视图

根据表 3-28 录入固定资产原始卡片。多部门使用的固定资产平均分摊折旧费用。除第 1 类资产的增加方式为"在建工程转入"外，其他类资产的增加方式均为"直接购入"。各项资产的使用状况均为"在用"。

表 3-28 固定资产原始卡片

类别编号	固定资产名称	使用部门	开始使用日期	原值	累计折旧
01	综合楼	行政部、财务部、采购部、销售部	2020-09-13	12 500 000.00	750 000.00
01	一车间厂房	一车间	2020-10-24	2 700 000.00	151 200.00
01	二车间厂房	二车间	2020-10-24	2 700 000.00	151 200.00
01	原材料仓	仓储部	2020-10-17	2 400 000.00	134 400.00
01	周转材料仓	仓储部	2020-10-17	2 000 000.00	112 000.00
01	产成品仓	仓储部	2020-10-13	3 100 000.00	173 600.00
02	甲型智能制造系统	一车间	2020-10-29	1 260 000.00	141 120.00
02	乙型智能制造系统	二车间	2020-10-29	1 460 000.00	163 520.00
031	红旗轿车	行政部、财务部	2020-09-03	380 000.00	114 000.00
031	长城轿车	采购部、销售部	2020-09-07	190 000.00	57 000.00
041	联想台式机	行政部	2020-09-18	3 900.00	936.00
041	联想台式机	财务部	2020-09-18	3 900.00	936.00
041	联想台式机	采购部	2020-09-18	3 900.00	936.00
041	联想台式机	销售部	2020-09-18	3 900.00	936.00
041	联想台式机	仓储部	2020-09-18	3 900.00	936.00

续表

类别编号	固定资产名称	使用部门	开始使用日期	原值	累计折旧
042	佳能复印机	行政部、财务部、采购部、销售部	2020-09-19	4 500.00	1 080.00
043	戴尔打印机	行政部、财务部、采购部、销售部	2020-09-19	3 400.00	816.00
	合计			28 717 400.00	1 954 616.00

【实验过程】

（1）在 U8 企业应用平台，单击"业务工作→财务会计→固定资产→卡片→录入原始卡片"菜单，打开"固定资产类别档案"窗口。

（2）系统默认已选择"房屋及建筑物"类别的复选框，单击"确定"按钮，进入"固定资产卡片"窗口。

（3）根据实验资料，在"固定资产名称"中录入"综合楼"，单击"使用部门"，打开"固定资产"对话框，"本资产部门使用方式"选择"多部门使用"，单击"确定"按钮，打开"使用部门"对话框。

（4）单击"增加"按钮，根据实验资料参照选择"使用部门"并输入"使用比例%"，结果如图 3-36 所示，单击"确定"按钮，退出"使用部门"对话框，返回"固定资产卡片"窗口。

（5）单击"增加方式"，打开"固定资产增加方式"对话框，选择"在建工程转入"，单击"确定"按钮。

（6）单击"使用状况"，打开"使用状况参照"对话框，选择"在用"，单击"确认"按钮。

（7）在"开始使用日期"栏输入"2020-09-13"，在"原值"栏输入"12500000"，"累计折旧"栏输入"750000"，其他选项默认，结果如图 3-37 所示。

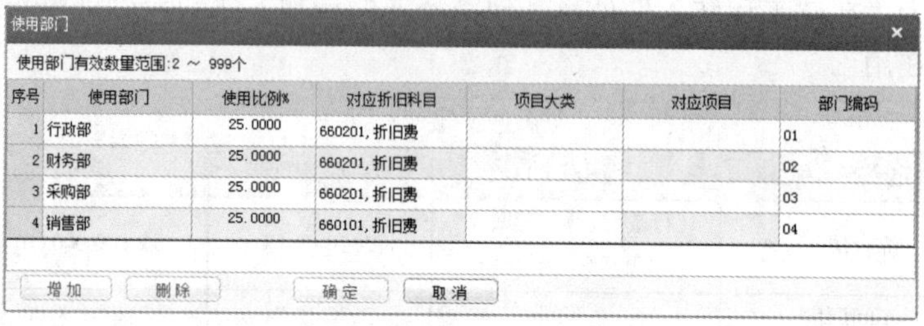

录入原始卡片

图 3-36　多部门使用资产分摊比例设置

图 3-37　固定资产原始卡片

【提示】

卡片下方的录入人自动显示为当前操作员，录入日期为当前登录日期。资产的主卡录入后，单击"其他"选项卡，输入附属设备等信息。"其他"选项卡上的信息只供参考，不参与计算。

（8）单击"保存"按钮，系统提示"数据成功保存!"，单击"确认"按钮。

（9）依上述方法继续录入其他固定资产卡片。其中"联想台式机"可通过"复制"功能批量录入。

（10）查询录入结果。在固定资产系统，单击"卡片→卡片管里"菜单，打开"查询条件选择-卡片管理"窗口，在"开始使用日期"栏输入"2020-01-01"或不勾选该日期栏。

（11）单击"确定"按钮，即可查询所有原始卡片信息。

【提示】

通过"卡片管理"查询原始卡片时，查询条件的"开始使用日期"应小于等于最早开始使用资产的"开始使用日期"。在"卡片管理"窗口，单击工具栏的"编辑→列头编辑"按钮，可在打开的"表头设定"对话框中设置固定资产卡片列表需要显示的栏目。

4. 卡片管理

【实验资料】

假定因操作失误，长城轿车（卡片编号：00010）的使用状况应为"大修理停用"，要求对该固定资产卡片进行修改。

【实验过程】

（1）在 U8 企业应用平台，单击"业务工作→财务会计→固定资产→卡片→卡片管理"菜单，打开"查询条件选择-卡片管理"窗口，在"开始使用日期"栏中输入"2020-01-01"，单击"确定"按钮，打开固定资产原始卡片列表。

（2）双击卡片编号"00010"，打开"固定资产卡片"窗口，单击工具栏的"修改"按钮，将长城轿车的"使用状况"改为"大修理停用"，单击"保存"按钮，结果如图 3-38 所示。

图 3-38　修改固定资产卡片

【提示】

卡片管理可实现包括卡片修改、卡片删除、卡片打印、卡片查询在内的综合管理功能。对已经生成记账凭证的卡片，若其原值或累计折旧出现录入错误，则只有删除记账凭证后，才能修改卡片。对已经做过变动单且变动单已经生成记账凭证的卡片，如果发现错误，则只有删除记账凭证、变动单后，才能修改卡片。月末结账后，原值、使用部门、使用状况、累计折旧、净残值（率）、折旧方法、使用年限、资产类别各项目将不能通过卡片修改功能改变，只能通过变动单或评估单调整。

关于卡片删除。卡片删除是把卡片信息从系统内彻底清除，而非资产减少。以下情况可使用该功能：①录入当月发现卡片有错误，需删除该卡片；②通过"资产减少"功能减少的卡片，其保留年限超过了系统选项设定的禁止删除年限。

3.3.4 薪资管理系统初始化

1. 建立工资账套

【实验资料】

2022年1月1日，根据表3-29建立工资账套，其他项默认。

表3-29　　　　　　　　　　工资账套建账向导

建账向导	参数设置
参数设置	单个工资类别
扣税设置	从工资中代扣个人所得税
扣零设置	扣零设置且扣零至元
人员编码	本系统人员编码与公共平台的人员编码一致

建立工资账套

【实验过程】

（1）2022年1月1日，由李梓楠（A01）登录企业应用平台。

（2）在U8企业应用平台，单击"业务工作→人力资源→薪资管理"菜单，打开"建立工资套——参数设置"对话框。

【提示】

工资类别个数：单个或多个。如果企业所有人员统一工资核算，则此处选择单个类别。以下情况可考虑采用多个类别：①企业同时存在在职人员、离退休人员；②企业同时存在正式工、非正式工；③企业每月工资分多次发放；④企业存在多个工厂或分支机构等。在每个工资账套中，可建立999个工资类别（含发放次数，第998号、第999号为系统使用）。

（3）单击"下一步"按钮，打开"建立工资套——扣税设置"对话框，勾选"是否从工资中代扣个人所得税"项。

【提示】

根据个人所得税法的规定，企业支付职工工资，应预扣预缴个人所得税。若勾选"是否从工资中代扣个人所得税"，则工资变动时，系统会根据预设的税率表自动计算个人所得税。

（4）单击"下一步"按钮，打开"建立工资套——扣零设置"对话框，选中"扣零"复选框和"扣零至元"单选按钮，如图3-39所示。

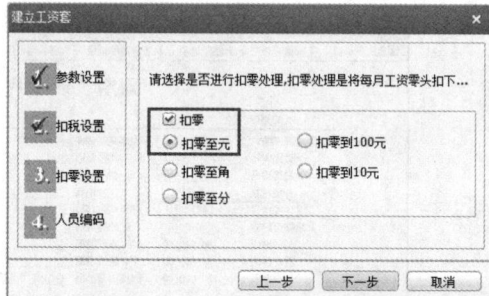

图3-39　建立工资套——扣零设置

【提示】

若勾选"扣零"复选框，则系统在计算工资时，将依据所选择的扣零类型将零头扣下，并在累计成整时发放。本例选择"扣零至元"，发放工资时，暂不发放10元以下的元、角、分，包括5元、1元，该人的零头累计满10元时才予以发放。在实务中，如果企业采用现金发放工资，则在系统中应选择扣零；如果采用转账方式发放工资，则在系统中可不扣零。

（5）单击"下一步"按钮，打开"建立工资套——人员编码"对话框，单击"完成"按钮，结束建账向导。

【提示】

首次使用薪资管理系统，系统将自动进入建账向导。根据向导建账过程中设置的部分参数可以在系统选项中修改。

2. 系统初始设置

（1）设置人员附加信息

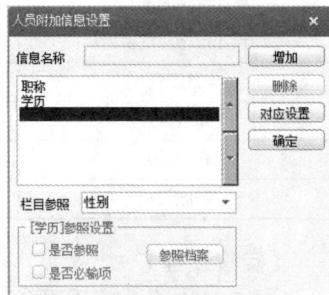

【实验资料】

2022 年 1 月 1 日，增加"职称"和"学历"两项人员附加信息。

【实验过程】

在 U8 企业应用平台，单击"业务工作→人力资源→薪资管理→设置→人员附加信息设置"菜单，打开"人员附加信息设置"对话框。单击"增加"按钮，在"信息名称"栏输入"职称"，再单击"增加"按钮。在"信息名称"栏输入"学历"，结果如图 3-40 所示。单击"确定"按钮。

【提示】

[是否参照]勾选此项，单击"参照档案"按钮，可以设置人员附加信息的参照值。例如，将"初级""中级""副高级"和"高级"设置为"职称"这一附加信息的参照档案，则在录入人员档案时，"职称"栏可参照选择上述4个档案之一。

图 3-40　设置人员附加信息

[是否必输项]若勾选此项，则在录入人员档案时，此附加信息内容不能为空。当一个字段设置为"必输项"时，仅对以后增加或修改人员档案时进行控制，以前已经存在的记录不做改变。

已使用的人员附加信息不可删除，但可以修改。

（2）增加工资项目

【实验资料】

2022 年 1 月 1 日，根据表 3-30 增加工资项目。

表 3-30　　　　　　　　　　　　　　工资项目

工资项目名称	类型	长度	小数	增减项
基本工资	数字	8	2	
岗位工资	数字	8	2	
奖金	数字	8	2	增项
交通补贴	数字	8	2	
职务津贴	数字	8	2	
加班津贴	数字	8	2	
病假扣款	数字	8	2	
事假扣款	数字	8	2	
个人养老保险	数字	8	2	
个人医疗保险	数字	8	2	减项
个人失业保险	数字	8	2	
个人住房公积金	数字	8	2	
上月累计预扣预缴税额	数字	8	2	
企业养老保险	数字	8	2	
企业医疗保险	数字	8	2	
企业失业保险	数字	8	2	其他
企业工伤保险	数字	8	2	
企业住房公积金	数字	8	2	
四险一金工资基数	数字	8	2	

续表

工资项目名称	类型	长度	小数	增减项
应付工资	数字	10	2	
累计应付工资	数字	10	2	
累计减除费用	数字	8	2	
累计专项附加扣除	数字	8	2	
累计预扣预缴应纳税所得额	数字	8	2	其他
日工资	数字	8	2	
加班天数	数字	8	1	
病假天数	数字	8	1	
事假天数	数字	8	1	

【实验过程】

① 在U8企业应用平台，单击"业务工作→人力资源→薪资管理→设置→工资项目设置"菜单，打开"工资项目设置"窗口。首次打开该窗口，工资项目列表显示的是系统提供的固定工资项目，这些项目不可修改、删除。

② 单击"应发合计"项，再单击"增加"按钮，严格按照实验资料逐项添加工资项目，结果如图3-41、图3-42所示。

增加工资项目

【提示】

工资项目设置得合理与否，将对后续公式设置、分摊类型设置等产生直接影响。工资项目名称必须唯一，可参照"名称参照"录入工资项目名称。已使用的工资项目不可删除，不能修改数据类型。利用界面上的"上移""下移"按钮可调整工资项目的排列顺序。

[增项]所有的增项直接计入"应发合计"。

[减项]所有的减项直接计入"扣款合计"。

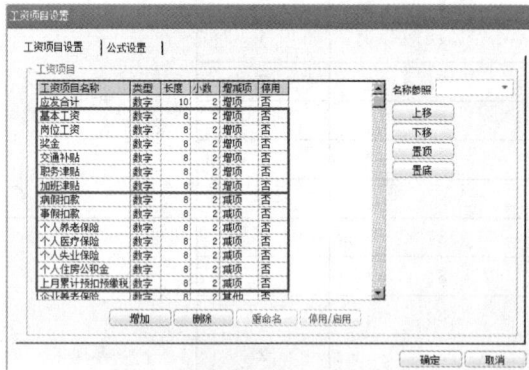

图3-41　工资项目——增项、减项

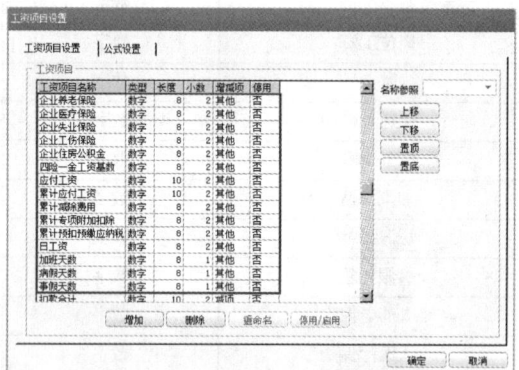

图3-42　工资项目——其他项

关于"应发合计""应付工资""四险一金工资基数""上月累计预扣预缴税额"以及"累计预扣预缴应纳税所得额"等工资项目，解释如下。

①"应发合计"：为系统预置工资项目，是所有增项工资项目金额的合计。

②"应付工资"：主要用于工资、工会经费、职工教育经费等的计提。"累计应付工资"是年初至本月"应付工资"的总和，在用友新道U8 V15.0中，该数据需手工输入或通过工资变动中"替换"功能的"函数"子功能实现。

③"四险一金工资基数"：根据社会保险法律制度规定，一般为职工本人上一年度平均工资或本

人上月工资收入。该金额一般不等于"应付工资"或"应发合计"。由于工伤保险由企业缴付，无须职工负担，所以职工负担的实际是"三险一金"。根据个人所得税法律制度的规定，职工缴付的"三险一金"属于免税项目，应从纳税人的应纳税所得额中扣除。

④ "上月累计预扣预缴税额"：是指年初至上月已按税法规定累计预扣预缴的个人所得税税额。

⑤ 累计预扣预缴应纳税所得额：根据个人所得税法律制度的规定，累计预扣预缴应纳税所得额=累计收入-累计免税收入-累计减除费用-累计专项扣除-累计专项附加扣除-累计依法确定的其他扣除。

注：公式中的"累计收入"对应表3-30中的"累计应付工资"。根据个人所得税法律制度的规定，公司预扣预缴个人所得税，费用减除标准为5 000元/月，即60 000元/年。公式中的"累计专项扣除"是指职工负担的累计的"三险一金"。

⑥ 本期应预扣预缴税额=（累计预扣预缴应纳税所得额×预扣率-速算扣除数）-累计减免税额-上月累计预扣预缴税额。在用友新道U8 V15.0中，该金额对应"代扣税"工资项目的计算结果。

（3）设置人员档案

【实验资料】

2022 年 1 月 1 日，根据表 3-31 添加人员档案，所有职工的开户银行均为交通银行。

表3-31　　　　　　　　　　在岗人员档案

薪资部门名称	人员编号	人员姓名	人员类别	银行账号	职称	学历
行政部	A01	李梓楠	企业管理人员	6235276982682060821	高级	本科
行政部	A02	刘颖华	企业管理人员	6235276982682060822	初级	研究生
财务部	W01	王健荣	企业管理人员	6235276982682060823	高级	研究生
财务部	W02	张博文	企业管理人员	6235276982682060824	中级	本科
财务部	W03	马浩男	企业管理人员	6235276982682060825	初级	研究生
采购部	G01	赵子晨	采购人员	6235276982682060826	中级	本科
采购部	G02	徐日强	采购人员	6235276982682060827	初级	本科
销售部	X01	纪超岩	销售人员	6235276982682060828	中级	本科
销售部	X02	胡海燕	销售人员	6235276982682060829	初级	本科
一车间	S11	孙春鹏	车间管理人员	6235276982682060830	中级	本科
一车间	S12	陈惠民	生产人员	6235276982682060831	初级	专科
二车间	S21	张绍阳	车间管理人员	6235276982682060832	初级	研究生
二车间	S22	马飞雪	生产人员	6235276982682060833	中级	本科
仓储部	C01	冯艳琪	企业管理人员	6235276982682060834	初级	专科

【实验过程】

① 在 U8 企业应用平台，单击"业务工作→人力资源→薪资管理→设置→人员档案"菜单，打开"人员档案"窗口。

② 单击工具栏的"批增"按钮，打开"人员批量增加"对话框，单击对话框右上方的"查询"按钮，再单击"确定"按钮，人员添加成功并返回"人员档案"窗口。

设置薪资管理系统
人员档案

③ 补充每个职员的开户银行、账号、职称、学历。在"人员档案"窗口，双击"李梓楠"所在行，打开"人员档案明细"对话框。根据实验资料，"银行名称"选择"交通银行"，"银行账号"输入"6235276982682060821"，如图3-43所示。

④ 单击"附加信息"选项卡，在"职称"栏输入"高级"，"学历"栏输入"本科"，如图3-44所示。单击"确定"按钮，系统提示"写入该人员档案信息吗？"，单击"确定"按钮。

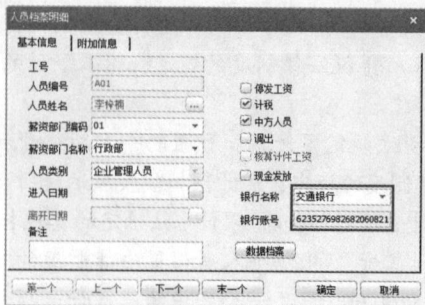

图 3-43 人员档案明细——基本信息

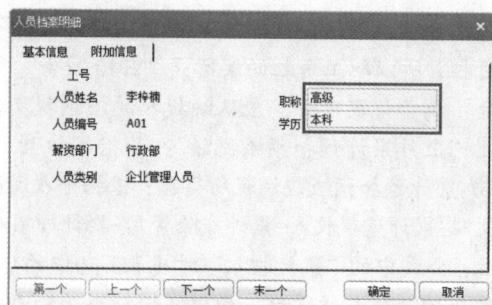

图 3-44 人员档案明细——附加信息

⑤ 继续完成后续人员基本信息及附加信息的录入。录入完毕后关闭"人员档案明细"对话框，返回"人员档案"窗口。

【提示】

这里的"批增"实质上是从基础档案中"调用"人员档案的过程。除本例所展示的批量增加人员档案的方法外，还可以单击"批增"按钮左侧的"增加"按钮，逐个增加人员档案。若在"基础设置→基础档案→收付结算→银行档案"中设置了账号定长，则输入银行账号时，必须按所定长度输入。删除的人员档案信息不可恢复。

（4）设置公式

① 定义常规公式

【实验资料】

2022 年 1 月 1 日，根据表 3-32 设置工资项目的计算公式。

表 3-32　　　　　　　　　　　　　　　　工资项目的计算公式

序号	工资项目名称	计算公式
1	加班津贴	加班天数×100
2	日工资	（基本工资+岗位工资）/21
3	事假扣款	日工资/2×事假天数
4	四险一金工资基数	4 500
5	个人养老保险	四险一金工资基数×0.08
6	个人医疗保险	四险一金工资基数×0.02
7	个人失业保险	四险一金工资基数×0.005
8	个人住房公积金	四险一金工资基数×0.1
9	企业养老保险	四险一金工资基数×0.16
10	企业医疗保险	四险一金工资基数×0.07
11	企业失业保险	四险一金工资基数×0.005
12	企业工伤保险	四险一金工资基数×0.005
13	企业住房公积金	四险一金工资基数×0.1
14	应付工资	基本工资+岗位工资+奖金+交通补贴+职务津贴+加班津贴-病假扣款-事假扣款
15	累计减除费用	5000×month()
16	累计专项附加扣除	2000×month()
17	累计预扣预缴应纳税所得额	累计应付工资-累计减除费用-（个人养老保险+个人医疗保险+个人失业保险+个人住房公积金）×month()-累计专项附加扣除

【实验过程】

A．设置"加班津贴"的计算公式。在 U8 企业应用平台，单击"业务工作→人力资源→薪资管理→设置→工资项目设置"菜单，打开"工资项目设置"窗口。

B．单击"公式设置"选项卡，单击"增加"按钮，从窗口左上方的"工资项目"下拉列表框中选择"加班津贴"。单击公式定义区，从窗口下方的"工资项目"列表框中选择"加班天数"，然后输入"*100"。定义完毕后单击"公式确认"按钮，系统判断该公式的合法性后保存，结果如图 3-45 所示。

C．参照上述方法继续完成后续常规公式的定义。

【提示】

系统固定项目，如应发合计、扣款合计、实发合计等，不能设置取数公式。相同的工资项目可以重复定义公式（即多次计算），但以最后的运行结果为准。利用"上移""下移"按钮可调整计算公式的顺序。"累计减除费用"等公式中的month()函数用于返回计算机提供的系统日期，表示一年中的某月，其值为1～12的整数。

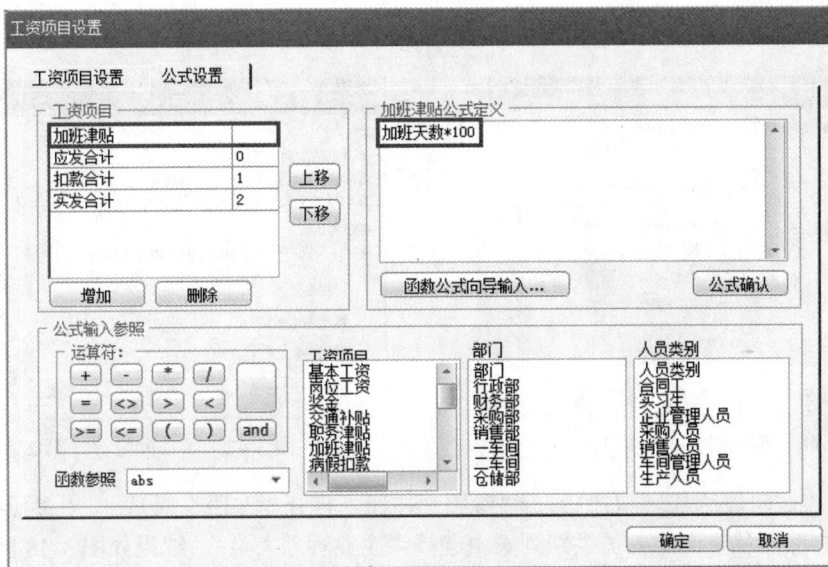

图 3-45　定义"加班津贴"计算公式

② 使用"iff 函数"设置工资项目的计算公式

iff 函数，即条件取值函数，其基本格式如下。

iff（<逻辑表达式>,<算术表达式 1>,<算术表达式 2>）

其基本含义是：逻辑表达式的值为真时，取<算术表达式 1>的计算结果，为假时，取<算术表达式 2>的计算结果。返回结果均为数值。

逻辑表达式：任何可以产生真或假结果的数值或表达式。

算术表达式 1：逻辑表达式结果为真时，所取的值或表达式。

算术表达式 2：逻辑表达式结果为假时，所取的值或表达式。

【实验资料】

2022 年 1 月 1 日，根据表 3-33 设置工资项目的计算公式。

表 3-33　　　　　　　　　　　　　　工资项目的计算公式

序号	工资项目名称	计算公式描述
1	交通补贴	企业管理人员的交通补贴为 300 元，其他人员类别人员的交通补贴为 500 元
2	岗位工资	企业管理人员的岗位工资为 800 元，销售人员的岗位工资为 600 元，其他人员类别的岗位工资为 400 元
3	病假扣款	病假天数<=2 天，病假扣款=日工资×病假天数×0.2； 病假天数>2 天且<=7 天，病假扣款=日工资×病假天数×0.4； 病假天数>7 天，病假扣款=日工资×病假天数

【实验过程】

A．设置"交通补贴"的计算公式。

a．在 U8 企业应用平台，单击"业务工作→人力资源→薪资管理→设置→工资项目设置"菜单，打开"工资项目设置"窗口。单击"公式设置"选项卡，再单击"增加"按钮，从下拉列表框中选择"交通补贴"，单击"函数公式向导输入…"按钮，打开"函数向导——步骤之 1"对话框，单击选中"iff"，如图 3-46 所示。

使用"iff 函数"设置工资项目的计算公式

b．单击"下一步"按钮，打开"函数向导——步骤之 2"对话框，如图 3-47 所示。

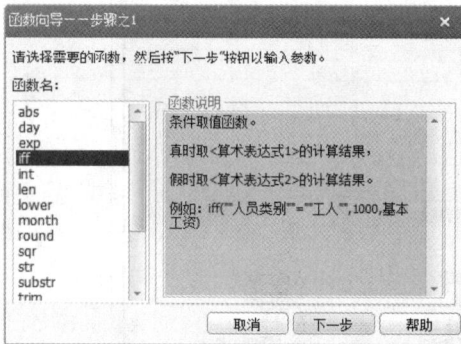

图 3-46　函数向导——第 1 步

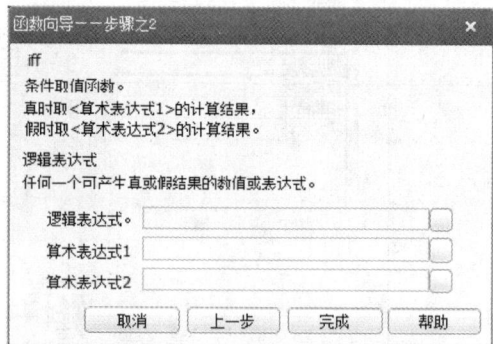

图 3-47　函数向导——第 2 步

c．单击"逻辑表达式。"右侧的□"参照"按钮，打开"参照"对话框。"参照列表"选择"人员类别"，然后从下面的人员类别列表中选择"企业管理人员"，结果如图 3-48 所示。

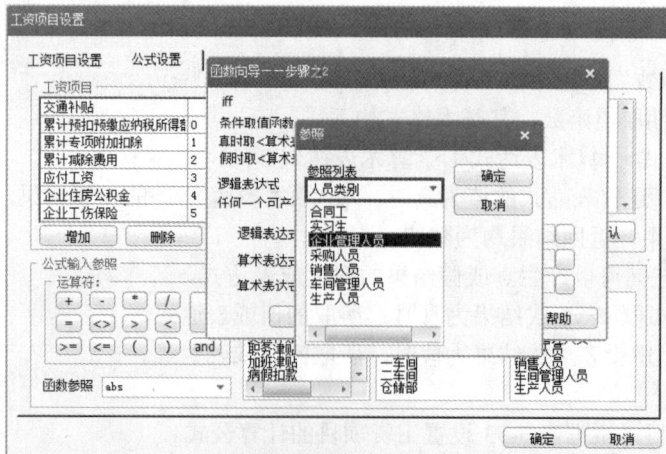

图 3-48　设置逻辑表达式

d. 单击"确定"按钮，返回"函数向导——步骤之 2"对话框，在"算术表达式 1"栏输入"300"，在"算术表达式 2"栏输入"500"，结果如图 3-49 所示。

e. 单击"完成"按钮，返回"工资项目设置"对话框，单击"公式确认"按钮，结果如图 3-50 所示。

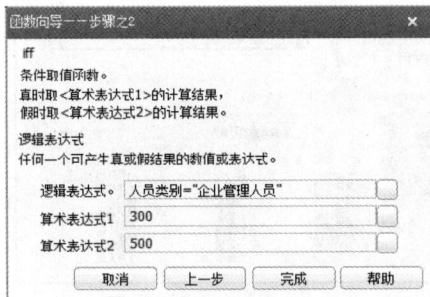

图 3-49　设置算术表达式

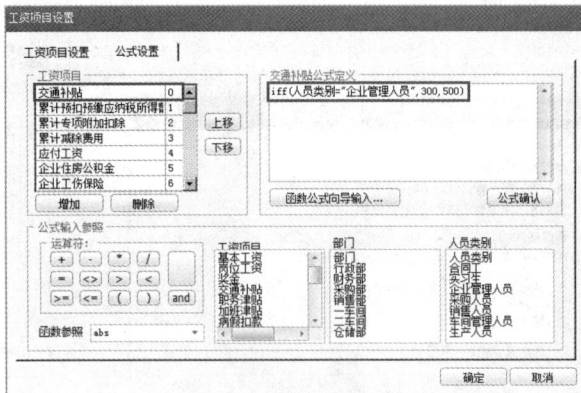

图 3-50　定义"交通补贴"计算公式

B. 设置"岗位工资"的计算公式。

a. 在"工资项目设置"窗口，单击"公式设置"选项卡。单击"增加"按钮，从下拉列表框中选择"岗位工资"，单击"函数公式向导输入…"按钮，打开"函数向导——步骤之 1"对话框，单击选中"iff"。

b. 单击"下一步"按钮，打开"函数向导——步骤之 2"对话框。

c. 单击"逻辑表达式。"栏右侧的□"参照"按钮，打开"参照"对话框。"参照列表"选择"人员类别"，然后从下面的"人员类别"列表中选择"企业管理人员"。单击"确定"按钮，返回"函数向导——步骤之 2"对话框，在"算术表达式 1"栏输入"800"，"算术表达式 2"栏暂不输入，结果如图 3-51 所示。

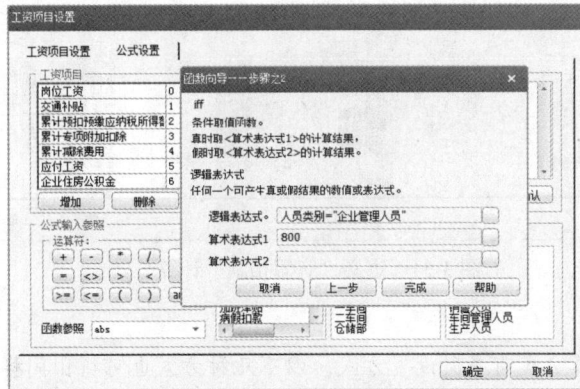

图 3-51　设置算术表达式

d. 单击"完成"按钮，返回"工资项目设置"对话框，单击公式定义区")"的左侧，定位插入点。继续单击"函数公式向导输入…"按钮，打开"函数向导——步骤之 1"对话框，单击选中"iff"。

e. 单击"下一步"按钮，打开"函数向导——步骤之 2"对话框。

f. 单击"逻辑表达式"栏右侧的□"参照"按钮，打开"参照"对话框。"参照列表"选择

"人员类别"，然后从下面的"人员类别"列表中选择"销售人员"。单击"确定"按钮，返回"函数向导——步骤之2"对话框，在"算术表达式1"栏输入"600"，在"算术表达式2"栏输入"400"，结果如图 3-52 所示。

g．单击"完成"按钮，返回"工资项目设置"对话框，单击"公式确认"按钮，结果如图 3-53 所示。

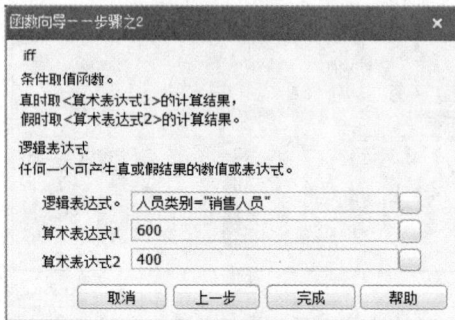

图 3-52　在 iff 函数中嵌套另一个 iff 函数

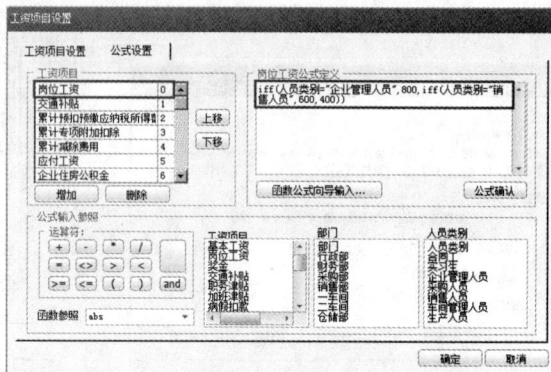

图 3-53　定义"岗位工资"计算公式

C．设置"病假扣款"的计算公式。

参照前述方法可完成"病假扣款"的计算公式，结果如图 3-54 所示。注意，"and"前后需各加一个空格。

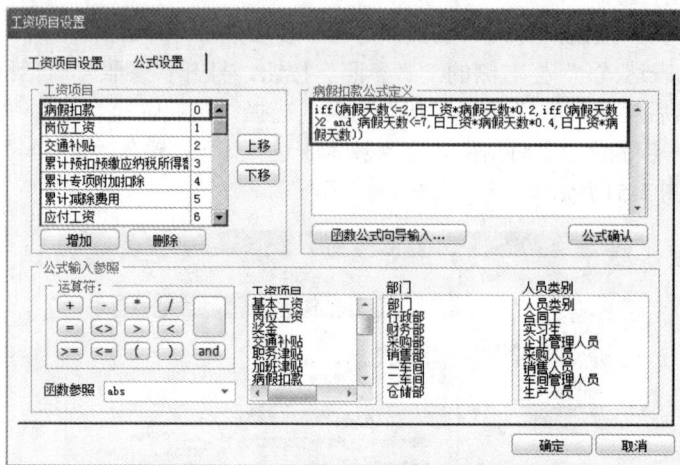

图 3-54　定义"病假扣款"计算公式

【提示】

这里病假扣款的计算公式有多种设置方式，以下几种方式也可得出同样的结果。

第一种方式：iff(病假天数<=2,日工资*病假天数*0.2,iff(病假天数>7,日工资*病假天数,日工资*病假天数*0.4))

第二种方式：iff(病假天数>2 and 病假天数<=7,日工资*病假天数*0.4,iff(病假天数<=2,日工资*病假天数*0.2,日工资*病假天数))

第三种方式：iff(病假天数>2 and 病假天数<=7,日工资*病假天数*0.4,iff(病假天数>7,日工资*病假天数,日工资*病假天数*0.2))

第四种方式：iff(病假天数>7,日工资*病假天数,iff(病假天数<=2,日工资*病假天数*0.2,日工资*

病假天数*0.4))

第五种方式：iff(病假天数>7,日工资*病假天数,iff(病假天数>2 and 病假天数<=7,日工资*病假天数*0.4,日工资*病假天数*0.2))

（5）扣税设置

【实验资料】

2022 年 1 月 1 日，按照个人所得税法律制度规定的累计预扣法，设置征税依据为"累计预扣预缴应纳税所得额"工资项，将税率表中的"基数""附加费用"暂设为 0。根据表 3-34 将税率表调整为预扣率表。

表 3-34　　　　　个人所得税预扣率表（居民个人工资、薪金所得预扣预缴适用）

级数	累计预扣预缴应纳税所得额	预扣率（%）	速算扣除数（元）
1	不超过 36 000 元的部分	3	0
2	超过 36 000 元至 144 000 元的部分	10	2 520
3	超过 144 000 元至 300 000 元的部分	20	16 920
4	超过 300 000 元至 420 000 元的部分	25	31 920
5	超过 420 000 元至 660 000 元的部分	30	52 920
6	超过 660 000 元至 960 000 元的部分	35	85 920
7	超过 960 000 元的部分	45	181 920

【实验过程】

① 在 U8 企业应用平台，单击"业务工作→人力资源→薪资管理→设置→选项"菜单，打开"选项"对话框。

② 单击"编辑"按钮，单击"扣税设置"页签，将"收入额合计"由"实发合计"改为"累计预扣预缴应纳税所得额"，如图 3-55 所示。

③ 单击"税率设置"按钮，打开"个人所得税申报表——税率表"对话框，根据表 3-35 将税率表调整为预扣率表，结果如图 3-56 所示。

扣税设置

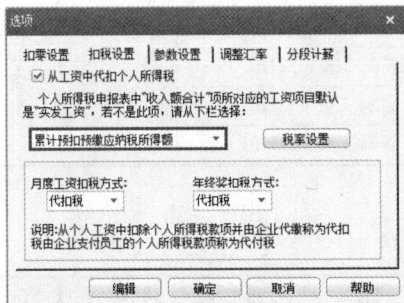

图 3-55　选项设置

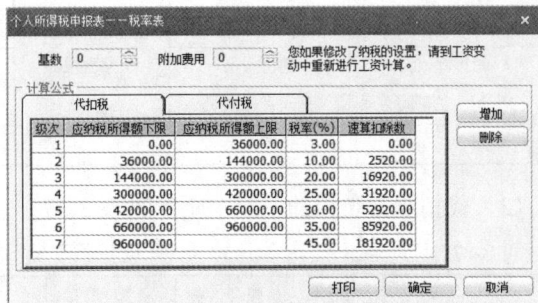

图 3-56　个人所得税预扣率表

【提示】

根据最新税收法规，可以调整"基数""附加费用""应纳税所得额上限""税率"和"速算扣除数"，也可增加或删除级次。调整某一级"应纳税所得额上限"，其下一级"应纳税所得额下限"将随之改变。系统已预设速算扣除数，可修改。若删除级次，则必须从最末级开始删除，不能跨级删除。当税率表中只剩一级时，该级不能删除。修改税率表或重新选择"收入额合计"项后，需到"工资变动"中再次执行计算功能，否则系统仍保留修改前的数据。修改税率不影响以前期间的税率设置。

3. 分摊类型设置

【实验资料】

2022 年 1 月 31 日，根据以下资料进行工资分摊设置。

（1）计提工资（见表 3-35）。

表 3-35　　　　　　　　　　　　　　　计提工资

部门名称	人员类别	工资项目	借方科目及项目	贷方科目
行政部、财务部、仓储部	企业管理人员	应付工资	管理费用/职工薪酬（660202）	应付职工薪酬/工资（221101）
采购部	采购人员		管理费用/职工薪酬（660202）	
销售部	销售人员		销售费用/职工薪酬（660102）	
一车间、二车间	车间管理人员		制造费用/职工薪酬（510102）	
一车间	生产人员		生产成本/直接人工（500102） 借方项目：轿车轮胎共用	应付职工薪酬/工资（221101）
二车间	生产人员		生产成本/直接人工（500102） 借方项目：货车轮胎共用	

（2）预扣个人所得税（见表 3-36）。

表 3-36　　　　　　　　　　　　　　　预扣个人所得税

部门名称	人员类别	工资项目	借方科目	贷方科目
行政部、财务部、仓储部	企业管理人员	代扣税	应付职工薪酬/工资（221101）	应交税费/应交个人所得税（222123）
采购部	采购人员		应付职工薪酬/工资（221101）	
销售部	销售人员		应付职工薪酬/工资（221101）	
一车间、二车间	车间管理人员		应付职工薪酬/工资（221101）	
一车间、二车间	生产人员		应付职工薪酬/工资（221101）	
行政部、财务部、仓储部	企业管理人员	上月累计预扣预缴税额	应付职工薪酬/工资（221101）	
采购部	采购人员		应付职工薪酬/工资（221101）	
销售部	销售人员		应付职工薪酬/工资（221101）	
一车间、二车间	车间管理人员		应付职工薪酬/工资（221101）	
一车间、二车间	生产人员		应付职工薪酬/工资（221101）	

（3）代扣职工负担的三险一金（见表 3-37）。

表 3-37　　　　　　　　　　　　　　　代扣职工负担的三险一金

部门名称	人员类别	工资项目	借方科目	贷方科目
行政部、财务部、仓储部	企业管理人员	个人医疗保险	应付职工薪酬/工资（221101）	其他应付款/代扣职工三险一金/代扣医疗保险（22410101）
采购部	采购人员		应付职工薪酬/工资（221101）	
销售部	销售人员		应付职工薪酬/工资（221101）	
一车间、二车间	车间管理人员		应付职工薪酬/工资（221101）	
一车间、二车间	生产人员		应付职工薪酬/工资（221101）	
行政部、财务部、仓储部	企业管理人员	个人养老保险	应付职工薪酬/工资（221101）	其他应付款/代扣职工三险一金/代扣养老保险（22410102）
采购部	采购人员		应付职工薪酬/工资（221101）	

续表

部门名称	人员类别	工资项目	借方科目	贷方科目
销售部	销售人员	个人养老保险	应付职工薪酬/工资（221101）	其他应付款/代扣职工三险一金/代扣养老保险（22410102）
一车间、二车间	车间管理人员		应付职工薪酬/工资（221101）	
一车间、二车间	生产人员		应付职工薪酬/工资（221101）	
行政部、财务部、仓储部	企业管理人员	个人失业保险	应付职工薪酬/工资（221101）	其他应付款/代扣职工三险一金/代扣失业保险（22410103）
采购部	采购人员		应付职工薪酬/工资（221101）	
销售部	销售人员		应付职工薪酬/工资（221101）	
一车间、二车间	车间管理人员		应付职工薪酬/工资（221101）	
一车间、二车间	生产人员		应付职工薪酬/工资（221101）	
行政部、财务部、仓储部	企业管理人员	个人住房公积金	应付职工薪酬/工资（221101）	其他应付款/代扣职工三险一金/代扣住房公积金（22410104）
采购部	采购人员		应付职工薪酬/工资（221101）	
销售部	销售人员		应付职工薪酬/工资（221101）	
一车间、二车间	车间管理人员		应付职工薪酬/工资（221101）	
一车间、二车间	生产人员		应付职工薪酬/工资（221101）	

（4）计提企业负担的四险一金（见表 3-38）。

表 3-38 　　　　　　　　　　　计提企业负担的四险一金

部门名称	人员类别	工资项目	借方科目	贷方科目
行政部、财务部、仓储部	企业管理人员	企业医疗保险	管理费用/职工薪酬（660202）	应付职工薪酬/社会保险费/基本医疗保险费（22110201）
采购部	采购人员		管理费用/职工薪酬（660202）	
销售部	销售人员		销售费用/职工薪酬（660102）	
一车间、二车间	车间管理人员		制造费用/职工薪酬（510102）	
一车间	生产人员		生产成本/直接人工（500102）借方项目：轿车轮胎共用	
二车间	生产人员		生产成本/直接人工（500102）借方项目：货车轮胎共用	
行政部、财务部、仓储部	企业管理人员	企业养老保险	管理费用/职工薪酬（660202）	应付职工薪酬/设定提存计划/基本养老保险费（22110301）
采购部	采购人员		管理费用/职工薪酬（660202）	
销售部	销售人员		销售费用/职工薪酬（660102）	
一车间、二车间	车间管理人员		制造费用/职工薪酬（510102）	
一车间	生产人员		生产成本/直接人工（500102）借方项目：轿车轮胎共用	
二车间	生产人员		生产成本/直接人工（500102）借方项目：货车轮胎共用	
行政部、财务部、仓储部	企业管理人员	企业失业保险	管理费用/职工薪酬（660202）	应付职工薪酬/设定提存计划/失业保险费（22110302）
采购部	采购人员		管理费用/职工薪酬（660202）	
销售部	销售人员		销售费用/职工薪酬（660102）	
一车间、二车间	车间管理人员		制造费用/职工薪酬（510102）	

续表

部门名称	人员类别	工资项目	借方科目	贷方科目
一车间	生产人员	企业失业保险	生产成本/直接人工（500102） 借方项目：轿车轮胎共用	应付职工薪酬/ 设定提存计划/ 失业保险费 （22110302）
二车间	生产人员		生产成本/直接人工（500102） 借方项目：货车轮胎共用	
行政部、财务部、 仓储部	企业管理人员	企业工伤保险	管理费用/职工薪酬（660202）	应付职工薪酬/ 社会保险费/ 工伤保险费 （22110202）
采购部	采购人员		管理费用/职工薪酬（660202）	
销售部	销售人员		销售费用/职工薪酬（660102）	
一车间、二车间	车间管理人员		制造费用/职工薪酬（510102）	
一车间	生产人员		生产成本/直接人工（500102） 借方项目：轿车轮胎共用	应付职工薪酬/ 社会保险费/ 工伤保险费 （22110202）
二车间	生产人员		生产成本/直接人工（500102） 借方项目：货车轮胎共用	
行政部、财务部、 仓储部	企业管理人员	企业住房公积金	管理费用/职工薪酬（660202）	应付职工薪酬/ 住房公积金 （221104）
采购部	采购人员		管理费用/职工薪酬（660202）	
销售部	销售人员		销售费用/职工薪酬（660102）	
一车间、二车间	车间管理人员		制造费用/职工薪酬（510102）	
一车间	生产人员		生产成本/直接人工（500102） 借方项目：轿车轮胎共用	
二车间	生产人员		生产成本/直接人工（500102） 借方项目：货车轮胎共用	

【实验过程】

（1）在 U8 企业应用平台，单击"业务工作→人力资源→薪资管理→设置→分摊类型设置"菜单，打开"分摊类型设置"窗口。

（2）单击"增加"按钮，在"分摊类型名称"栏输入"计提工资"，"凭证类别字"栏选择"转"（转账凭证）。根据实验资料，录入"部门名称""人员类别"等栏目，结果如图 3-57 所示。

图 3-57 "计提工资"分摊类型设置

【提示】

如果计提工会经费、职工教育经费，应在此处调整"分摊比例"。

[部门名称]一次可选择多个部门。不同部门的相同人员类别可设置不同的分摊科目。

[工资项目]每个人员类别可选择多个工资项目。工资项目包括工资类别中的所有增项、减项和其他项。

（3）单击"保存"按钮，系统返回"分摊类型设置"窗口。

（4）参照步骤（2）～步骤（3）完成"预扣个人所得税"的分摊类型设置，结果如图 3-58 所示。

（5）参照步骤（2）～步骤（3）完成"代扣职工负担的三险一金"的分摊类型设置，结果如图 3-59 所示。

部门名称	人员类别	工资项目	借方科目	借方项目大类	借方项目	贷方科目	贷方项目大类	贷方项目
行政部,财务部...	企业管理人员	代扣税	221101			222123		
采购部	采购人员	代扣税	221101			222123		
销售部	销售人员	代扣税	221101			222123		
一车间,二车间	车间管理人员	代扣税	221101			222123		
一车间,二车间	生产人员	代扣税	221101			222123		
行政部,财务部...	企业管理人员	上月累计预扣...	221101			222123		
采购部	采购人员	上月累计预扣...	221101			222123		
销售部	销售人员	上月累计预扣...	221101			222123		
一车间,二车间	车间管理人员	上月累计预扣...	221101			222123		
一车间,二车间	生产人员	上月累计预扣...	221101			222123		

图 3-58 "预扣个人所得税"分摊类型设置

部门名称	人员类别	工资项目	借方科目	借方项目大类	借方项目	贷方科目	贷方项目大类	贷方项目
行政部,财务部...	企业管理人员	个人养老保险	221101			22410102		
采购部	采购人员	个人养老保险	221101			22410102		
销售部	销售人员	个人养老保险	221101			22410102		
一车间,二车间	车间管理人员	个人养老保险	221101			22410102		
一车间,二车间	生产人员	个人养老保险	221101			22410102		
行政部,财务部...	企业管理人员	个人医疗保险	221101			22410101		
采购部	采购人员	个人医疗保险	221101			22410101		
销售部	销售人员	个人医疗保险	221101			22410101		
一车间,二车间	车间管理人员	个人医疗保险	221101			22410101		
一车间,二车间	生产人员	个人医疗保险	221101			22410101		
行政部,财务部...	企业管理人员	个人失业保险	221101			22410103		
采购部	采购人员	个人失业保险	221101			22410103		
销售部	销售人员	个人失业保险	221101			22410103		
一车间,二车间	车间管理人员	个人失业保险	221101			22410103		
一车间,二车间	生产人员	个人失业保险	221101			22410103		
行政部,财务部...	企业管理人员	个人住房公积...	221101			22410104		
采购部	采购人员	个人住房公积...	221101			22410104		
销售部	销售人员	个人住房公积...	221101			22410104		
一车间,二车间	车间管理人员	个人住房公积...	221101			22410104		
一车间,二车间	生产人员	个人住房公积...	221101			22410104		

图 3-59 "代扣职工负担的三险一金"分摊类型设置

（6）参照步骤（2）～步骤（3）完成"计提企业负担的四险一金"的分摊类型设置，结果如图 3-60 所示。

部门名称	人员类别	工资项目	借方科目	借方项目大类	借方项目	贷方科目	贷方项目大类	贷方项目
行政部,财务部...	企业管理人员	企业养老保险	660202			22110301		
采购部	采购人员	企业养老保险	660202			22110301		
销售部	销售人员	企业养老保险	660102			22110301		
一车间,二车间	车间管理人员	企业养老保险	510102			22110301		
一车间	生产人员	企业养老保险	500102	生产成本核算	轿车轮胎共用	22110301		
二车间	生产人员	企业养老保险	500102	生产成本核算	货车轮胎共用	22110301		
行政部,财务部...	企业管理人员	企业医疗保险	660202			22110201		
采购部	采购人员	企业医疗保险	660202			22110201		
销售部	销售人员	企业医疗保险	660102			22110201		
一车间,二车间	车间管理人员	企业医疗保险	510102			22110201		
一车间	生产人员	企业医疗保险	500102	生产成本核算	轿车轮胎共用	22110201		
二车间	生产人员	企业医疗保险	500102	生产成本核算	货车轮胎共用	22110201		
行政部,财务部...	企业管理人员	企业失业保险	660202			22110302		
采购部	采购人员	企业失业保险	660202			22110302		
销售部	销售人员	企业失业保险	660102			22110302		
一车间,二车间	车间管理人员	企业失业保险	510102			22110302		
一车间	生产人员	企业失业保险	500102	生产成本核算	轿车轮胎共用	22110302		
二车间	生产人员	企业失业保险	500102	生产成本核算	货车轮胎共用	22110302		
行政部,财务部...	企业管理人员	企业工伤保险	660202			22110202		
采购部	采购人员	企业工伤保险	660202			22110202		
销售部	销售人员	企业工伤保险	660102			22110202		
一车间,二车间	车间管理人员	企业工伤保险	510102			22110202		
一车间	生产人员	企业工伤保险	500102	生产成本核算	轿车轮胎共用	22110202		
二车间	生产人员	企业工伤保险	500102	生产成本核算	货车轮胎共用	22110202		
行政部,财务部...	企业管理人员	企业住房公积	660202			221104		
采购部	采购人员	企业住房公积	660202			221104		
销售部	销售人员	企业住房公积	660102			221104		
一车间,二车间	车间管理人员	企业住房公积	510102			221104		
一车间	生产人员	企业住房公积	500102	生产成本核算	轿车轮胎共用	221104		
二车间	生产人员	企业住房公积	500102	生产成本核算	货车轮胎共用	221104		

图 3-60 "计提企业负担的四险一金"分摊类型设置

3.3.5 总账系统初始化

1. 设置系统参数

【实验资料】

根据表 3-39 进行总账系统选项设置。

表 3-39   总账系统参数

系统名称	选项卡	系统参数
总账	凭证	取消选中"制单序时控制" 勾选"支票控制"
	权限	凭证审核控制到操作员 不允许修改、作废他人填制的凭证
	其他	汇率方式：浮动汇率 部门、个人和项目的排序方式：按编码排序

设置总账系统参数

【实验过程】

（1）2022 年 1 月 1 日，由李梓楠（A01）登录企业应用平台。

（2）在 U8 企业应用平台，单击"业务工作→财务会计→总账→设置→选项"菜单，打开"选项"对话框。单击"编辑"按钮，在"凭证"选项卡中取消勾选"制单序时控制"复选框，如图 3-61 所示。

（3）单击"权限"选项卡，勾选"凭证审核控制到操作员"，取消勾选"允许修改、作废他人填制的凭证"。单击"其他"选项卡，选择汇率方式为"浮动汇率"，将部门排序方式、个人排序方式和项目排序方式设置为"按编码排序"。设置完毕后单击"确定"按钮。

图 3-61 总账系统选项设置——"凭证"选项卡

【提示】

[制单序时控制]选中此复选框和"系统编号"单选按钮，制单时，凭证编号必须按日期顺序排列。如有特殊需要，可将其改为不按序时制单。

[支票控制]选中此复选框，在填制含有银行科目（结算方式为"票据管理"的结算方式）的记账凭证时，系统提示用户登记支票登记簿。

[同步删除业务系统凭证]选中此复选框，业务系统（如应收款管理系统、存货核算系统等）删除凭证时，将同步删除原该系统已传递至总账的记账凭证。否则，该凭证在总账中显示"作废"字样，不予删除。

[允许修改、作废他人填制的凭证]选中此复选框，在制单时，可修改或作废别人填制的凭证，否则不能修改。如需进一步选择"控制到操作员"，则要在"数据权限分配"中设置用户的数据权限，再选择此项，权限设置才有效。选择此项，在填制凭证时，操作员只能修改或作废相应人员的凭证。

[外币核算]"固定汇率"方式在制单时，一个月只按一个固定的汇率将外币金额折算为本位币金额。"浮动汇率"方式在制单时，按当日汇率将外币金额折算为本位币金额。

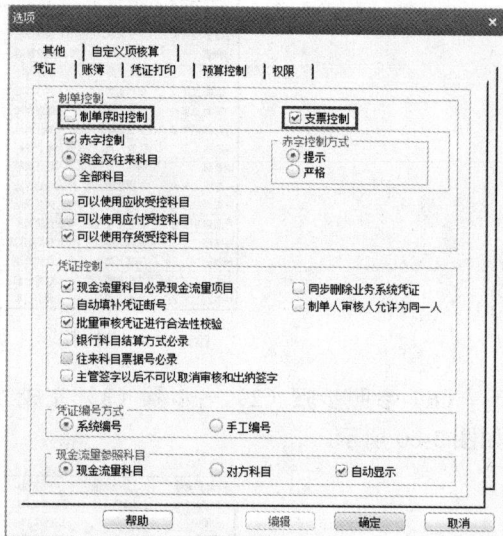

2. 录入期初余额

【实验资料】

根据以下资料录入总账系统期初余额。

（1）总账系统期初余额如表 3-40 所示。

表 3-40　　　　　　　　　　　　　　　　总账系统期初余额

会计科目	方向	辅助核算	对账系统	期初余额
库存现金	借			7 132.55
银行存款/交通银行/锦州古塔支行/基本户	借			4 362 795.38
银行存款/交通银行/锦州古塔支行/美元户	借	外币核算		3 832 756.00 USD 580 000.00
银行存款/锦州银行/锦州古塔支行	借			1 107 809.25
其他货币资金/存出投资款	借			275 480.03
交易性金融资产/成本	借	项目核算 （银龙股份）		360 000.00 40 000（股）
交易性金融资产/公允价值变动	借	项目核算 （银龙股份）		50 000.00
应收票据	借	客户往来	应收款管理 系统	35 000.00
应收账款/一般应收账款	借	客户往来	应收款管理 系统	893 830.00
预付账款	借	供应商往来	应付款管理 系统	6 000.00
其他应收款/职工个人往来	借	个人往来		5 000.00
坏账准备	贷		应收款管理 系统	4 469.15
原材料	借		存货核算	18 653 039.10
库存商品	借		存货核算	9 248 171.80
固定资产	借		固定资产	28 717 400.00
累计折旧	贷		固定资产	1 954 616.00
递延所得税资产	借			1 117.29
应付票据	贷	供应商往来	应付款管理 系统	50 000.00
应付账款/一般应付账款	贷	供应商往来	应付款管理 系统	25 312.00
应付账款/暂估应付账款	贷	供应商往来		11 920.00
预收账款/一般预收账款	贷	客户往来	应收款管理 系统	40 000.00
应付职工薪酬/工资	贷			110 886.38
应付职工薪酬/社会保险费/基本医疗保险费	贷			4 410.00
应付职工薪酬/社会保险费/工伤保险费	贷			315.00
应付职工薪酬/设定提存计划/基本养老保险费	贷			10 080.00
应付职工薪酬/设定提存计划/失业保险费	贷			315.00
应付职工薪酬/住房公积金	贷			6 300.00
应交税费/未交增值税	贷			290 468.07
应交税费/应交企业所得税	贷			235 717.58

续表

会计科目	方向	辅助核算	对账系统	期初余额
应交税费/应交个人所得税	贷			398.62
应交税费/应交城市维护建设税	贷			20 332.76
应交税费/应交教育费附加	贷			8 714.04
应交税费/应交地方教育附加	贷			5 809.36
其他应付款/代扣职工三险一金/代扣医疗保险	贷			1 260.00
其他应付款/代扣职工三险一金/代扣养老保险	贷			5 040.00
其他应付款/代扣职工三险一金/代扣失业保险	贷			315.00
其他应付款/代扣职工三险一金/代扣住房公积金	贷			6 300.00
长期借款	贷			7 000 000.00
递延所得税负债	贷			12 500.00
实收资本	贷			30 000 000.00
盈余公积/法定盈余公积	贷			2 577 621.73
利润分配/未分配利润	贷			25 172 430.71

（2）带辅助核算的会计科目期初余额明细。

① 应收票据期初余额如表 3-41 所示。

表 3-41　　　　　　　　　　应收票据（1121）期初余额

日期	客户	业务员	摘要	方向	金额	票号	票据日期
2021-07-21	河北长信	纪超岩	期初余额	借	35 000.00	66091213	2020-07-19

② "应收账款/一般应收账款" 期初余额如表 3-42 所示。

表 3-42　　　　　　　　应收账款/一般应收账款（112201）期初余额

日期	客户	业务员	摘要	方向	金额	票号	票据日期
2021-12-07	浙江天马	胡海燕	期初余额	借	893 830.00	35827680	2020-12-07

③ 预付账款期初余额如表 3-43 所示。

表 3-43　　　　　　　　　　预付账款（1123）期初余额

日期	供应商	业务员	摘要	方向	金额	票据号	票据日期
2020-12-28	上海亿达	徐日强	期初余额	借	6 000.00	31265601	2020-12-28

④ "其他应收款/职工个人往来" 期初余额如表 3-44 所示。

表 3-44　　　　　　　其他应收款/职工个人往来（122101）期初余额

日期	部门	个人	摘要	方向	金额
2020-12-25	采购部	徐日强	期初余额	借	5 000.00

⑤ 应付票据期初余额如表 3-45 所示。

表 3-45　　　　　　　　　　应付票据（2201）期初余额

日期	供应商	业务员	摘要	方向	金额	票号	票据日期
2021-10-12	吉林恒鑫	徐日强	期初余额	贷	50 000.00	76371645	2020-10-12

⑥ "应付账款/一般应付账款" 期初余额如表 3-46 所示。

表 3-46　　　　　　　　　　应付账款/一般应付账款（220201）期初余额

日期	供应商	业务员	摘要	方向	金额	票号	票据日期
2021-12-24	湖北蓝星	赵子晨	期初余额	贷	25 312.00	27721103	2020-12-24

⑦"应付账款/暂估应付账款"期初余额如表 3-47 所示。

表 3-47　　　　　　　　　　应付账款/暂估应付账款（220202）期初余额

日期	供应商	业务员	摘要	方向	金额	票号	票据日期
2021-12-30	上海亿达	徐日强	期初余额	贷	11 920.00	RKA12586	2021-12-30

⑧"预收账款/一般预收账款"期初余额如表 3-48 所示。

表 3-48　　　　　　　　　　预收账款/一般预收账款（220301）期初余额

日期	客户	业务员	摘要	方向	金额	票据号	票据日期
2021-12-28	江苏远达	胡海燕	期初余额	贷	40 000.00	86950733	2021-12-28

【实验过程】

（1）2022 年 1 月 1 日，由李梓楠（A01）登录企业应用平台。

（2）在 U8 企业应用平台，单击"业务工作→财务会计→总账→期初→期初余额"菜单，打开"期初余额录入"窗口。

（3）"期初余额"列的单元格主要有 3 种颜色。

① 灰色单元格对应的科目设有明细科目，待末级科目期初余额输入完毕，其期初余额自动汇总生成，无须手工输入。

② 白色单元格对应的科目为末级科目，直接输入数据即可，如库存现金、银行存款/交通银行/锦州古塔支行/基本户等。

③ 黄色单元格对应的科目设有辅助核算。以应收票据为例，双击该科目，打开"辅助期初余额"窗口，单击工具栏的"往来明细"按钮，进入"期初往来明细"窗口。

单击"引入收付期初"按钮，系统提示"确定要引入期初吗？"，单击"是"按钮，弹出图 3-62 所示的提示框。

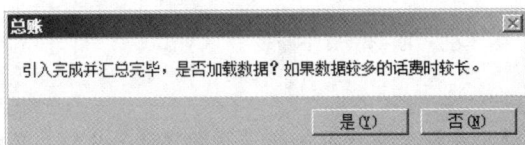

图 3-62　加载数据

录入总账系统
期初余额

单击"是"按钮，系统将应收款管理系统中的期初应收票据引入总账系统，结果如图 3-63 所示。

图 3-63　"期初往来明细"窗口

单击工具栏的"汇总到辅助明细"按钮，弹出图 3-64 所示的提示框。单击"是"按钮，系统提示"完成了往来明细到辅助期初表的汇总！"，单击"确定"按钮。顺序退出"期初往来明细""辅助期初余额"窗口。

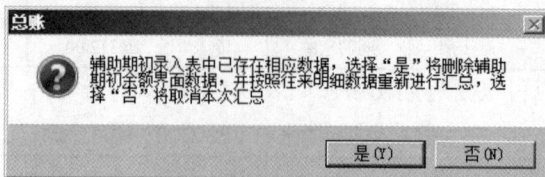

图 3-64　数据汇总

【提示】

录入期初往来明细时，在当前行最后一栏回车后，系统将自动新增一行空记录。如果在输入过程中发现某项输入错误，可按Esc键取消当前项输入，将鼠标光标移到需要修改的编辑项上，直接修改即可。如果想放弃整行增加数据，则在取消当前输入后，按Esc键即可。

在"辅助期初余额"窗口的"科目名称"下拉列表框中可选择相同辅助核算的其他科目录入期初余额。若为项目核算科目，则可选择相同项目大类的其他科目录入期初余额。如果应收款管理/应付款管理系统期初余额尚未录入，则在"期初往来明细"窗口单击工具栏的"增行"按钮，手工录入期初余额即可。

（4）参照上述方法继续录入剩余科目的期初余额。

（5）录入完毕后单击工具栏的"试算"按钮，系统自动进行试算平衡，结果如图 3-65 所示。单击"确定"按钮，退出"期初余额录入"窗口。

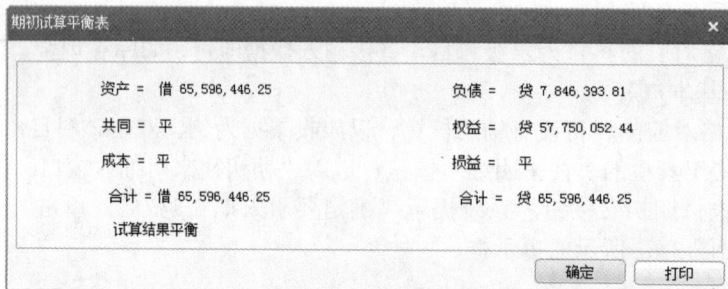

图 3-65　期初试算平衡表

【提示】

如果是年中启用系统，则还可以录入年初至建账月份的借贷方累计发生额，年初余额由系统自动计算生成。在"期初余额录入"窗口，单击"对账"按钮，可检查总账与明细账、辅助账的期初余额是否相符。如果期初余额试算不平衡，则系统允许用户填制凭证，但不能记账。若系统已经记账，则不能录入、修改期初余额。如果所录明细科目的余额方向与总账科目相反，则明细科目的余额用负数表示。应收票据期初往来明细中，"日期"是指票据的"收到日期"，"票据日期"是指票据的"签发日期"。应付票据期初往来明细中的"日期"及"票据日期"均指"签发日期"。

第二篇　日常业务处理

第4章　总账系统

4.1 概述

　　总账系统是 U8 系统中最重要的系统，既可独立运行，又可同其他系统协同运转。总账系统的核心功能是凭证处理，即取得凭证→审核凭证→记账。记账凭证是所有数据查询最主要的来源，其取得方式主要有以下几种：①直接在总账系统手工填制凭证；②通过总账系统的"冲销凭证"功能生成；③通过总账系统的"常用凭证"功能生成；④通过总账系统的"转账生成"功能生成；⑤由各业务系统（如固定资产、薪资管理、应收款管理、应付款管理以及存货核算等）生成并传递至总账系统。本章总体框架如图 4-1 所示。

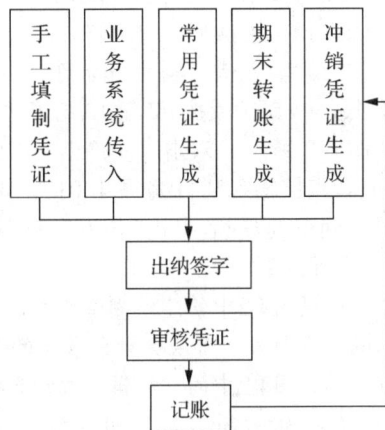

图 4-1　本章总体框架

4.2 凭证处理

4.2.1 填制凭证

　　1. 普通经济业务

　　这里的普通经济业务是指其会计分录借贷方不含银行存款、数量核算、外币核算以及辅助核算的经济业务。该类业务的会计分录可以是简单分录，也可以是复合分录。

　　【实验资料】

　　（1）2022 年 1 月 2 日，收到员工违纪罚款 300 元。

　　（2）2022 年 1 月 2 日，以现金支付本月广告宣传费 400 元，取得的增值税专用发票上注明的增值税税额为 24 元。

　　（3）2022 年 1 月 2 日，按税法规定计提本月房产税 170 000 元、城镇土地

普通经济业务

使用税 42 000 元、车船税 37 000 元。

【实验过程】

（1）2022 年 1 月 2 日，由张博文（W02）登录企业应用平台。

（2）在 U8 企业应用平台，单击"业务工作→财务会计→总账→凭证→填制凭证"菜单，打开"填制凭证"窗口。

（3）单击工具栏的 "增加"按钮（或按 F5 键），增加一张新凭证。

（4）选择凭证类别。单击 … 按钮（或按 F2 键）参照选择"收款凭证"类别（或直接输入凭证类别"收"），确定后按回车键，系统自动生成凭证编号。否则，请手工编号。

（5）输入制单日期。首次填制凭证系统取登录企业应用平台时输入的操作日期作为记账凭证的填制日期，可修改或单击 … 按钮参照输入。

（6）附单据数为非必输项。"附单据数"上方两行为凭证自定义项，单击后直接输入即可，系统对这些信息只保存不校验。

（7）输入摘要。每笔分录均由摘要、科目、发生额构成，缺一不可。在"摘要"栏直接输入"收到员工违纪罚款"[如果存在恰当的常用摘要（见图 2-27），可单击 … 按钮（或按 F2 键）参照选择常用摘要]，按回车键。

（8）输入借方科目和金额。在"科目名称"栏，单击 … 按钮（或按 F2 键），打开"科目参照"对话框，如图 4-2 所示。双击"资产"，单击选中"库存现金"（或者直接输入科目编码 1001），单击"确定"按钮。再按回车键，或者单击"借方金额"栏，录入金额"300"。

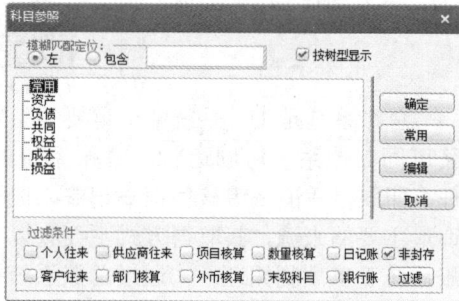

【提示】

通过图 4-2 中的"模糊匹配定位"栏，可查找需要输入的会计科目。如果会计分录中的会计科目不存在，则可以单击图 4-2 中的"编辑"按钮直接新增会计科目。

图 4-2 "科目参照"对话框

（9）输入贷方科目和金额。按回车键跳转到第 2 行，系统自动复制上一行摘要。再按回车键，在"科目名称"栏参照选择损益类科目"营业外收入/罚款收入"（或者直接输入科目编码 630103）。按回车键，或者单击"贷方金额"栏，输入贷方金额 300。

（10）单击 "保存"按钮（或按 F6 键），弹出"凭证已保存成功！"提示框，单击"确定"按钮，结果如图 4-3 所示。

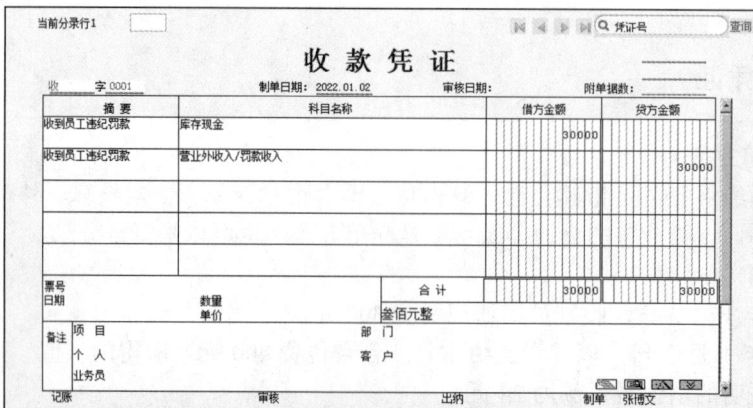

图 4-3 第 1 笔业务记账凭证

（11）参照步骤（1）～步骤（10）填制第2笔、第3笔业务的记账凭证，结果如图4-4、图4-5所示。

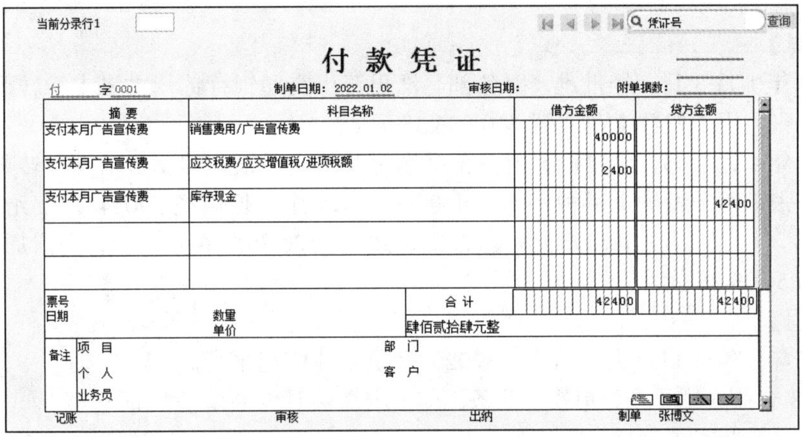

图4-4　第2笔业务记账凭证

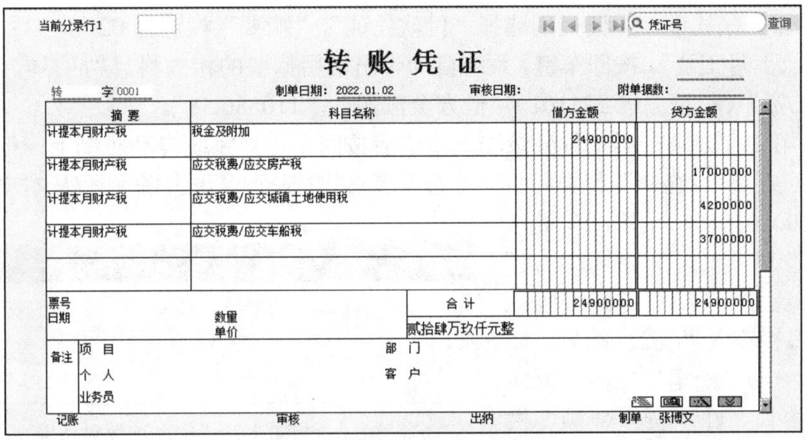

图4-5　第3笔业务记账凭证

【提示】

如果会计分录的金额方向错误，则可按空格键调整金额方向。如果会计分录的金额为负数，则录入金额之前或之后按"–"（减号）键，当金额为红字时即表示负数。

在"填制凭证"窗口，单击工具栏的"选项"按钮，弹出"凭证选项设置"对话框，如图4-6所示。

[自动携带上条分录信息]选择录入凭证时自动携带上条分录信息的内容，可提高会计分录的录入速度。

[凭证显示]系统默认凭证窗口显示5行分录，可在此处调整窗口显示分录的行数。

[新增凭证日期]新增凭证类别最后一张日期：新增凭证时，将本凭证类别中最后一张凭证的日期作为新增凭证自动带出的日期。登录日期：新增凭证时，将登录企业应用平台的操作日期作为新增凭证自动带出的日期。

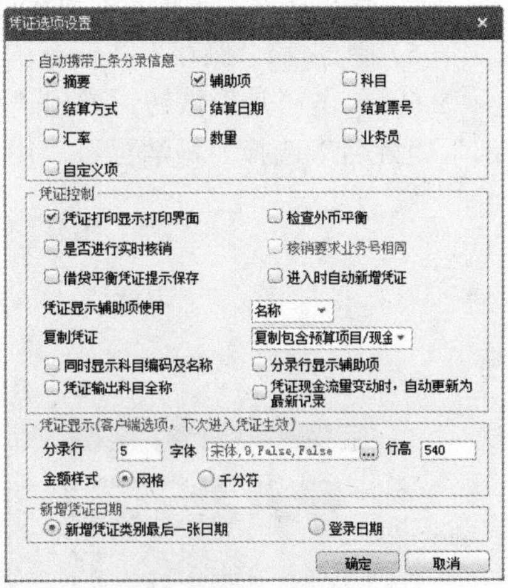

图4-6　凭证选项设置

2. 银行存款业务

这类业务重在强调其会计分录借、贷方涉及银行存款，在填制凭证时需输入结算方式、票号和发生日期。

【实验资料】

（1）2022年1月3日，经批准，财务部马浩男开出交通银行锦州古塔支行转账支票（票号：36228703）一张，用于发放上月工资110 886.38元。

（2）2022年1月3日，经批准，财务部马浩男开出交通银行锦州古塔支行转账支票（票号：36228704）一张，用于缴纳上月税费561 440.43元。其中，增值税290 468.07元，企业所得税235 717.58元，个人所得税398.62元，城市维护建设税20 332.76元，教育费附加8 714.04元，地方教育附加5 809.36元。

【实验过程】

（1）2022年1月3日，由张博文（W02）登录企业应用平台。

（2）在U8企业应用平台，单击"业务工作→财务会计→总账→凭证→填制凭证"菜单，打开"填制凭证"窗口。

（3）输入第1行分录。在"填制凭证"窗口，单击 🔵 "增加"按钮（或按F5键），增加一张凭证。凭证类别选择"付款凭证"，"摘要"栏选择02号常用摘要（发放上月工资），按回车键，系统自动带出常用摘要的相关科目"应付职工薪酬/工资"（科目编码221101），借方金额输入"110886.38"。

银行存款业务

（4）输入第2行分录。第1行分录输入完毕后按回车键，系统自动复制上一行分录的摘要。在"科目名称"栏参照选择资产类科目"银行存款/交通银行/锦州古塔支行/基本户"（或直接输入科目编码1002010101）。按回车键，弹出"辅助项"对话框。在"结算方式"栏选择"转账支票"（结算方式编码：202），"票号"栏输入"36228703"，如图4-7所示。单击"确定"按钮，返回"填制凭证"窗口，在"贷方金额"栏按"="键。

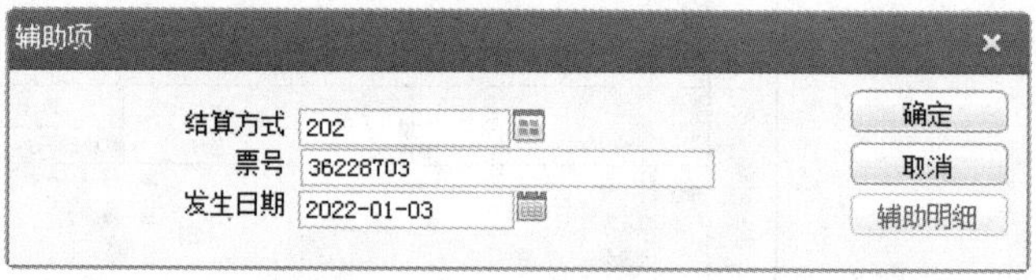

图4-7 "辅助项"对话框

【提示】

若"银行存款"未被指定为银行科目，则填制凭证时将不弹出图4-7所示的对话框。

（5）单击 💾 "保存"按钮，弹出图4-8所示的提示框。

（6）单击"是"按钮，弹出"票号登记"对话框。根据实验资料，"领用部门"选择"财务部"，"姓名"选择"马浩男"，"用途"输入"发放上月工资"，结果如图4-9所示。

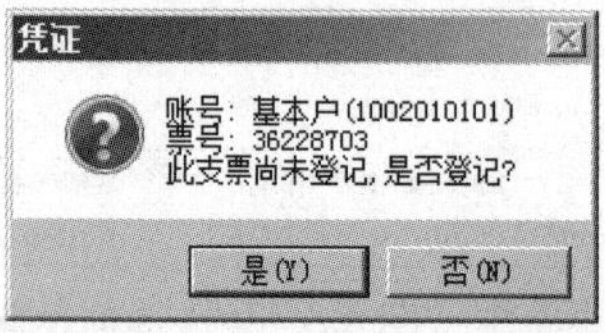

图4-8 提示登记支票登记簿

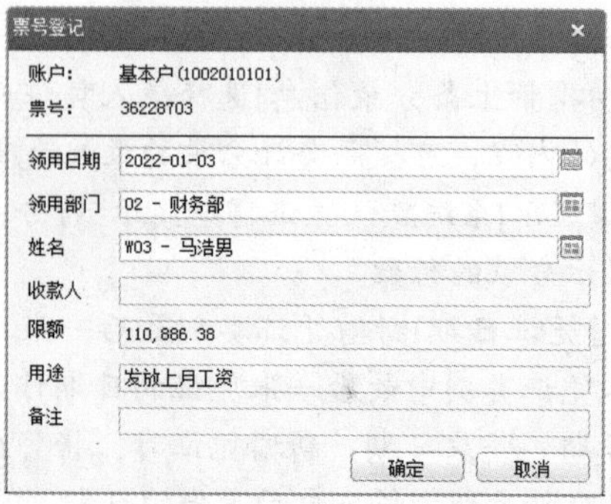

图4-9 登记支票登记簿

（7）单击"确定"按钮，弹出"凭证已保存成功！"提示框，单击"确定"按钮，结果如图 4-10 所示。

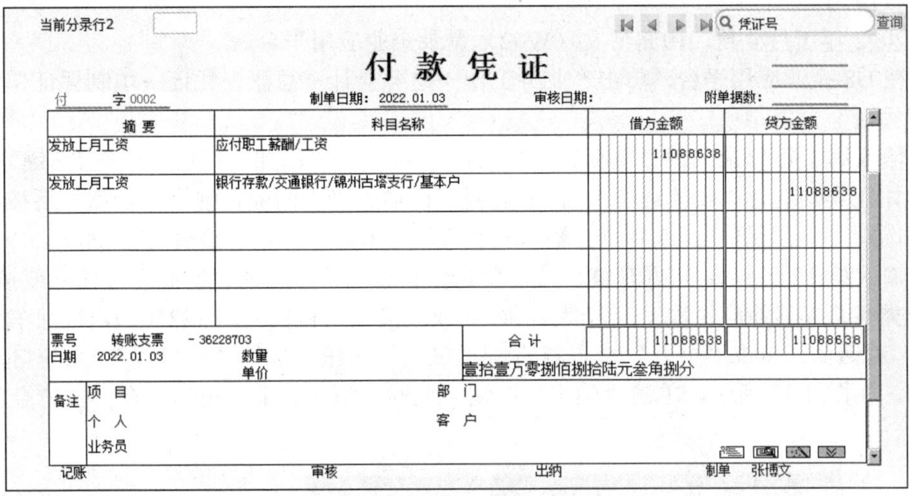

图 4-10　第 1 笔业务记账凭证

（8）参照步骤（1）～步骤（7）填制第 2 笔业务的记账凭证并登记支票登记簿，结果如图 4-11 所示。填制凭证时，会计科目录入完毕后按"Ctrl+Y"组合键可查询当前科目的最新余额。

图 4-11　第 2 笔业务记账凭证

3. 辅助核算业务

这类业务的典型特征是其会计分录借方或贷方涉及辅助核算，即部门核算、个人往来、项目核算、客户往来和供应商往来等。当然这类业务也可能涉及货币资金的收付。若输入的会计科目已设置辅助核算，则系统根据科目属性要求在"辅助项"对话框输入相应的辅助信息。但是，如果设置客户往来、供应商往来的会计科目同时关联了受控系统，那么包含该科目的记账凭证只能由应收款管理、应付款管理系统生成并传递至总账。

【实验资料】

（1）2022 年 1 月 4 日，收到采购部徐日强交来现金 5 000 元，用于归还上月个人借款。

（2）2022年1月4日，以现金报销本月办公费，其中，行政部120元，财务部180元，采购部160元，仓储部140元，取得的增值税专用发票上注明的增值税税额为78元。

【实验过程】

（1）2022年1月4日，由张博文（W02）登录企业应用平台。

（2）在U8企业应用平台，单击"业务工作→财务会计→总账→凭证→填制凭证"菜单，打开"填制凭证"窗口。

（3）输入第1行分录。在"填制凭证"窗口，单击 "增加"按钮（或按F5键），增加一张凭证。凭证类别选择"收款凭证"，在"摘要"栏输入"收回徐日强个人借款"后按回车键，借方科目选择"库存现金"（或者直接输入科目编码1001），借方金额输入"5000"。

（4）输入第2行分录。按回车键，或者单击"科目名称"栏的"参照"按钮（或按F2键）选择资产类科目"其他应收款/职工个人往来"（或直接输入科目编码122101），按回车键，弹出"辅助项"对话框。单击"个人"栏右侧的 "参照"按钮，选择"徐日强"，系统自动带出其所属部门，如图4-12所示。单击"确定"按钮，返回"填制凭证"窗口，在"贷方金额"栏按"="键。

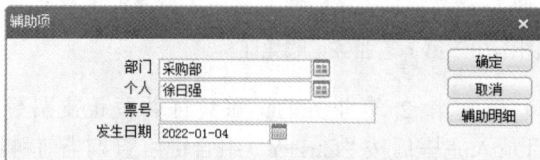

图4-12 "辅助项"对话框

辅助核算业务

（5）单击 "保存"按钮，弹出"凭证已保存成功！"提示框，单击"确定"按钮，结果如图4-13所示。在"辅助项"对话框录入的辅助信息将在凭证下方的"备注"栏显示。

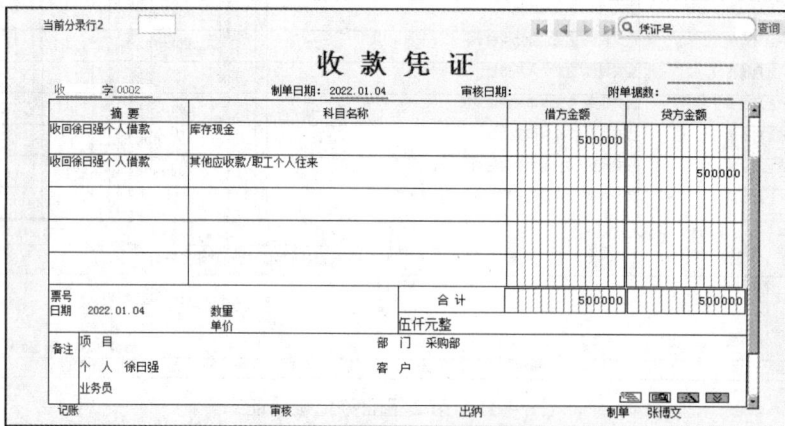

图4-13 第1笔业务记账凭证

（6）继续填制第2笔业务的记账凭证。在"填制凭证"窗口，单击 "增加"按钮（或按F5键），增加一张新凭证。凭证类别选择"付款凭证"，"摘要"栏输入"支付办公费"（或选择01号常用摘要），借方科目选择损益类科目"管理费用/办公费"科目（或直接输入科目编码660205），按回车键，弹出"辅助项"对话框，如图4-14所示，单击"辅助明细"按钮，打开"分录合并录入"对话框。

（7）在"分录合并录入"对话框，单击"增加"按钮，根据实验资料录入各部门办公费，结果如图4-15所示。

图 4-14 "辅助项"对话框

图 4-15 "分录合并录入"对话框

（8）单击"确定"按钮，结果如图 4-16 所示。连续按两次回车键，录入第 5 行和贷方的科目及金额。录入完毕后单击"保存"按钮，弹出"凭证已保存成功！"提示框，单击"确定"按钮，结果如图 4-17 所示。

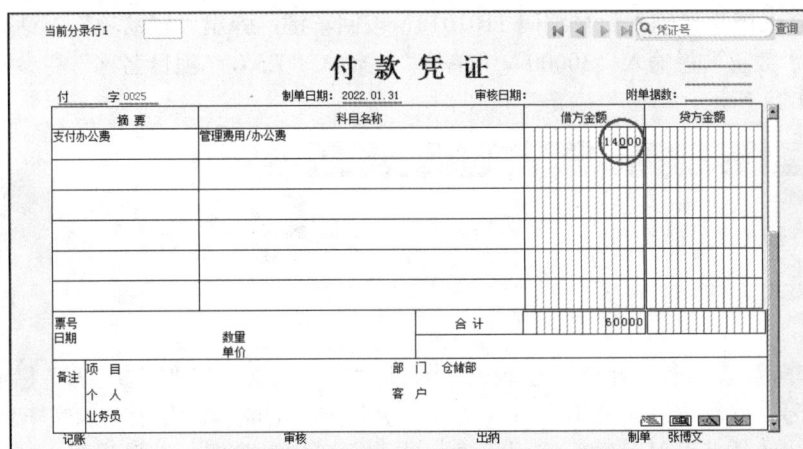

图 4-16 借方辅助项录入完毕

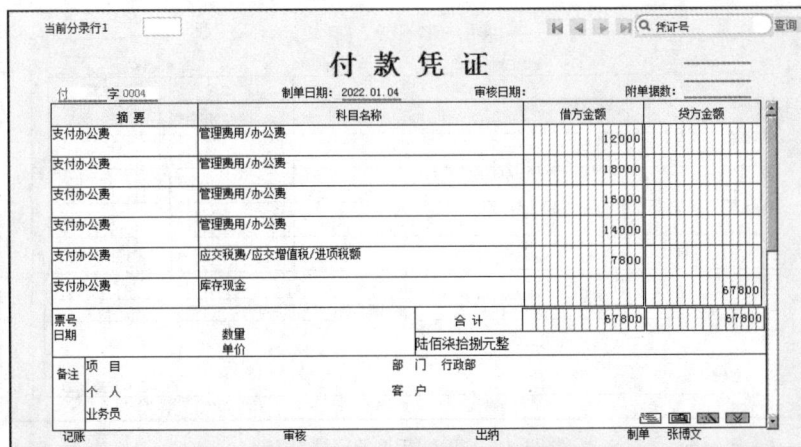

图 4-17 第 2 笔业务记账凭证

4. 负向损益业务

本类业务重在强调如何正确处理负向的损益类科目。U8 系统要求收入类科目（如投资收益等）的发生额在贷方处理，费用类科目（如财务费用等）的发生额在借方处理。不按要求处理，将导致结转期间损益、生成利润表时漏掉未按要求处理科目的发生额。

【实验资料】

（1）2022 年 1 月 5 日，从深圳证券交易所购入"兴华股份"股票 30 000 股，每股售价 7.5 元。另支付相关交易费用 3 600 元，取得的增值税专用发票上注明的增值税税额为 216 元。公司将其划分为交易性金融资产进行管理和核算。

（2）2022 年 1 月 5 日，本月交通银行锦州古塔支行活期存款利息 600 元，已自动存入该账户。

【实验过程】

（1）2022 年 1 月 5 日，由张博文（W02）登录企业应用平台。

（2）在 U8 企业应用平台，单击"业务工作→财务会计→总账→凭证→填制凭证"菜单，打开"填制凭证"窗口。

（3）在"填制凭证"窗口，单击 ⊕ "增加"按钮（或按 F5 键），增加一张新凭证。凭证类别选择"转账凭证"。在"摘要"栏输入"购入股票"，科目名称参照选择资产类科目"交易性金融资产/成本"（或直接输入科目编码 110101），按回车键，弹出"辅助项"对话框。在"辅助项"对话框的"数量"栏输入"30000"，"单价"栏输入"7.5"，"项目名称"栏参照选择"兴华股份"，如图 4-18 所示，单击"确定"按钮。

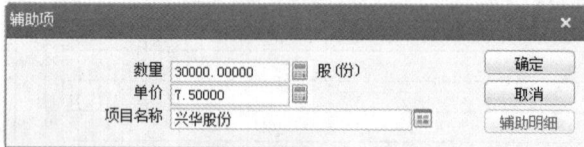

图 4-18 "辅助项"对话框

（4）按回车键，第 2 行会计科目选择损益类科目"投资收益"，在"贷方金额"栏输入"3600"，并按"-"（减号）键。继续完成第 3 行、第 4 行会计分录的输入。分录输入完毕后单击 💾 "保存"按钮，弹出"凭证已保存成功！"提示框，单击"确定"按钮，结果如图 4-19 所示。

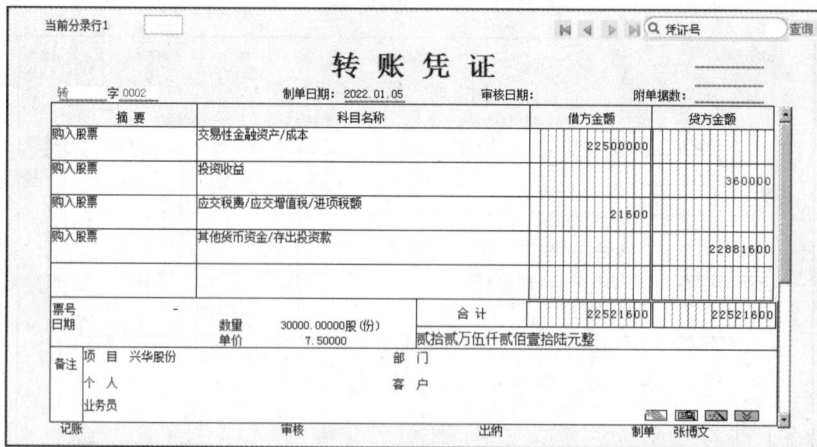

图 4-19 第 1 笔业务记账凭证

（5）继续填制第 2 笔业务的记账凭证。在"填制凭证"窗口，单击 ⊕ "增加"按钮（或按 F5 键），新增一张凭证。凭证类别选择"收款凭证"，"摘要"栏输入"活期存款利息"，借方科目选择资产类科目"银行存款/交通银行/锦州古塔支行/基本户"（或直接输入科目编码 1002010101），按回车键，弹出"辅助项"对话框。在"结算方式"栏选择"其他"，单击"确定"按钮，返回"填制凭证"窗口，在"借方金额"栏输入"600"。

（6）按回车键，第 2 行会计科目选择损益类科目"财务费用/利息支出"，在"借方金额"栏输入"600"，并按"-"（减号）键。单击"保存"按钮，弹出"凭证已保存成功！"提示框，单击"确定"按钮，结果如图 4-20 所示。

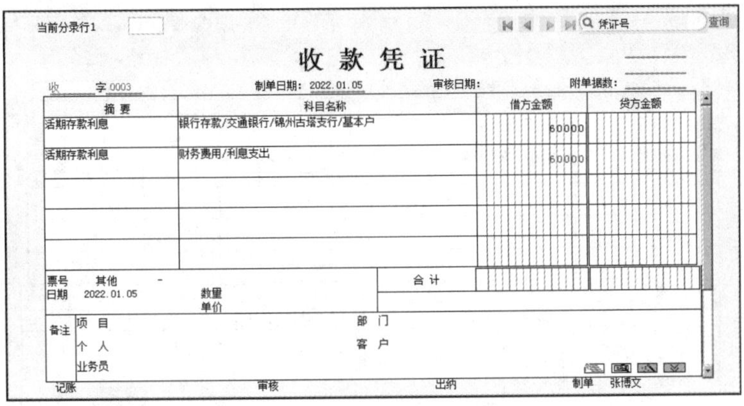

图 4-20　第 2 笔业务记账凭证

5. 外币核算业务

本类业务重在处理外币核算会计科目。如果在记账凭证中输入外币核算会计科目，则系统自动将凭证格式改为外币式。

【实验资料】

2022 年 1 月 6 日，以电汇方式（票号：60781532）通过交通银行锦州古塔支行美元户支付品牌管理费 4 000 美元。假定当日美元汇率为 6.6075。

【实验过程】

（1）2022 年 1 月 6 日，由李梓楠（A01）登录企业应用平台。

（2）在 U8 企业应用平台，单击"基础设置→基础档案→财务→外币设置"菜单，打开"外币设置"对话框，在 1 月 6 日的"记账汇率"栏输入 6.6075，如图 4-21 所示。退出当前对话框。

外币核算业务

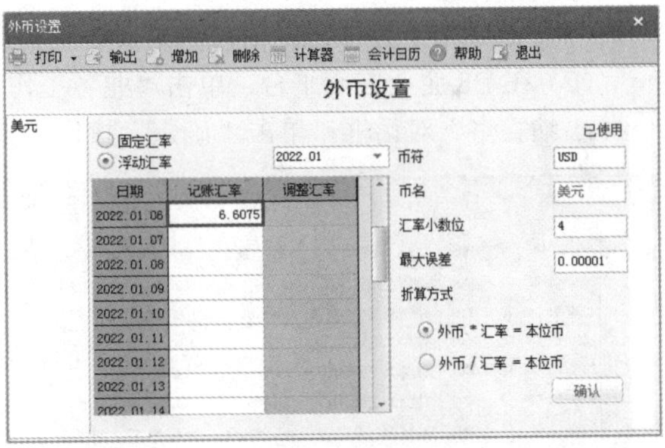

图 4-21　外币设置

（3）单击工具栏的"重注册"按钮，由张博文（W02）登录企业应用平台。

（4）在 U8 企业应用平台，单击"业务工作→财务会计→总账→凭证→填制凭证"菜单，打开"填制凭证"窗口。

（5）输入第 1 行分录。在"填制凭证"窗口，单击 "增加"按钮（或按 F5 键），增加一张凭证。凭证类别选择"付款凭证"，在"摘要"栏输入"支付品牌管理费"后按回车键，借方科目选择"管理费用/品牌管理费"（或者直接输入科目编码 660207），借方金额输入"26430"。

（6）输入第 2 行分录。按回车键，或者单击"科目名称"栏的"参照"按钮（或按 F2 键）选择资产类科目"银行存款/交通银行/锦州古塔支行/美元户"（或直接输入科目编码 1002010102），按回车键，弹出"辅助项"对话框。在"结算方式"栏选择"转账支票"，"票号"栏输入"60781532"，单击"确定"按钮，返回"填制凭证"窗口。在"外币"栏输入"4000"，按回车键，单击借方金额栏，再按空格键。

（7）单击 "保存"按钮，弹出"凭证已保存成功！"提示框，单击"确定"按钮，结果如图 4-22 所示。

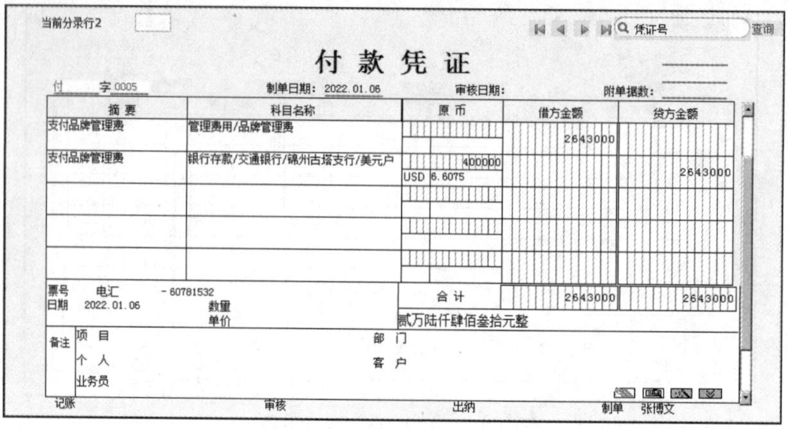

图 4-22　记账凭证

4.2.2　出纳签字

【实验资料】

2022 年 1 月 7 日，根据权限分工，由马浩男（W03）对 1 月份所有收付款记账凭证进行出纳签字。

【实验过程】

（1）2022 年 1 月 7 日，由马浩男（W03）登录企业应用平台。

（2）在 U8 企业应用平台，单击"业务工作→财务会计→总账→凭证→出纳签字"菜单，打开"出纳签字"对话框，单击"确定"按钮，打开"出纳签字列表"窗口，如图 4-23 所示。

	制单日期	凭证编号	摘要	借方金额合计	贷方金额合计	制单人	审核人	审核日期	记账人	出纳签字人	主管签字人	系统名	备注	年度
□	2022-01-02	收－0001	收到员工违纪罚款	300.00	300.00	张博文								2022
□	2022-01-04	收－0002	收回徐日强个人借款	5,000.00	5,000.00	张博文								2022
□	2022-01-05	收－0003	活期存款利息	0.00	0.00	张博文								2022
□	2022-01-02	付－0001	支付本月广告宣传费	424.00	424.00	张博文								2022
□	2022-01-03	付－0002	发放上月工资	110,886.38	110,886.38	张博文								2022
□	2022-01-03	付－0003	缴纳上月税款	561,440.43	561,440.43	张博文								2022
□	2022-01-04	付－0004	支付办公费	678.00	678.00	张博文								2022
□	2022-01-06	付－0005	支付品牌管理费	26,430.00	26,430.00	张博文								2022
合计				705,158.81	705,158.81									

出纳签字

图 4-23　出纳签字列表

【提示】

如果出纳签字的操作日期（即登录日期）小于记账凭证的制单日期，则该记账凭证将不显示在"出纳签字列表"中，也不能被签字。如果提示"不存在符合条件的凭证"，则表明未指定现金科目、银行科目。

（3）双击第 1 张待签字记账凭证，打开该凭证。单击工具栏的"签字"按钮，凭证下方"出纳"栏右侧将显示出纳员马浩男（W03）的名字，如图 4-24 所示。

（4）选择工具栏的"签字→成批出纳签字"命令，如图 4-25 所示。系统提示有 7 张凭证成功进行了批量签字。单击"确定"按钮，系统提示"是否重新刷新凭证列表数据"，单击"是"按钮，完成签字。

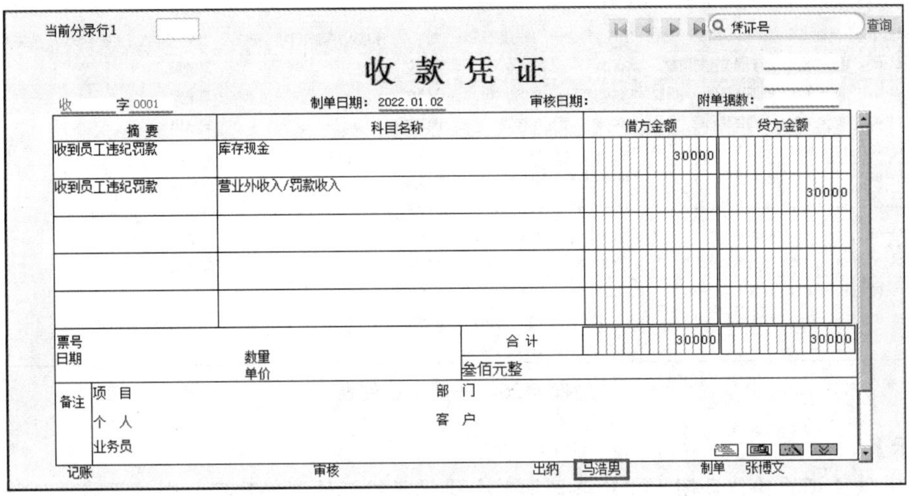

图 4-24　单张出纳签字

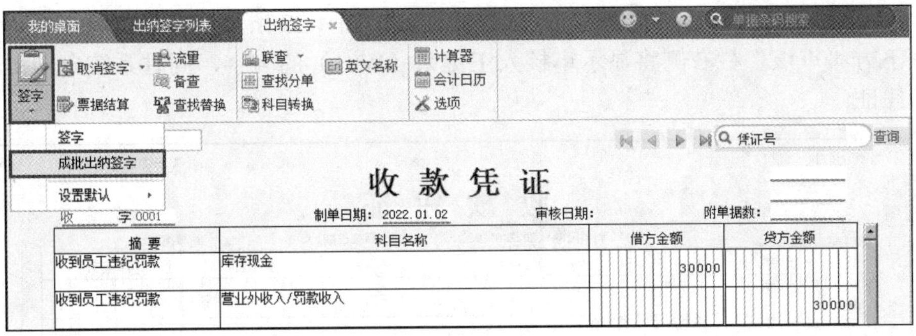

图 4-25　成批出纳签字

【提示】

出纳签字完毕后，系统自动将登录企业应用平台的操作员作为签字人。记账凭证一经签字，就不能修改、删除，只有取消签字后，才可以修改和删除。单击"签字"按钮右侧的"取消签字"按钮可取消签字。取消签字只能由出纳员自己进行。填制记账凭证后，如果该凭证是出纳凭证，且在总账系统选项的"权限"选项卡中选择"出纳凭证必须经由出纳签字"，则出纳凭证只有由出纳员签字后才能记账；如果不勾选此项，则出纳凭证不签字也可进行审核、记账。

4.2.3　审核凭证

【实验资料】

2022 年 1 月 7 日，根据权限分工，由王健荣（W01）对本月记账凭证进行审核。

【实验过程】

（1）2022 年 1 月 7 日，由王健荣（W01）登录企业应用平台。

（2）在 U8 企业应用平台，单击"业务工作→财务会计→总账→凭证→审核凭证"菜单，打开"凭证审核"对话框，单击"确定"按钮，打开"凭证审核列表"窗口，如图 4-26 所示。

	制单日期	凭证编号	摘要	借方金额合计	贷方金额合计	制单人	审核人	审核日期	记账人	出纳签字人	主管签字人	系统名	备注	年度
☐	2022-01-02	收 - 0001	收到员工违纪罚款	300.00	300.00	张博文				马浩男				2022
☐	2022-01-04	收 - 0002	收回徐日强个人借款	5,000.00	5,000.00	张博文				马浩男				2022
☐	2022-01-05	收 - 0003	活期存款利息	0.00	0.00	张博文				马浩男				2022
☐	2022-01-02	付 - 0001	支付本月广告宣传费	424.00	424.00	张博文				马浩男				2022
☐	2022-01-03	付 - 0002	发放上月工资	110,886.38	110,886.38	张博文				马浩男				2022
☐	2022-01-03	付 - 0003	缴纳上月税费	561,440.43	561,440.43	张博文				马浩男				2022
☐	2022-01-04	付 - 0004	支付办公费	678.00	678.00	张博文				马浩男				2022
☐	2022-01-06	付 - 0005	支付品牌管理费	26,430.00	26,430.00	张博文				马浩男				2022
☐	2022-01-02	转 - 0001	计提本月财产税	249,000.00	249,000.00	张博文								2022
☐	2022-01-05	转 - 0002	购入股票	225,216.00	225,216.00	张博文								2022
合计				1,179,374.81	1,179,374.81									

凭证审核列表

图 4-26　凭证审核列表

【提示】

如果审核凭证的操作日期（即登录日期）小于记账凭证的制单日期，则该记账凭证将不显示在"凭证审核列表"中，也不能被审核。

（3）双击第 1 张待审核记账凭证，打开该凭证，如图 4-27 所示。单击工具栏的"审核"按钮，凭证下方"审核"栏右侧将显示审核人王健荣（W01）的名字，同时系统自动跳转到下一张待审核凭证。

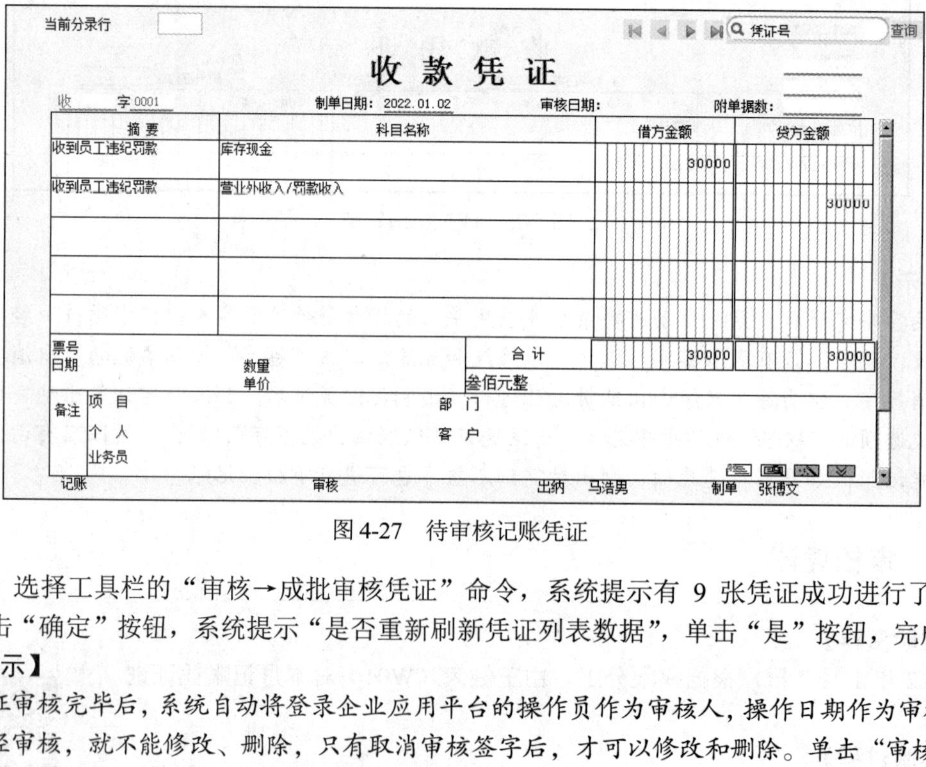

图 4-27　待审核记账凭证

（4）选择工具栏的"审核→成批审核凭证"命令，系统提示有 9 张凭证成功进行了批量审核。单击"确定"按钮，系统提示"是否重新刷新凭证列表数据"，单击"是"按钮，完成审核。

【提示】

凭证审核完毕后，系统自动将登录企业应用平台的操作员作为审核人，操作日期作为审核日期。凭证一经审核，就不能修改、删除，只有取消审核签字后，才可以修改和删除。单击"审核"按钮右侧的"弃审"按钮可取消审核签字。取消审核签字只能由审核人自己进行。审核人必须具有系统管理中"审核凭证"（GL0204）的功能权限（知识点1.3.4），还须具有对制单人所制凭证进行"审核"的数据权限（知识点2.3.2）。制单人与审核人不能是同一人。出纳签字与审核凭证在操作上没有先后顺序。作废凭证不能被审核，也不能被标错。已标错的凭证不能被审核。

4.2.4　记账

【实验资料】

2022 年 1 月 7 日，根据权限分工，由张博文（W02）对本月记账凭证进行记账。

【实验过程】

（1）2022 年 1 月 7 日，由张博文（W02）登录企业应用平台。

（2）在 U8 企业应用平台，单击"业务工作→财务会计→总账→凭证→记账"菜单，打开"记账"对话框，如图 4-28 所示。

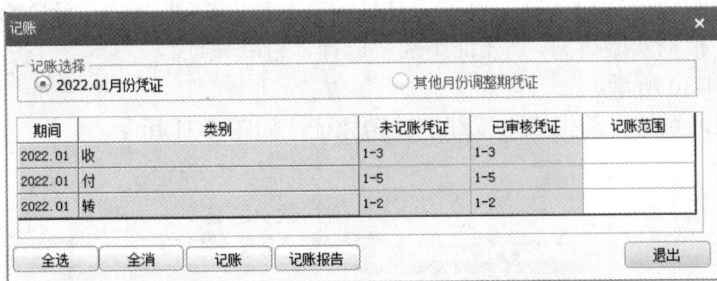

图 4-28　"记账"对话框

单击"全选"按钮，再单击"记账"按钮，弹出"期初试算平衡表"对话框，单击"确定"按钮，系统自动进行记账。记账完成后，弹出"记账完毕！"提示框，单击"确定"按钮，再单击"退出"按钮，退出当前对话框。

【提示】

记账过程一旦因断电或其他原因造成中断，系统将自动调用"恢复记账前状态"对话框恢复数据，如图4-29所示，恢复完成后再重新记账。只有账套主管才能恢复到月初的记账前状态。已结账的月份不能恢复记账前状态。

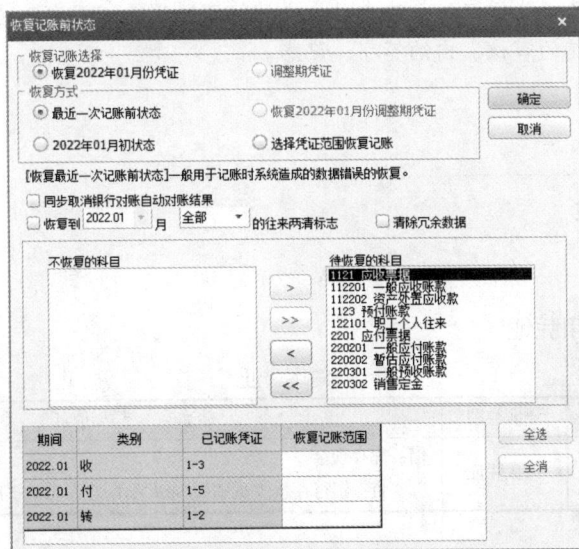

图 4-29　恢复记账前状态

期初余额试算平衡和凭证已经审核是记账的两个基本条件。在连续使用系统的情况下，上月已结账本月才可以记账。如果不选择记账范围，则系统将对所有符合条件的凭证进行记账。

4.2.5 冲销凭证

【实验资料】

2022年1月8日，冲销本月第1号付款凭证。

【实验过程】

（1）2022年1月8日，由张博文（W02）登录企业应用平台。

（2）在U8企业应用平台，单击"业务工作→财务会计→总账→凭证→填制凭证"菜单，打开"填制凭证"对话框。单击工具栏的"冲销"按钮，打开"冲销凭证"对话框。根据实验资料，"凭证类别"选择"付款凭证"，"凭证号"填入"1"，如图4-30所示。

（3）单击"确定"按钮，系统自动生成一张红字冲销凭证，如图4-31所示。

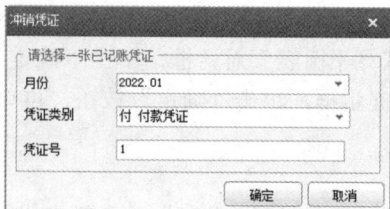

图 4-30 冲销凭证

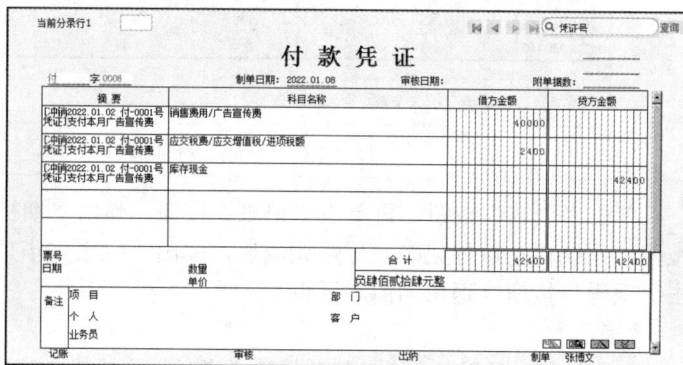

图 4-31 系统自动生成的红字冲销凭证

【提示】

冲销凭证只能冲销已记账凭证。系统自动生成的红字冲销凭证视为普通凭证，可进行修改、删除等操作，仍需进行后续的审核、出纳签字、记账。

4.2.6 常用凭证

1. 第一种处理方式

【实验资料】

（1）设置常用凭证。

根据表4-1设置常用凭证。

表 4-1　　　　　　　　　　　常用凭证

编码	说明	凭证类别	详细信息
01	从银行提取现金	付款凭证	借：库存现金 贷：银行存款/交通银行/锦州古塔支行/基本户（现金支票）

（2）调用常用凭证。

2022年1月9日，财务部出纳员马浩男以现金支票（票号：26513709）从交通银行锦州古塔支行提取现金 2 000 元。

【实验过程】

① 设置常用凭证。

A．2022 年 1 月 9 日，由张博文（W02）登录企业应用平台。

B．在 U8 企业应用平台，单击"业务工作→财务会计→总账→设置→常用凭证"菜单，打开"常用凭证"对话框。单击"增加"按钮，根据实验资料，在"编码"栏输入"01"，说明"从银行提取现金"，"凭证类别"选择"付款凭证"，如图 4-32 所示。

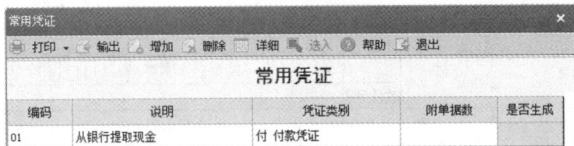

图 4-32 "常用凭证"窗口

C．单击"详细"按钮，打开"常用凭证"窗口。单击"增行"按钮，在"科目名称"栏输入"1001"。再单击"增行"按钮，在第 2 行"科目名称"栏输入"1002010101"，按回车键，弹出"辅助信息"对话框。"结算方式"选择"201 现金支票"，如图 4-33 所示，单击"确定"按钮。退出"常用凭证"窗口。

② 调用常用凭证。

A．在 U8 企业应用平台，单击"业务工作→财务会计→总账→凭证→填制凭证"菜单，打开"填制凭证"窗口。选择工具栏中的"增加→调用常用凭证"命令，打开"调用常用凭证"对话框，输入常用凭证代号"01"，如图 4-34 所示，单击"确定"按钮，系统将该常用凭证"复制"到"填制凭证"窗口。

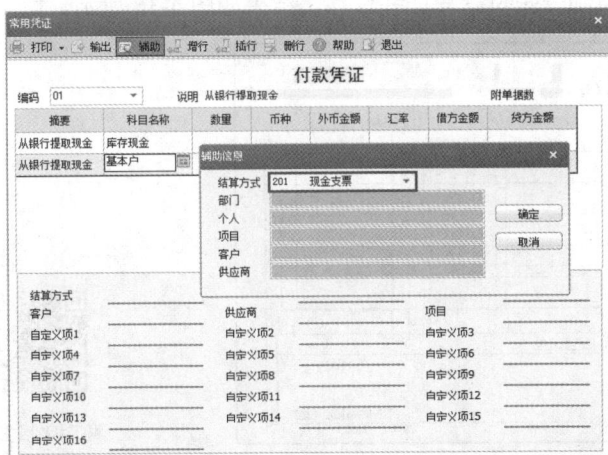

图 4-33 设置常用凭证

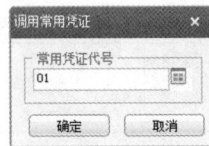

图 4-34 调用常用凭证

B．根据实验资料，补充凭证的金额及贷方的辅助项。保存该付款凭证，同时登记支票登记簿，结果如图 4-35 所示。

【提示】

图 4-33 中摘要和科目名称为必输项，会计科目可以录入非末级科目。借贷方金额或辅助核算信息可暂不输入，在调用常用凭证后保存前再行输入。调用常用凭证时，如果不修改直接保存凭证，则生成的凭证不受任何权限的控制，包括金额权限控制，也不受辅助核算及辅助项内容的限制。

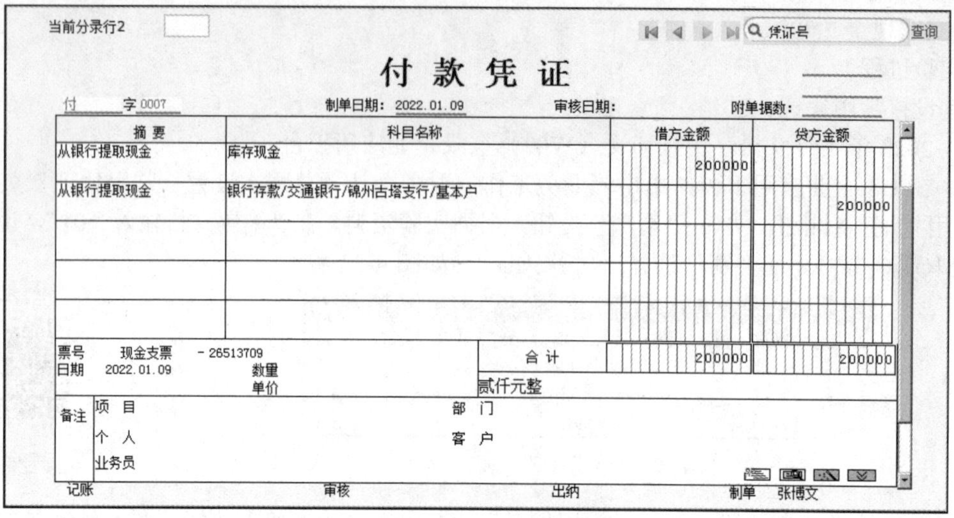

图 4-35　付款凭证

2．第二种处理方式

【实验资料】

2022 年 1 月 10 日，财务部出纳员马浩男将 750 元现金交存交通银行锦州古塔支行。

将该凭证设置为常用凭证。代号：02；说明：现金存银行。

【实验过程】

（1）2022 年 1 月 10 日，由张博文（W02）登录企业应用平台。

（2）在 U8 企业应用平台，单击"业务工作→财务会计→总账→凭证→填制凭证"菜单，打开"填制凭证"窗口。根据实验资料填制一张付款凭证并保存，结果如图 4-36 所示。

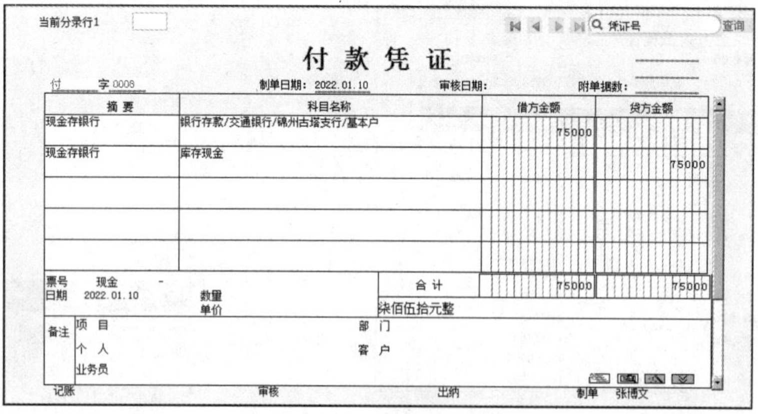

图 4-36　付款凭证

第二种处理方式

（3）选择工具栏中的"保存→生成常用凭证"命令，打开"常用凭证生成"对话框，在"代号"栏输入"02"，"说明"栏输入"现金存银行"，结果如图 4-37 所示。单击"确认"按钮，成功生成常用凭证。

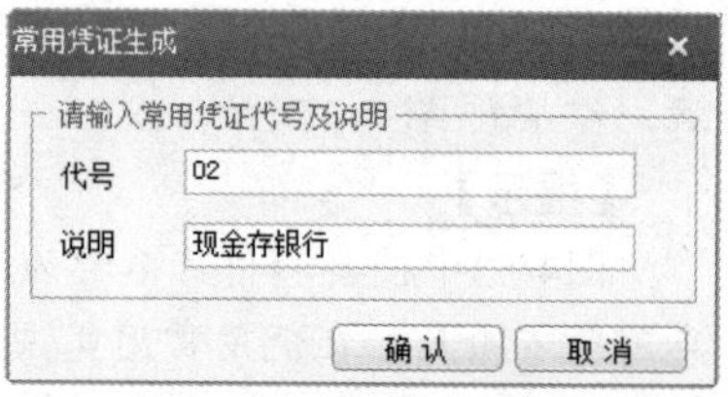

【提示】

生成常用凭证后，以后再发生同类业务可调用这张常用凭证，以提高工作效率。

图 4-37　生成常用凭证

4.3 | 查询与分析

4.3.1 科目账查询

【实验资料】

（1）查询"管理费用/办公费"明细账。

（2）查询管理费用总账。

（3）查询负债类账户的余额表。

（4）定义并查询管理费用多栏账。

【实验过程】

2022 年 1 月 10 日，由张博文（W02）登录企业应用平台。

1. 查询"管理费用/办公费"明细账

在 U8 企业应用平台，单击"业务工作→财务会计→总账→账表→科目账→明细账"菜单，打开"明细账"对话框。在"科目"栏参照选择"660205"（管理费用/办公费）。单击"确定"按钮，打开"管理费用明细账"窗口，如图 4-38 所示。关闭该窗口。

管理费用明细账 金额式

月份：2022.01 - 2022.01

科目 660205 办公费 币种：全部

年	月	日	凭证号数	摘要	借方金额	贷方金额	方向	余额金额
2022	01			期初余额			平	
2022	01	04	付-0004	支付办公费_行政部	120.00		借	120.00
2022	01	04	付-0004	支付办公费_财务部	180.00		借	300.00
2022	01	04	付-0004	支付办公费_采购部	160.00		借	460.00
2022	01	04	付-0004	支付办公费_仓储部	140.00		借	600.00
2022	01			当前合计	600.00		借	600.00
2022	01			当前累计	600.00		借	600.00

总账系统科目账查询

图 4-38 "管理费用/办公费"明细账

【提示】

在"科目账"菜单下可以查询库存现金、银行存款的月份综合明细账。现金日记账和银行日记账需到"出纳"菜单下查询。

2. 查询管理费用总账

在 U8 企业应用平台，单击"业务工作→财务会计→总账→账表→科目账→总账"菜单，打开"总账"对话框。在"科目"栏参照选择"6602"（管理费用）。单击"确定"按钮，打开"管理费用总账"窗口，如图 4-39 所示。关闭该窗口。

管理费用总账 金额式

月份：2022.01 - 2022.01

科目 6602 管理费用 币种：全部

年	月	日	凭证号数	摘要	借方金额	贷方金额	方向	余额金额
2022				期初余额			平	
2022	01			当前合计	27,030.00		借	27,030.00
2022	01			当前累计	27,030.00		借	27,030.00

图 4-39 管理费用总账

【提示】

单击某月"当前合计"所在行，再单击工具栏上的"明细"按钮，或直接双击某月"当前合计"所在行，可联查当前科目当前月份的明细账。

3. 查询负债类账户的余额表

在 U8 企业应用平台，单击"业务工作→财务会计→总账→账表→科目账→余额表"菜单，打开"发生额及余额"对话框，在"科目"栏依次参照选择"2001"和"2901"，单击"确定"按钮，打开"发生额及余额表"窗口，如图 4-40 所示。关闭该窗口。

<table>
<tr><th colspan="8">发生额及余额表</th><th>金额式 ▼</th></tr>
<tr><th colspan="9" style="text-align:right">月份：2022.01 - 2022.01</th></tr>
<tr><th colspan="9" style="text-align:right">币种：全部 ▼</th></tr>
<tr><th colspan="2">科目</th><th colspan="2">期初余额</th><th colspan="2">本期发生</th><th colspan="2">期末余额</th></tr>
<tr><th>编码</th><th>名称</th><th>借方</th><th>贷方</th><th>借方</th><th>贷方</th><th>借方</th><th>贷方</th></tr>
<tr><td>2201</td><td>应付票据</td><td></td><td>50,000.00</td><td></td><td></td><td></td><td>50,000.00</td></tr>
<tr><td>2202</td><td>应付账款</td><td></td><td>37,232.00</td><td></td><td></td><td></td><td>37,232.00</td></tr>
<tr><td>2203</td><td>预收账款</td><td></td><td>40,000.00</td><td></td><td></td><td></td><td>40,000.00</td></tr>
<tr><td>2211</td><td>应付职工薪酬</td><td></td><td>132,306.38</td><td>110,886.38</td><td></td><td></td><td>21,420.00</td></tr>
<tr><td>2221</td><td>应交税费</td><td></td><td>561,440.43</td><td>561,758.43</td><td>249,000.00</td><td></td><td>248,682.00</td></tr>
<tr><td>2241</td><td>其他应付款</td><td></td><td>12,915.00</td><td></td><td></td><td></td><td>12,915.00</td></tr>
<tr><td>2501</td><td>长期借款</td><td></td><td>7,000,000.00</td><td></td><td></td><td></td><td>7,000,000.00</td></tr>
<tr><td>2901</td><td>递延所得税负债</td><td></td><td>12,500.00</td><td></td><td></td><td></td><td>12,500.00</td></tr>
<tr><td colspan="2">负债小计</td><td></td><td>7,846,393.81</td><td>672,644.81</td><td>249,000.00</td><td></td><td>7,422,749.00</td></tr>
<tr><td colspan="2">合计</td><td></td><td>7,846,393.81</td><td>672,644.81</td><td>249,000.00</td><td></td><td>7,422,749.00</td></tr>
</table>

图 4-40　负债类账户发生额及余额

4. 定义并查询管理费用多栏账

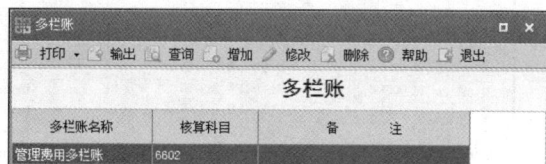

（1）在 U8 企业应用平台，单击"业务工作→财务会计→总账→账表→科目账→多栏账"菜单，打开"多栏账"窗口，单击"增加"按钮，打开"多栏账定义"对话框。

（2）在"核算科目"下拉列表框中选择"6602 管理费用"，单击"自动编制"按钮，结果如图 4-41 所示。单击"确定"按钮，返回"多栏账"窗口，如图 4-42 所示。

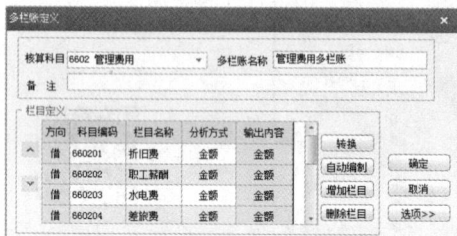

图 4-41　定义管理费用多栏账　　　　　图 4-42　"多栏账"窗口

（3）单击"查询"按钮，打开"多栏账查询"对话框。单击"确定"按钮，显示管理费用多栏账，如图 4-43 所示。关闭该窗口。

<table>
<tr><th colspan="13">多栏账</th></tr>
<tr><td colspan="4">多栏 管理费用多栏账　　　　　　　▼</td><td colspan="9" style="text-align:right">月份：2022.01-2022.01</td></tr>
<tr><th colspan="2">2022年</th><th rowspan="2">凭证号数</th><th rowspan="2">摘要</th><th rowspan="2">贷方</th><th rowspan="2">方向</th><th rowspan="2">余额</th><th colspan="6">借方</th></tr>
<tr><th>月</th><th>日</th><th>折旧费</th><th>职工薪酬</th><th>水电费</th><th>差旅费</th><th>办公费</th><th>业务招待费</th><th>品牌管理费</th></tr>
<tr><td>01</td><td>04</td><td>付-0004</td><td>支付办公费_行政部</td><td></td><td>借</td><td>600.00</td><td></td><td></td><td></td><td></td><td>600.00</td><td></td><td></td></tr>
<tr><td>01</td><td>06</td><td>付-0005</td><td>支付品牌管理费</td><td></td><td>借</td><td>27,030.00</td><td></td><td></td><td></td><td></td><td></td><td></td><td>26,430.00</td></tr>
<tr><td>01</td><td></td><td></td><td>当前合计</td><td></td><td>借</td><td>27,030.00</td><td></td><td></td><td></td><td></td><td>600.00</td><td></td><td>26,430.00</td></tr>
<tr><td>01</td><td></td><td></td><td>当前累计</td><td></td><td>借</td><td>27,030.00</td><td></td><td></td><td></td><td></td><td>600.00</td><td></td><td>26,430.00</td></tr>
</table>

图 4-43　管理费用多栏账

4.3.2　辅助账查询

【实验资料】

查询 1 月份采购部徐日强的个人科目明细账。

【实验过程】

在 U8 企业应用平台，单击"业务工作→财务会计→总账→账表→个人往来辅助账→个人科目明细账"菜单，打开"个人科目明细账"对话框。单击"确定"按钮，打开"个人科目明细账"窗口，如图 4-44 所示。关闭该窗口。

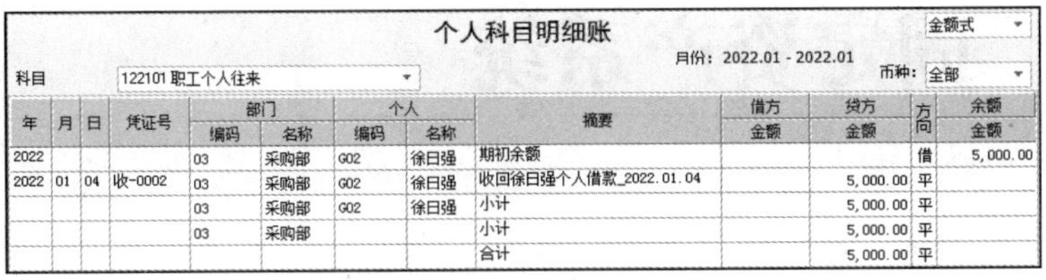

图 4-44　个人科目明细账

4.3.3　凭证查询

【实验资料】

2022 年 1 月 10 日，查询 1 月份第 1 号付款凭证。

【实验过程】

（1）在 U8 企业应用平台，单击"业务工作→财务会计→总账→凭证→查询凭证"菜单，打开"凭证查询"对话框，根据实验资料录入查询条件，如图 4-45 所示。

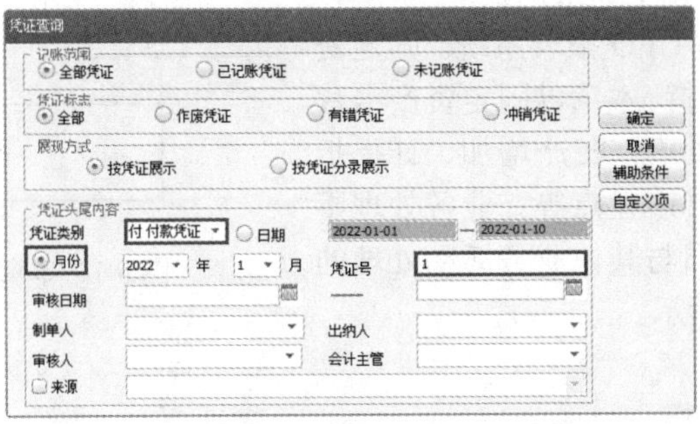

图 4-45　"凭证查询"对话框

（2）单击"确定"按钮，系统显示查询凭证列表，如图 4-46 所示。

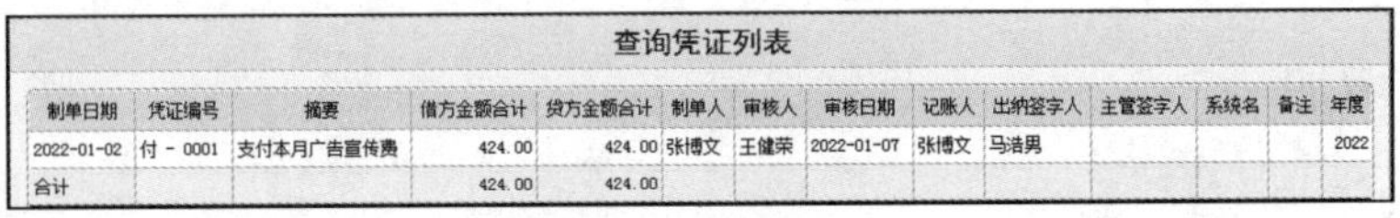

图 4-46　查询凭证列表

（3）双击"付-0001"号记账凭证，系统打开该凭证。在这里可对该凭证进行修改、冲销、生成常用凭证等操作。

【提示】

在"填制凭证"窗口，单击工具栏的"查询"按钮，也可查询凭证，如图4-47所示。但此处只能查询未记账凭证，而"查询凭证"功能可查询所有记账凭证。

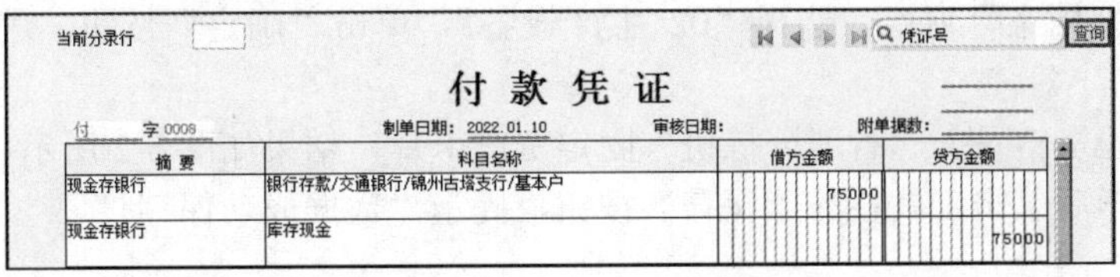

图 4-47　第二种查询方式

第5章 | 固定资产系统

5.1 | 概述

固定资产系统主要完成企业固定资产日常业务的核算和管理。固定资产系统与其他系统的关系如下。①固定资产系统与总账系统。固定资产系统将资产增加、资产处置、资产盘点、资产减值等业务生成的凭证传递至总账系统。固定资产系统可随时与总账系统进行对账。②固定资产系统与供应链管理系统。若启用供应链管理系统，则固定资产采购业务的入库单传递到固定资产系统后，结转生成采购资产卡片（详见知识点 9.2.8）。③固定资产系统与 UFO 报表系统。固定资产系统为 UFO 报表系统提供数据支持。本章以固定资产卡片为核心，主要完成以下业务活动的处理：资产增加、计提折旧、资产减少、计提减值准备以及资产盘点等。业务处理不应违背企业会计准则，注意计提折旧与其他业务活动处理的先后顺序。本章总体框架如图 5-1 所示。

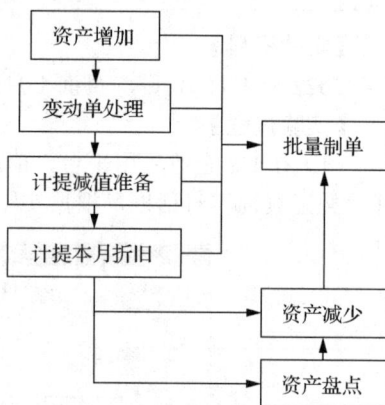

图 5-1　本章总体框架

5.2 | 业务处理

5.2.1 资产增加

【实验资料】

2022 年 1 月 11 日，采购部徐日强以转账支票（票号：36228706）购入一台"智能分拣机"并交付一车间、二车间共同使用。取得的增值税专用发票上注明价款为 259 700 元，增值税进项税额为 33 761 元。

【实验过程】

（1）2022 年 1 月 11 日，由张博文（W02）登录企业应用平台。

（2）在 U8 企业应用平台，单击"业务工作→财务会计→固定资产→卡片→资产增加"，打开"固定资产类别档案"窗口，选择"02 生产设备"，单击"确定"按钮，进入"固定资产卡片"窗口。

（3）根据实验资料录入"智能分拣机"固定资产卡片，结果如图 5-2 所示。

（4）录入完毕后单击工具栏的"保存"按钮，提示"数据成功保存！"。

图 5-2　资产增加

【提示】

录入原始卡片与资产增加的联系与区别：从操作方法角度，两者都是录入资产卡片。至于通过哪种方式录入，取决于资产的"开始使用日期"。原始卡片是指卡片记录的资产开始使用日期的月份小于其录入系统的月份，即已使用过并已计提折旧的固定资产卡片。资产增加，也称新卡片录入，即新增加固定资产卡片。只有固定资产开始使用日期的会计期间等于录入会计期间时，才能通过"资产增加"录入。除资产增加功能外，还可通过供应链管理系统完成固定资产的采购处理，具体内容详见知识点9.2.8。

5.2.2　批量制单

【实验资料】

2022 年 1 月 11 日，生成资产增加的记账凭证。

【实验过程】

（1）在 U8 企业应用平台，单击"业务工作→财务会计→固定资产→凭证处理→批量制单"菜单，打开"查询条件-批量制单"对话框，单击"确定"按钮，打开"批量制单"窗口。双击第 1 行的"选择"栏，在"凭证类别"下拉列表框中选择"付款凭证"，如图 5-3 所示。

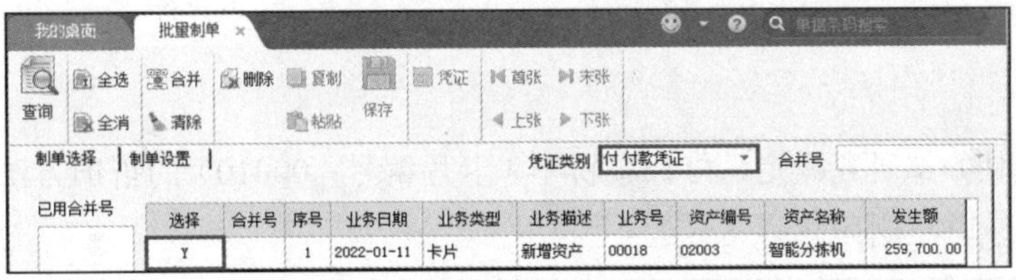

图 5-3　批量制单——制单选择

【提示】

[合并号]可手工输入，合并号相同的记录将合并生成一张记账凭证。

若业务发生时没有制单，则该业务将出现在批量制单列表中。如果在图3-31中勾选了"月末结账前一定要完成制单登账业务"，则只要制单列表中有记录，该月就不能结账。

（2）单击"制单设置"选项卡，再单击工具栏的"凭证"按钮，系统生成一张记账凭证。单击第 3 行会计分录任意位置，按"Ctrl+S"组合键，调出"辅助项"对话框，录入"结算方式""票号"，如图 5-4 所示。单击"确定"按钮，再单击"保存"按钮。

图 5-4　"辅助项"对话框

借：固定资产 259 700.00

应交税费/应交增值税/进项税额 33 761.00

贷：银行存款/交通银行/锦州古塔支行/基本户 293 461.00

说明：为了节省篇幅，本书后面章节的记账凭证均以会计分录的形式体现。

【提示】

批量制单的业务类型有计提折旧、新增资产、减少资产、原值增加、原值减少、累计折旧调整、类别调整、计提减值准备、转回减值准备、增值税调整和评估资产。

如果在选项中设置了"业务发生后立即制单"，则在发生上述业务类型的业务后，自动生成记账凭证；如果没有设置，则可到"批量制单"中制单或单击对应业务工具栏的"凭证"按钮制单。

凭证保存后，可到"固定资产→凭证处理→凭证查询"中进行查询、删除等操作。已经生成凭证的业务类型不允许删除或恢复。若想删除或恢复，则必须先删除对应的记账凭证。

若启用供应链管理系统，则"卡片"菜单下"采购资产"功能录入的卡片在应付款管理系统中制单，不在本系统制单。

5.2.3 变动单处理

1. 部门转移

【实验资料】

2022年1月12日，因工作需要，经公司研究决定，将仓储部使用的联想台式机（卡片编号：00015）转移给一车间、二车间共同使用。

【实验过程】

（1）2022年1月12日，由张博文（W02）登录企业应用平台。

（2）在U8企业应用平台，单击"业务工作→财务会计→固定资产→变动单→部门转移"菜单，打开"固定资产变动单"窗口。

（3）在"卡片编号"栏选择"00015"，在"变动后部门"栏选择"一车间/二车间"，"变动原因"栏输入"工作需要"，如图5-5所示。单击"保存"按钮，提示"数据成功保存！"，单击"确定"按钮。

部门转移

2. 折旧方法调整

【实验资料】

2022年1月12日，经财务部研究决定，将长城轿车（卡片编号：00010）的折旧方法由"平均年限法（一）"变更为"双倍余额递减法（二）"。

图 5-5 变动单——部门转移

【实验过程】

（1）在 U8 企业应用平台，单击"业务工作→财务会计→固定资产→变动单→折旧方法调整"菜单，打开"固定资产变动单"窗口。

（2）在"卡片编号"栏选择"00010"，在"变动后折旧方法"栏选择"双倍余额递减法（二）"，"变动原因"栏输入"会计估计变更"，如图 5-6 所示。单击"保存"按钮，系统提示"数据成功保存！"，单击"确定"按钮。

图 5-6　变动单——折旧方法调整

【提示】

根据企业会计准则，固定资产的预计使用寿命与净残值、固定资产的折旧方法属于会计估计，其变更应当采用未来适用法，即在变更当期及以后期间采用新的会计估计。注意区分因录入错误导致的卡片修改与正常的资产变动。前者到卡片管理中完成。后者通过变动单处理。以下 7 种变动单均必须生成凭证：原值增加、原值减少、累计折旧调整、类别调整、计提减值准备、转回减值准备、增值税调整。

5.2.4　计提减值准备

【实验资料】

2022 年 1 月 31 日，经减值测试，周转材料仓（卡片编号：00005）发生减值 46 000 元，请计提减值准备。

【实验过程】

（1）2022 年 1 月 31 日，由张博文（W02）登录企业应用平台。

（2）在 U8 企业应用平台，单击"业务工作→财务会计→固定资产→减值准备→计提减值准备"，打开"固定资产变动单"窗口。

（3）在"卡片编号"栏选择"00005"，在"减值准备金额"栏录入"46000"，在"变动原因"栏录入"资产减值"。单击"保存"按钮，系统提示"数据成功保存！"，单击"确定"按钮，结果如图 5-7 所示。

图 5-7　计提减值准备

（4）单击工具栏的"凭证"按钮，系统生成一张记账凭证，将"凭证类别"修改为转账凭证，借方科目参照选择"资产减值损失"（6701）。单击"保存"按钮，完成凭证处理。

借：资产减值损失   46 000.00

    贷：固定资产减值准备   46 000.00

【提示】

根据企业会计准则，企业在资产负债表日应当判断资产是否存在可能发生减值的迹象。存在减值迹象的，应估计其可收回金额，然后将可收回金额与其账面价值相比较。资产的可收回金额低于其账面价值的，应将资产的账面价值减记至可收回金额，减记的金额确认为资产减值损失，计入当期损益。固定资产减值损失一经确认，在以后会计期间不得转回。

如果想取消"计提减值准备"，则到"变动"单菜单下的"变动单管理"中删除该变动单即可。如果已经制单，则应先删除记账凭证，再删除变动单。

5.2.5 计提折旧

【实验资料】

2022年1月31日，计提本月固定资产折旧。

【实验过程】

（1）2022年1月31日，由张博文（W02）登录企业应用平台。

（2）在U8企业应用平台，单击"业务工作→财务会计→固定资产→折旧计提→计提本月折旧"菜单，系统提示"是否要查看折旧清单？"，单击"是"按钮，弹出图5-8所示的提示框。

（3）单击"是"按钮，打开"折旧清单"窗口。再单击"退出"按钮，系统提示"计提折旧完成！"，单击"确定"按钮。

（4）在固定资产系统，单击"凭证处理→批量制单"菜单，打开"查询条件-批量制单"对话框，单击"确定"按钮，打开"批量制单"窗口。双击第1行的"选择"栏，在"凭证类别"下拉列表框中选择"转账凭证"，单击"制单设置"选项卡，再单击工具栏的"凭证"按钮，系统生成一张记账凭证，单击"保存"按钮。

图5-8 系统提示

借：制造费用/折旧费（一车间）   20 911.20

     制造费用/折旧费（二车间）   22 511.20

     销售费用/折旧费（销售部）   16 623.90

     管理费用/折旧费（行政部）   16 394.00

     管理费用/折旧费（财务部）   16 394.00

     管理费用/折旧费（采购部）   16 623.90

     管理费用/折旧费（仓储部）   30 000.00

    贷：累计折旧   139 458.20

【提示】

根据企业会计准则，当月新增的固定资产当月不提折旧，下月开始计提折旧；当月减少的固定资产当月照提折旧，下月停止计提折旧。本系统在一个期间内可以多次计提折旧，每次计提折旧后，只是将计提的折旧累加到期初的累计折旧，不会重复累计。计提折旧后又对账套进行了影响折旧计算或分配的操作，必须重新计提折旧，否则系统不允许结账。如果计提折旧已经制单，则必须删除

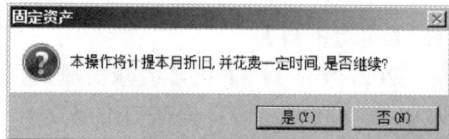

该凭证后才能重新计提折旧。

5.2.6　资产减少

【实验资料】

2022 年 1 月 31 日，将采购部使用的联想台式机（卡片编号：00013）出售。实际出售价格为 700 元，增值税税率为 13%，款项现金收讫。

【实验过程】

（1）2022 年 1 月 31 日，由张博文（W02）登录企业应用平台。

（2）在 U8 企业应用平台，单击"业务工作→财务会计→固定资产→资产处置→资产减少"菜单，打开"资产减少"窗口。"卡片编号"参照选择"00013"，单击"增加"按钮。"减少方式"选择"出售"，如图 5-9 所示。

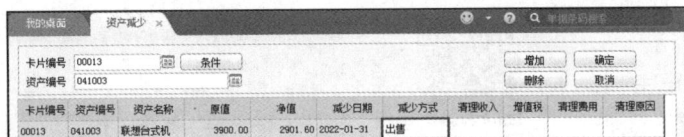

图 5-9　资产减少

资产减少

（3）单击"确定"按钮，系统提示"所选卡片已经减少成功！"，单击"确定"按钮。

（4）在固定资产系统，单击"凭证处理→批量制单"菜单，打开"查询条件-批量制单"对话框，单击"确定"按钮，打开"批量制单"窗口。双击第 1 行的"选择"栏，在凭证类别"下拉列表框中选择"转账凭证"，单击"制单设置"选项卡，再单击工具栏的"凭证"按钮，系统生成一张记账凭证，在"摘要"栏输入"资产处置"，单击"保存"按钮。

借：累计折旧　　　　　　　　　　　　　　　　　　　　　　998.40
　　固定资产清理　　　　　　　　　　　　　　　　　　　2 901.60
　　贷：固定资产　　　　　　　　　　　　　　　　　　　　　3 900.00

（5）在总账系统，单击"凭证→填制凭证"菜单，打开"填制凭证"窗口。填制收到价税款、结转清理损失的记账凭证并保存。

借：库存现金　　　　　　　　　　　　　　　　　　　　　　791.00
　　贷：固定资产清理　　　　　　　　　　　　　　　　　　　700.00
　　　　应交税费/应交增值税/销项税额　　　　　　　　　　　91.00
　　贷：固定资产清理　　　　　　　　　　　　　　　　　　2 201.60
　　贷：资产处置损益　　　　　　　　　　　　　　　　　　-2 201.60

【提示】

如何查看已减少资产的卡片？在固定资产系统，单击"卡片→卡片管理"菜单，进入"卡片管理"窗口，从卡片列表上边的下拉列表框中选择"已减少资产"，如图5-10所示，可查看已减少资产的卡片。

图 5-10　查看已减少资产的卡片

如何撤销已减少资产？在图5-10所示的"已减少资产"卡片列表中，单击选中要恢复的资产，再单击工具栏的"撤销减少"按钮，可以恢复该资产。如果资产减少操作已生成凭证，则必须删除凭证后才能撤销减少。在资产减少的当月可以撤销减少，以后期间不可撤销。

5.2.7　资产盘点

【实验资料】

2022年1月31日，对公司计算机类管理设备进行盘点，发现销售部联想台式机（固定资产编号：041004）丢失。经查计算机丢失系销售部纪超岩保管不当造成。经研究决定，由其赔偿损失。

【实验过程】

（1）资产盘点。

① 2022年1月31日，由张博文（W02）登录企业应用平台。

② 在U8企业应用平台，单击"业务工作→财务会计→固定资产→资产盘点→资产盘点"菜单，打开"资产盘点"窗口。单击"增加"按钮，打开"新增盘点单-数据录入"窗口。单击"范围"按钮，打开"盘点范围设置"对话框。"资产类别"选择"041"（计算机），如图5-11所示。

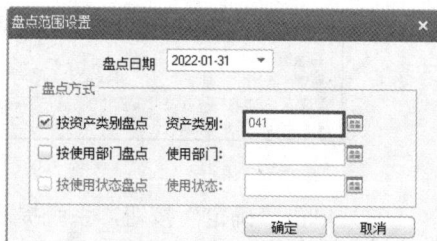

图 5-11　盘点范围设置

③ 单击"确定"按钮，显示所有计算机类资产。双击"041004"号资产的"选择"栏，如图5-12所示。

图 5-12　新增盘点单——数据录入

④ 单击"盘亏删除"按钮，删除"041004"号资产。单击"退出"按钮，系统提示"本盘点单数据已变更，是否保存？"，单击"是"按钮，提示"盘点单保存成功！"，单击"确定"按钮，完成资产盘点，如图5-13所示。

图 5-13　"资产盘点"窗口

⑤ 双击"00001"号盘点单的"汇总选择"栏，单击工具栏的"汇总"按钮，弹出"汇总盘点单"窗口。单击"保存"按钮，再单击窗口中的"核对"按钮，弹出"盘点结果清单"窗口，如图 5-14 所示。单击工具栏的"保存"按钮，再退出当前窗口。关闭"资产盘点"窗口。

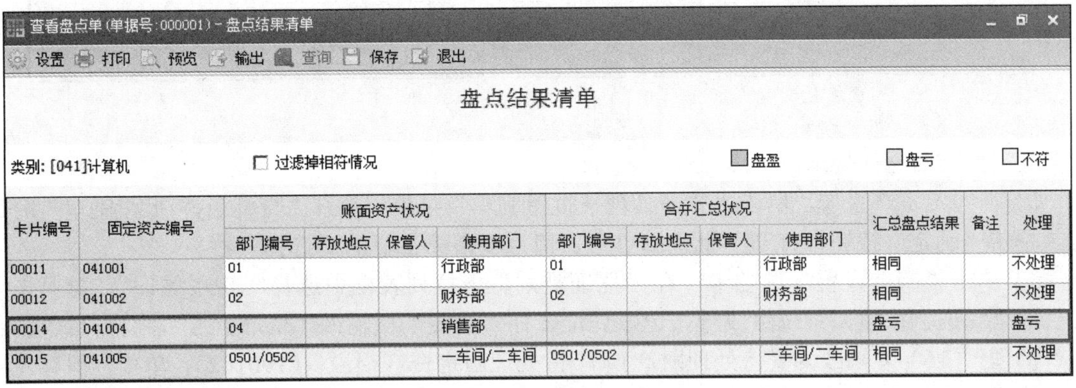

盘点结果清单

类别：[041]计算机　　□过滤掉相符情况　　　　□盘盈　　□盘亏　　□不符

卡片编号	固定资产编号	账面资产状况				合并汇总状况				汇总盘点结果	备注	处理
		部门编号	存放地点	保管人	使用部门	部门编号	存放地点	保管人	使用部门			
00011	041001	01			行政部	01			行政部	相同		不处理
00012	041002	02			财务部	02			财务部	相同		不处理
00014	041004	04			销售部					盘亏		盘亏
00015	041005	0501/0502			一车间/二车间	0501/0502			一车间/二车间	相同		不处理

图 5-14　盘点结果清单

（2）汇总结果确认。

① 在固定资产系统，单击"资产盘点→汇总结果确认"菜单，打开"盘盈盘亏确认"窗口。双击"041004"号资产的"选择"栏，在"审核"栏选择"同意"，"处理意见"栏输入"由销售部纪超岩赔偿"，如图 5-15 所示。

② 单击"保存"按钮，提示"保存成功！"，单击"确定"按钮。关闭"盘盈盘亏确认"窗口。

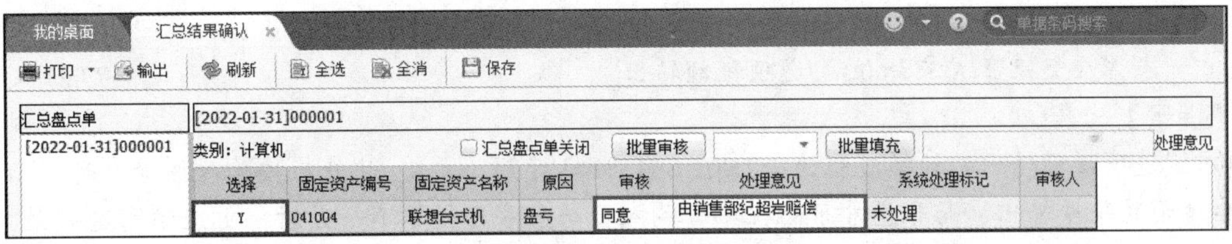

图 5-15　汇总结果确认

（3）资产盘亏。

① 在固定资产系统，单击"资产盘点→资产盘亏"菜单，打开"资产盘亏"窗口。双击"041004"号资产的"选择"栏，如图 5-16 所示。

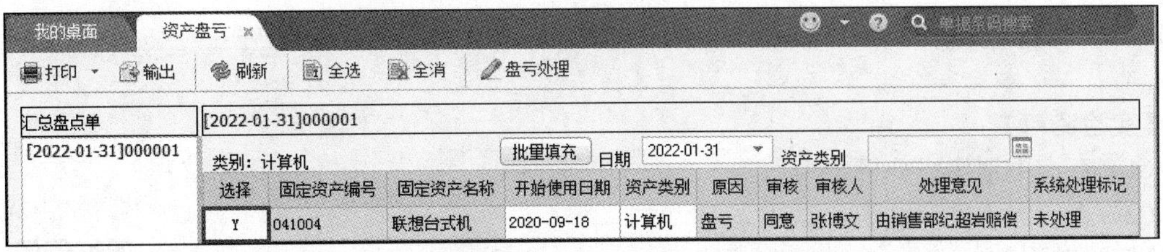

图 5-16　资产盘亏

② 单击工具栏的"盘亏处理"命令，系统打开"资产减少"窗口，如图 5-17 所示。单击"确定"按钮，系统提示"所选卡片已经减少成功！"，单击"确定"按钮。关闭当前窗口。

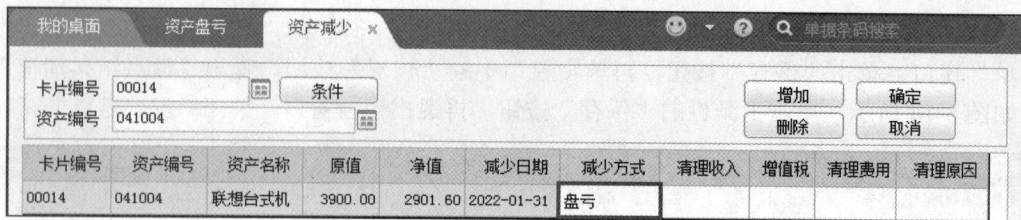

图 5-17　资产减少

（4）批准前会计处理。

① 在固定资产系统，单击"凭证处理→批量制单"菜单，打开"查询条件-批量制单"对话框，单击"确定"按钮，打开"批量制单"窗口，双击第 1 行的"选择"栏。

② 单击"制单设置"选项卡，在"凭证类别"下拉列表框中选择"转账凭证"，再单击工具栏的"凭证"按钮，系统生成一张记账凭证，在"摘要"栏输入"资产盘亏"，将科目"固定资产清理"（1606）修改为"待处理财产损溢/待处理固定资产损溢"（190102），单击"保存"按钮，完成凭证处理。

借：累计折旧　　　　　　　　　　　　　　　　　　　　　　　　　998.40
　　待处理财产损溢/待处理固定资产损溢　　　　　　　　　　　　2 901.60
　　贷：固定资产　　　　　　　　　　　　　　　　　　　　　　　　　　3 900.00

（5）批准后会计处理。

在 U8 企业应用平台，单击"业务工作→财务会计→总账→凭证→填制凭证"菜单，填制盘亏结果处理的记账凭证。

借：其他应收款/职工个人往来（销售部，纪超岩）　　　　　　　3 278.81
　　贷：待处理财产损溢/待处理固定资产损溢　　　　　　　　　　　2 901.60
　　　　应交税费/应交增值税/进项税额转出　　　　　　　　　　　　377.21

【提示】

本例进项税额转出的计算过程为：$2\,901.6 \times 13\% \approx 377.21$（元）。此处应按购入该资产时（2020 年 9 月）适用的税率转出，而非盘亏日的税率。购入日与盘亏日税率不一致时，更应注意这一点。

5.3 查询与分析

5.3.1　账表查询

【实验资料】

（1）查询类别构成分析表。

（2）查询固定资产总账。

【实验过程】

（1）2022 年 1 月 31 日，由张博文（W02）登录企业应用平台。

（2）在 U8 企业应用平台，单击"业务工作→财务会计→固定资产→账表→分析表→类别构成分析表"菜单，打开"条件-类别构成分析表"对话框，单击"确定"按钮，结果如图 5-18 所示。关闭"类别构成分析表"窗口。

固定资产系统
账表查询

恢复缺省格式　保存格式　锁定格式　格式锁定状态:未锁定

类别构成分析表

使用单位：辽宁双圆轮胎有限公司　　期间：2022.01

资产类别	数量	计量单位	期末原值	占类别百分比%	占总值百分比%
房屋及建筑物(01)	6		25,400,000.00	100.00	87.68
生产设备(02)	3		2,979,700.00	100.00	10.29
运输设备(03)	2		570,000.00	100.00	1.97
轿车(031)	2		570,000.00	100.00	1.97
管理设备(04)	5		19,600.00	100.00	0.07
计算机(041)	3		11,700.00	59.69	0.04
复印机(042)	1		4,500.00	22.96	0.02
打印机(043)	1		3,400.00	17.35	0.01
合计	16		28,969,300.00	100.00	100.00

图 5-18　类别结构分析表

（3）在固定资产系统，单击“账表→账簿→固定资产总账”菜单，打开“条件-固定资产总账”对话框，单击“确定”按钮，结果如图 5-19 所示。

恢复缺省格式　保存格式　锁定格式　图形分析　格式锁定状态:未锁定

固定资产总账

使用单位：辽宁双圆轮胎有限公司

资产类别:　　使用部门:

期间	原值			累计折旧			减值准备			净值
	借方	贷方	余额	借方	贷方	余额	借方	贷方	余额	
2022.01	28,977,100.00	7,800.00	28,969,300.00	1,996.80	2,094,074.20	2,092,077.40		46,000.00	46,000.00	26,831,222.60
合计	28,977,100.00	7,800.00	28,969,300.00	1,996.80	2,094,074.20	2,092,077.40		46,000.00	46,000.00	26,831,222.60

图 5-19　固定资产总账

5.3.2　凭证查询

【实验资料】

查询 1 月份生成的记账凭证。

【实验过程】

在 U8 企业应用平台，单击“业务工作→财务会计→固定资产→凭证处理→查询凭证”菜单，打开“查询凭证”窗口，如图 5-20 所示。在这里可以对记账凭证进行删除、编辑、冲销等处理。

我的桌面　查询凭证

打印　输出　凭证过滤　编辑　删除　冲销　联查　凭证

期间 2022.01 --- 2022.01

业务日期	业务类型	业务号	制单人	凭证日期	凭证号	状态
2022-01-11	卡片	00018	张博文	2022-01-11	付--9	未审核
2022-01-31	变动单	00003	张博文	2022-01-31	转--3	未审核
2022-01-31	折旧计提	01	张博文	2022-01-31	转--4	未审核
2022-01-31	资产减少	00013	张博文	2022-01-31	转--5	未审核
2022-01-31	资产减少	00014	张博文	2022-01-31	转--7	未审核

图 5-20　查询凭证

固定资产系统
凭证查询

第6章 薪资管理系统

6.1 概述

薪资管理系统主要用于各类企业、行政事业单位进行工资计算、工资发放、工资费用分摊、工资统计分析和个人所得税核算等。薪资管理系统与其他系统的关系如下。①薪资管理系统与总账系统。薪资管理系统将工资计提、分摊结果自动生成记账凭证，传递到总账系统。②薪资管理系统与UFO报表系统。薪资管理系统向 UFO 报表系统传递数据。本章总体框架如图 6-1 所示。

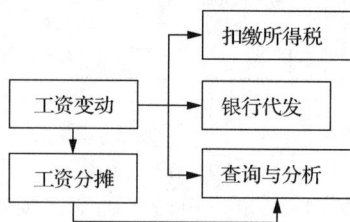

图 6-1　本章总体框架

6.2 业务处理

6.2.1 工资变动

【实验资料】

2022 年 1 月 31 日，根据以下资料计算本月职工工资。

（1）全体职工的奖金为 2 800 元。

（2）除奖金外，本月职工工资数据见表 6-1。

表 6-1　　　　　　　　　　　　　　2022 年 1 月份工资数据

人员	部门	基本工资	职务津贴	加班天数	病假天数	事假天数
李梓楠	行政部	8 000.00	1 000.00			
刘颖华	行政部	3 800.00	700.00		1	
王健荣	财务部	6 000.00	900.00			4
张博文	财务部	4 100.00	850.00	2		
马浩男	财务部	3 900.00	700.00			3
赵子晨	采购部	4 900.00	900.00	3		
徐日强	采购部	4 000.00	750.00		3	
纪超岩	销售部	4 900.00	900.00	3		
胡海燕	销售部	4 600.00	700.00		1	1
孙春鹏	一车间	3 900.00	900.00			
陈惠民	一车间	3 800.00	800.00			
张绍阳	二车间	3 900.00	900.00			2
马飞雪	二车间	3 850.00	750.00		2	
冯艳琪	仓储部	3 750.00	850.00	5		
合计		63 400.00	11 600.00	13	7	10

（3）通过"替换"功能批量录入"累计应付工资"。

【实验过程】

（1）2022 年 1 月 31 日，由张博文（W02）登录企业应用平台。

（2）在 U8 企业应用平台，单击"业务工作→人力资源→薪资管理→业务处理→工资变动"菜单，打开"工资变动"窗口。

（3）录入全体职工的奖金。单击工具栏的"全选"按钮，再单击"替换"按钮，打开"工资项数据替换"对话框。从"将工资项目"下拉列表框中选择"奖金"项，在"替换成"栏输入"2800"，如图 6-2 所示。单击"确定"按钮，弹出"数据替换后将不可恢复。是否继续？"提示框，单击"是"按钮，系统提示"14 条记录被替换，是否重新计算？"，单击"是"按钮。

工资变动

（4）根据表 6-1 直接录入工资数据，结果如图 6-3 所示。录入完毕后单击工具栏的"计算""汇总"按钮。

图 6-2　工资项数据替换

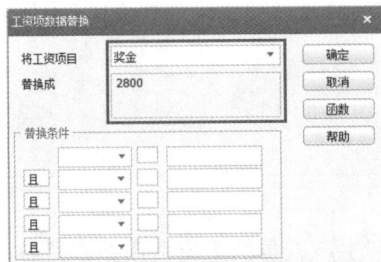

图 6-3　录入工资数据

【提示】

可使用"过滤器"功能选择某些项目进行录入。可使用工具栏的"过滤"按钮筛选符合某些条件的人员进行录入。以下情况需在工资变动中再次进行"计算"和"汇总"：①重新设置了工资项目的计算公式；②重新进行了扣税设置；③修改了工资变动表中的部分数据。

（5）批量录入"累计应付工资"。单击工具栏的"全选"，再单击"替换"按钮，打开"工资项数据替换"对话框。从"将工资项目"下拉列表框中选择"累计应付工资"，单击右侧的"函数"按钮，打开"系统函数"对话框。从右下角的"工资项目"下拉列表框中选择"应付工资"，如图 6-4 所示。

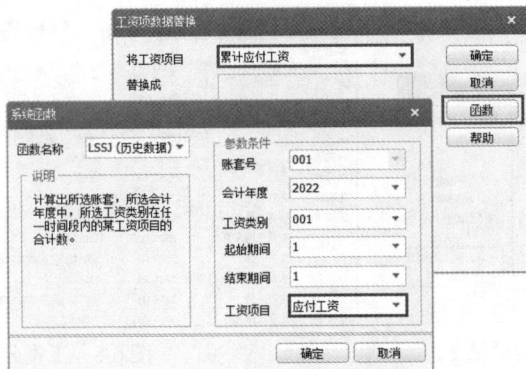

图 6-4　"LSSJ"函数

（6）单击"确定"按钮，返回"工资项数据替换"对话框，结果如图6-5所示。单击"确定"按钮，弹出"数据替换后将不可恢复。是否继续？"提示框，单击"是"按钮，系统提示"14条记录被替换，是否重新计算？"，单击"是"按钮。最终工资变动计算结果如图6-6所示。

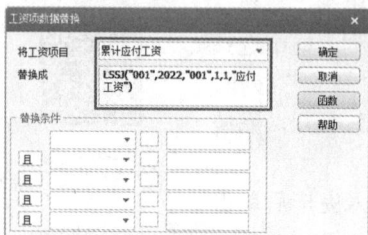

图6-5 工资项数据替换

工资变动

选择	人员编号	姓名	应发合计	四险一金工资基数	应付工资	累计应付工资	累计预扣预缴纳税所得额	扣款合计	实发合计	代扣税
	A01	李梓桐	12,900.00	4,500.00	12,900.00	12,900.00	4,977.50	1,071.83	11,820.00	149.33
	A02	刘婷华	8,400.00	4,500.00	8,356.19	8,356.19	433.69	979.32	7,420.00	13.01
	W01	王健荣	10,800.00	4,500.00	10,152.38	10,152.38	2,229.88	1,637.02	9,160.00	66.90
	W02	张博文	9,050.00	4,500.00	9,050.00	9,050.00	1,127.50	956.33	8,090.00	33.83
	W03	马清男	8,500.00	4,500.00	8,164.28	8,164.28	241.78	1,265.47	7,230.00	7.25
	G01	赵子晨	9,800.00	4,500.00	9,800.00	9,800.00	1,877.50	978.83	8,820.00	56.33
	G02	徐日强	8,450.00	4,500.00	8,198.58	8,198.58	276.08	1,182.20	7,260.00	8.28
	X01	纪超岩	10,000.00	4,500.00	10,000.00	10,000.00	2,077.50	984.83	9,010.00	62.33
	X02	胡海惠	9,200.00	4,500.00	9,026.67	9,026.67	1,104.17	1,128.96	8,070.00	33.13
	S11	孙春棚	8,500.00	4,500.00	8,500.00	8,500.00	577.50	939.83	7,560.00	17.33
	S12	陈惠民	8,300.00	4,500.00	8,300.00	8,300.00	377.50	933.83	7,360.00	11.33
	S21	张绍阳	8,500.00	4,500.00	8,295.24	8,295.24	372.74	1,138.44	7,360.00	11.18
	S22	马飞雷	8,300.00	4,500.00	8,219.05	8,219.05	296.55	1,012.35	7,280.00	8.90
	C01	冯艳琪	9,000.00	4,500.00	9,000.00	9,000.00	1,077.50	957.07	8,040.00	32.33
合计			129,700.00	63,000.00	127,962.39	127,962.39	17,047.39	15,164.07	114,480.00	511.46

图6-6 工资计算结果

【提示】

2月及以后月份的"累计应付工资""上月累计预扣预缴税额"均通过"替换"中的"函数"功能处理，且后者每月需替换两次。

6.2.2 工资分摊

【实验资料】

2022年1月31日，按分摊类型逐个生成记账凭证，其中，生产人员的工资费用按本月各产品投产量分配计入。各产品投产量的相关内容详见知识点10.3.4。

【实验过程】

（1）在U8企业应用平台，单击"业务工作→人力资源→薪资管理→业务处理→工资分摊"菜单，打开"工资分摊"对话框。勾选"计提工资"计提费用类型，勾选所有核算部门，勾选"明细到工资项目""按项目核算"，如图6-7所示。

（2）单击"确定"按钮，打开"工资分摊"窗口，勾选"合并科目相同、辅助项相同的分录"，如图6-8所示。

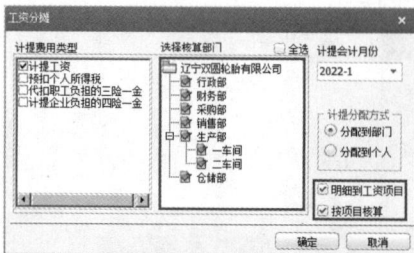

工资分摊

图6-7 "工资分摊"对话框

计提工资一览表

类型 计提工资   计提会计月份 1月

部门名称	人员类别	应付工资					
		分配金额	借方科目	借方项目大类	借方项目	贷方科目	贷方项目大类	贷方项目
行政部	企业管理人员	21256.19	660202			221101	
财务部	财务人员	27366.66	660202			221101	
采购部	采购人员	17998.58	660202			221101	
销售部	销售人员	19026.67	660102			221101	
一车间	车间管理人员	8500.00	510102			221101	
	生产人员	8300.00	500102	生产成本核算	轿车轮胎共用	221101	
二车间	车间管理人员	8295.24	510102			221101	
	生产人员	8219.05	500102	生产成本核算	货车轮胎共用	221101	
仓储部	企业管理人员	9000.00	660202			221101	

图6-8 工资分摊明细

（3）根据各产品投产量手动分配工资费用。本月一车间生产人员工资8 300元，根据两种轿车轮胎投产量分配。以 185 型轿车轮胎为例，本月应分配工资=8 300÷（8 500+9 500）×8 500= 3 919.44 元。同理，可计算 195 型轿车轮胎本月应分配 4 380.56 元。本月二车间生产人员工资 8 219.05 元，按两种货车轮胎投产量分配。经计算，235 型货车轮胎应分配工资 4 431.14 元，265 型货车轮胎应分配工资 3 787.91 元。

单击工具栏的"制单"按钮，进入填制凭证界面。"凭证类别"选择"转账凭证"，根据上述计算结果，对前两行会计分录进行"插分"。插分完毕后单击"保存"按钮，完成工资分摊。

借：生产成本/直接人工（185 型轿车轮胎）	3 919.44
生产成本/直接人工（195 型轿车轮胎）	4 380.56
生产成本/直接人工（235 型货车轮胎）	4 431.14
生产成本/直接人工（265 型货车轮胎）	3 787.91
管理费用/职工薪酬（行政部）	21 256.19
管理费用/职工薪酬（财务部）	27 366.66
管理费用/职工薪酬（采购部）	17 998.58
销售费用/职工薪酬（销售部）	19 026.67
制造费用/职工薪酬（一车间）	8 500.00
制造费用/职工薪酬（二车间）	8 295.24
管理费用/职工薪酬（仓储部）	9 000.00
贷：应付职工薪酬/工资	127 962.39

（4）参照步骤（1）～步骤（3）生成"预扣个人所得税"的转账凭证。注意，"计提分配方式"应选择"分配到个人"。

借：应付职工薪酬/工资	511.46
贷：应交税费/应交个人所得税	511.46

（5）参照步骤（1）～步骤（3）生成"代扣职工负担的三险一金"的转账凭证。

借：应付职工薪酬/工资	12 915.00
贷：其他应付款/代扣职工三险一金/代扣医疗保险	1 260.00
其他应付款/代扣职工三险一金/代扣养老保险	5 040.00
其他应付款/代扣职工三险一金/代扣失业保险	315.00
其他应付款/代扣职工三险一金/代扣住房公积金	6 300.00

（6）参照步骤（1）～步骤（3）生成"计提企业负担的四险一金"的转账凭证。注意，本月一车间、二车间生产人员的社会保险费及住房公积金仍需按各产品投产量手动分配。

借：生产成本/直接人工（185 型轿车轮胎）	722.50
生产成本/直接人工（195 型轿车轮胎）	807.50
生产成本/直接人工（235 型货车轮胎）	824.87
生产成本/直接人工（265 型货车轮胎）	705.13
管理费用/职工薪酬（行政部）	3 060.00
管理费用/职工薪酬（财务部）	4 590.00
管理费用/职工薪酬（采购部）	3 060.00
销售费用/职工薪酬（销售部）	3 060.00
制造费用/职工薪酬（一车间）	1 530.00
制造费用/职工薪酬（二车间）	1 530.00
管理费用/职工薪酬（仓储部）	1 530.00
贷：应付职工薪酬/社会保险费/基本医疗保险费	4 410.00

应付职工薪酬/社会保险费/工伤保险费	315.00
应付职工薪酬/设定提存计划/基本养老保险费	10 080.00
应付职工薪酬/设定提存计划/失业保险费	315.00
应付职工薪酬/住房公积金	6 300.00

【提示】

在实务中，关于"代扣职工负担的三险一金"，除上述方法外，还可按以下方法处理：月末不通过"其他应付款"账户进行核算，下月缴纳时，直接从"应付职工薪酬/工资"账户中冲销。这两种处理方法并无本质上的差别，但前后各期应保持一致。

6.2.3 扣缴所得税

【实验资料】

2022 年 1 月 31 日，查询 1 月份扣缴个人所得税报表。

【实验过程】

（1）在 U8 企业应用平台，单击"业务工作→人力资源→薪资管理→业务处理→扣缴所得税"菜单，打开"个人所得税申报模板"对话框。单击报表类型"扣缴个人所得税报表"，如图 6-9 所示。

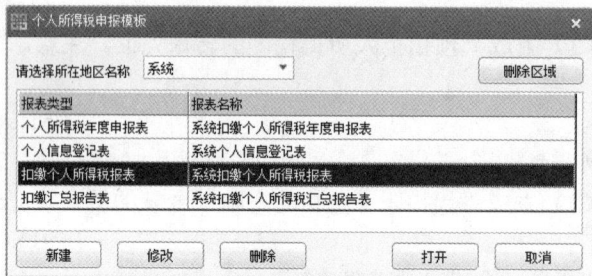

图 6-9 "个人所得税申报模板"对话框

（2）单击"打开"按钮，打开"所得税申报"对话框，单击"确定"按钮，打开系统扣缴个人所得税报表，如图 6-10 所示。退出该窗口。

【提示】

可将扣缴个人所得税报表输出，另存为 Excel 格式，结合申报软件完成纳税申报工作。根据个人所得税法律制度的规定，居民个人取得综合所得，按年计算个人所得税；有扣缴义务人的，由扣缴义务人按月或者按次扣缴预缴税款；需要办理汇算清缴的，应当在取得所得的次年 3 月 1 日至 6 月 30 日内办理汇算清缴。按月预扣预缴时的系统处理方法如下：①直接在总账系统填制记账凭证；②通过常用凭证处理；③通过自定义转账或对应结转处理；④通过薪资管理的工资分摊处理。

系统扣缴个人所得税报表
2022年1月 – 2022年1月
总人数: 14

序号	纳税义务人姓名	所得期间	收入额	应纳税所得额	税率	应扣税额	已扣税额	备注
1	李枠楠	1	12900.00	4977.50	3	149.33	149.33	
2	刘颖华	1	8400.00	433.69	3	13.01	13.01	
3	冯艳琪	1	9000.00	1077.50	3	32.33	32.33	
4	赵子晨	1	9800.00	1877.50	3	56.33	56.33	
5	徐日强	1	8450.00	276.08	3	8.28	8.28	
6	孙春棚	1	8500.00	577.50	3	17.33	17.33	
7	陈惠民	1	8300.00	377.50	3	11.33	11.33	
8	张绍阳	1	8500.00	372.74	3	11.18	11.18	
9	马飞雪	1	8300.00	296.55	3	8.90	8.90	
10	王健荣	1	10800.00	2229.88	3	66.90	66.90	
11	张博文	1	9050.00	1127.50	3	33.83	33.83	
12	马浩男	1	8500.00	241.78	3	7.25	7.25	
13	纪超岩	1	10000.00	2077.50	3	62.33	62.33	
14	胡海燕	1	9200.00	1104.17	3	33.13	33.13	
合计			129700.00	17047.39		511.46	511.46	

图 6-10 系统扣缴个人所得税报表

6.2.4　银行代发

【实验资料】

2022 年 1 月 31 日，查询 1 月份银行代发一览表。

【实验过程】

（1）在 U8 企业应用平台，单击"业务工作→人力资源→薪资管理→业务处理→银行代发"菜单，打开"请选择部门范围"对话框。选中所有部门，单击"确定"按钮，打开"银行文件格式设置"对话框，从"银行模板"下拉列表框中选择"交通银行"，将"账号"的"总长度"修改为 19，如图 6-11 所示。

银行代发

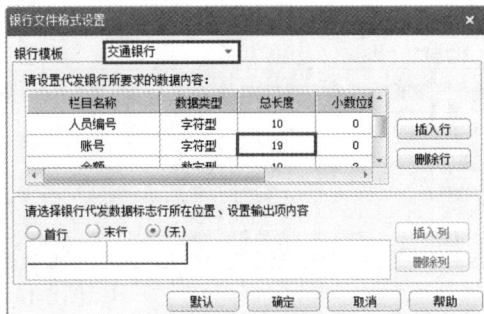

图 6-11　"银行文件格式设置"对话框

（2）单击"确定"按钮，系统提示"确认设置的银行文件格式？"，单击"是"按钮，打开"银行代发一览表"窗口，如图 6-12 所示。关闭该窗口。

银行代发一览表

名称：交通银行　　　　　　　　　　　　　　　　　　　　　人数：14

单位编号	人员编号	账号	金额	录入日期
1234934325	A01	6235276982682060821	11820.00	20220131
1234934325	A02	6235276982682060822	7420.00	20220131
1234934325	C01	6235276982682060834	8040.00	20220131
1234934325	G01	6235276982682060826	8820.00	20220131
1234934325	G02	6235276982682060827	7260.00	20220131
1234934325	S11	6235276982682060830	7560.00	20220131
1234934325	S12	6235276982682060831	7360.00	20220131
1234934325	S21	6235276982682060832	7360.00	20220131
1234934325	S22	6235276982682060833	7280.00	20220131
1234934325	W01	6235276982682060823	9160.00	20220131
1234934325	W02	6235276982682060824	8090.00	20220131
1234934325	W03	6235276982682060825	7230.00	20220131
1234934325	X01	6235276982682060828	9010.00	20220131
1234934325	X02	6235276982682060829	8070.00	20220131
合计			114,480.00	

图 6-12　银行代发一览表

【提示】

银行代发一览表也可输出。现金发放人员不进行银行代发。银行代发工资时的系统处理方法同扣缴个人所得税的处理方法。

6.3 ｜ 查询与分析

6.3.1　账表查询

薪资管理系统
账表查询

【实验资料】

（1）查询一级部门工资汇总表。

（2）查询 1 月份的分类统计表。

【实验过程】

（1）在 U8 企业应用平台，单击"业务工作→人力资源→薪资管理→账表→工资表"菜单，打开"工资表"窗口。单击"部门工资汇总表"，再单击"查看"按钮，弹出"部门工资汇总表"对话框，选中所有部门，单击"确定"按钮，取消勾选"二级部门"，再单击"确定"按钮，打开"部门工资汇总表"窗口，如图 6-13 所示。

部门工资汇总表
2022 年 1 月

会计月份 一月 ▼

部门	人数	应发合计	基本工资	岗位工资	奖金	交通补贴	职务津贴	加班津贴	病假扣款	事假扣款	个人养老保险	个人医疗保险	个人失业保险	个人住房公积金
行政部	2	21,300.00	11,800.00	1,600.00	5,600.00	600.00	1,700.00		43.81		720.00	180.00	45.00	900.00
财务部	3	28,350.00	14,000.00	2,400.00	8,400.00	900.00	2,450.00	200.00		983.34	1,080.00	270.00	67.50	1,350.00
采购部	2	18,250.00	8,900.00	800.00	5,600.00	1,000.00	1,650.00	300.00	251.42		720.00	180.00	45.00	900.00
销售部	2	19,200.00	9,500.00	1,200.00	5,600.00	1,000.00	1,600.00	300.00	49.52	123.81	720.00	180.00	45.00	900.00
生产部	4	33,600.00	15,450.00	1,600.00	11,200.00	2,000.00	3,350.00		80.95	204.76	1,440.00	360.00	90.00	1,800.00
仓储部	1	9,000.00	3,750.00	800.00	2,800.00	300.00	850.00	500.00			360.00	90.00	22.50	450.00
合计	14	129,700.00	63,400.00	8,400.00	39,200.00	5,800.00	11,600.00	1,300.00	425.70	1,311.91	5,040.00	1,260.00	315.00	6,300.00

图 6-13   一级部门工资汇总表

（2）在薪资管理系统，单击"账表→工资分析表"菜单，打开"工资分析表"对话框，在分析表列表中选中"分类统计表（按月）"，如图 6-14 所示。单击"确定"按钮，打开"分析表选项"对话框，分析项目选择"应发合计"，单击"确定"按钮，结果如图 6-15 所示。

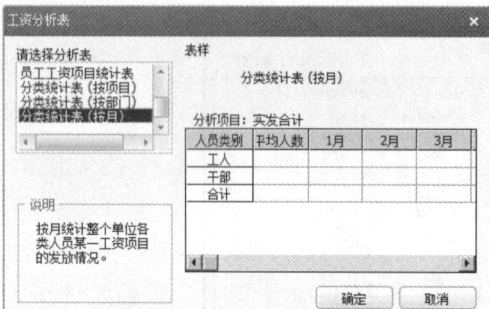

图 6-14　工资分析表

分类统计表（按月）

分析项目：应发合计

人员类别	平均人数	1 月	月人均	年度合计	年度人均
合同工					
实习生					
企业管理人员	6	58,650.00	9,775.00	58,650.00	9,775.00
采购人员	2	18,250.00	9,125.00	18,250.00	9,125.00
销售人员	2	19,200.00	9,600.00	19,200.00	9,600.00
车间管理人员	2	17,000.00	8,500.00	17,000.00	8,500.00
生产人员	2	16,600.00	8,300.00	16,600.00	8,300.00
合计	14	129,700.00	9,264.29	129,700.00	9,264.29

图 6-15　1 月份分类统计表

6.3.2　凭证查询

【实验资料】

查询 1 月份薪资管理系统生成的所有记账凭证。

【实验过程】

在 U8 企业应用平台，单击"业务工作→人力资源→薪资管理→凭证查询→凭证查询"菜单，弹出"凭证查询条件"对话框，单击"确定"按钮，打开"凭证查询"窗口，如图 6-16 所示。

凭证查询

业务日期	业务类型	业务号	制单人	凭证日期	凭证号	标志
2022-01-31	计提工资	1	张博文	2022-01-31	转-9	未审核
2022-01-31	预扣个人所得税	2	张博文	2022-01-31	转-10	未审核
2022-01-31	代扣职工负担的三险一金	3	张博文	2022-01-31	转-11	未审核
2022-01-31	计提企业负担的四险一金	4	张博文	2022-01-31	转-12	未审核

薪资管理系统
凭证查询

图 6-16　凭证查询

第7章 | 采购业务

7.1 | 概述

供应链管理系统的采购业务具有单据多、系统多、岗位多以及处理流程复杂等特点。参与采购业务处理的岗位有采购管理系统操作员、库存管理系统操作员、存货核算系统以及应付款管理系统操作员，其中，后两个岗位一般由一人完成。采购业务常用单据如表7-1所示。

采购管理系统各单据的表头均有"业务类型"栏，且为必输栏。系统提供5种业务类型：普通采购、代管采购、直运采购、固定资产和受托代销，本章只涉及"普通采购"业务类型。围绕表7-1所列单据，普通采购业务主要包含以下业务处理环节。

表 7-1　　采购业务常用单据

序号	单据名称	处理系统	操作员
1	采购订单	采购管理	G01 赵子晨
2	到货单	采购管理	G01 赵子晨
3	退货单	采购管理	G01 赵子晨
4	到货拒收单	采购管理	G01 赵子晨
5	采购入库单	库存管理	C01 冯艳琪
6	采购专用发票	采购管理	G01 赵子晨
7	其他应付单	应付款管理	W02 张博文
8	采购结算单	采购管理	G01 赵子晨
9	收付款单	应付款管理	W03 马浩男
10	商业汇票	应付款管理	W03 马浩男

1. 采购订货

企业与供应商之间为了达成货物交易，通常需要签订购销合同，以明确双方的权利、义务。在供应链管理系统，根据购销合同填制采购订单。除此以外，采购订单还有以下几种取得方式：①参照请购单、销售订单等生成；②批量生单；③齐套生单；④配额生单。已审核未关闭的采购订单可以参照生成采购到货单、入库单、采购发票等。

2. 采购到货

采购到货是采购订货和采购入库的中间环节。此时，参照采购订单生成到货单。已审核的到货单可以参照生成退货单、到货拒收单和采购入库单。系统提供根据采购订单批量生成到货单的功能。

3. 采购退货

对于入库后的退货业务，需生成采购退货单。采购退货单是到货单的红字单据，它可参照采购订单、原到货单生成。已审核的采购退货单可以参照生成负向的采购入库单。

4. 到货拒收

对于已到货但尚未入库的商品，如果质检出不合格品，可通过到货拒收单处理。到货拒收单只能参照已审核的到货单生成。一张到货单允许进行多次拒收处理。如果在到货时能够直接确定是否拒收，则可将拒收数量填入到货单的"拒收数量"栏，参照到货单的拒收数量生成到货拒收单；如果不能够确定是否拒收，则不录入拒收数量，参照到货单（到货数量-已入库数量）生成到货拒收单。

5. 采购入库

对于质检合格的货物，应办理入库手续。采购入库单参照到货单签收的实收数量生成，它可以参照生成采购专用发票。对于入库后的退货业务，可参照采购退货单生成负向的采购入库单。

6. 采购发票

供应商应根据合同约定开具增值税专用发票，它是确认采购成本的直接依据，也是支付货款的直接依据。采购发票可以参照采购订单、采购入库单生成，也可以拷贝其他采购发票生成。系统提供根据采购入库单批量生成采购发票的功能。采购专用发票保存后自动传递至应付款管理系统，并在应付款管理系统审核。

根据现行的增值税政策，交通运输业执行9%的税率，开具增值税专用发票。此时，系统中的"运费发票"功能不可用，应使用采购专用发票处理运费业务。若运输劳务由货物供应商同时提供，则填制发票时，表头的"供应商""代垫单位"均为货物供应商。若运输劳务由第三方运输单位提供，则填制发票时，表头的"供应商""代垫单位"均为运输单位。若运输劳务由第三方运输单位提供，但是合同约定由货物供应商先行垫付，则填制发票时，"供应商"填运输单位，"代垫单位"填货物供应商。

7. 其他应付单

除采购发票外，非采购业务形成的应付账款均通过其他应付单处理。销售管理系统的销售费用支出单的"单据流向"可以是其他应付单。其他应付单实质上是一张记账凭证，表头反映贷方信息，表体反映借方信息。

借：××××（表体项目中的"科目"）

　　贷：应付款管理系统受控科目（表头项目中的"科目"，必须是受控科目）

若其他应付单表体信息不输入，则保存单据时，系统会自动形成一条方向相反、金额相等的记录，但该记录可修改。

采购发票和其他应付单统称为应付单据，均在应付款管理系统审核。已审核的应付单据不允许修改或删除。不能在已结账月份进行审核处理或弃审处理。应付单据的后续处理，如制单处理、核销处理、选择付款、转账处理等，都是基于该单据已经审核。也就是说，如果应付单据未经审核，则这些后续操作都不能做。

如果已审核的应付单据已做过前述后续处理，则该应付单据不能弃审、修改和删除。但是，系统对所有的处理都提供了逆向操作功能，只有通过逆向操作把后续处理全部取消，该应付单据才可弃审、修改和删除。

8. 采购结算

采购结算也称采购报账，是采购业务中十分重要的环节，是指采购核算人员根据采购发票、采购入库单核算采购入库成本的过程。这里的采购结算与采购付款无关。

如果没有完成采购期初记账，则不能进行采购结算。月末结账后，将不能再进行该月的采购结算处理，只能在下个月做。如果采购结算确实应在已结账月份处理，那么应先取消该月的月末结账，然后做采购结算。采购结算不限制业务发生日期，可以进行跨月采购结算。

采购结算的结果是生成采购结算单。删除采购结算单能够实现取消采购结算的操作，但是以下两种情况不允许取消结算：①结算的采购入库单已在存货核算系统记账；②先暂估再结算的入库单，已在存货核算系统做结算成本处理。

（1）发票、商品是否在同一个月收到

① 采购发票和商品在同一个月收到。若发票数量等于入库单数量，且没有应税劳务发生，则采购发票可参照入库单生成，此时可直接单击采购发票工具栏的"结算"按钮，完成采购结算。

若发票数量不等于入库单数量，则采购发票参照采购订单生成，此时应到"采购结算"菜单下进行手工结算。如果同时还有应税劳务发生，则手工结算前也应先进行费用分摊处理。

② 本月收到商品，下月收到发票。本月收到商品时做暂估入库处理，下月收到发票时，进

行结算成本处理，根据系统参数设置情况，可进行月初回冲、单到回冲或单到补差（本书采用）处理。

月初回冲。暂估入库月份的下月，存货核算系统自动生成与暂估的采购入库单相同，但方向相反的"红字回冲单"，将其生成记账凭证。收到增值税专用发票后，参照生成采购发票，并与暂估的采购入库单进行采购结算。到存货核算系统进行结算成本处理，自动生成"蓝字回冲单"，将其生成记账凭证。

单到回冲。暂估入库月份的下月不做处理。收到增值税专用发票后，参照生成采购发票，并与暂估的采购入库单进行采购结算。到应付款管理系统审核发票后对其制单处理。到存货核算系统进行结算成本处理，自动生成"红字回冲单""蓝字回冲单"，将其生成记账凭证。

单到补差。暂估入库月份的下月不做处理。收到增值税专用发票后，参照生成采购发票，并与暂估的采购入库单进行采购结算。到应付款管理系统审核发票后对其制单处理。到存货核算系统进行"结算成本处理"，自动生成"入库调整单"（如果发票金额与暂估金额相等，则不生成入库调整单，但结算成本处理应正常做），将其生成记账凭证。

③ 本月收到发票，下月收到商品。本月先对采购发票进行审核、制单，即做在途物资处理。下月收到商品时进行正常的手工采购结算即可。

（2）应税劳务的处理

如果收到货物采购发票的同时，收到应税劳务（如运输费）的采购发票，则在手工采购结算前先进行费用分摊处理。

应税劳务的采购发票也可以单独进行费用折扣结算。该发票可以与已结算、未结算或部分结算的入库单同时结算，也可以与存货直接结算。可以将一张或多张应税劳务发票分摊到多个仓库多张入库单的多个存货上。一张入库单可以多次分摊应税劳务。

（3）发票数量不等于入库单数量的处理

企业购进货物在运输途中发生的短缺或溢余，应分别情况进行处理。

发生的溢余按不含税的价款记入"待处理财产损溢"科目的贷方，查明原因后进行转销，此时待处理财产溢余的处理一般不考虑增值税的问题。

发生的短缺和毁损，即发票数量大于入库单数量。应根据造成短缺或毁损的原因分别处理，不能全部计入外购材料的采购成本。对于定额内的合理损耗，计入材料的采购成本。对于非合理损耗，进一步分以下两种情况。

① 能确定由供应单位、运输单位、保险公司或其他过失人赔偿的，应向有关单位或责任人索赔，自"在途物资"科目转入"应付账款"或"其他应收款"科目。

② 尚待查明原因和需要报经批准才能转销处理的损失，应将损失从"在途物资"科目转入"待处理财产损溢"科目，查明原因后再分别处理。

a．供货单位少发货。此时，只对实收部分的存货进行采购结算。少发货部分的发票金额做在途物资处理，待实际收到少发部分的存货，再进行采购结算。

b．属于自然灾害或意外事故造成的损失，应按扣除残料价值和保险公司赔偿后的净损失，从"待处理财产损溢"科目转入"营业外支出——非常损失"科目。

c．应由运输单位、保险公司或其他过失人负责赔偿的，将损失从"待处理财产损溢"科目转入"其他应收款"科目。

d．属于无法收回的其他损失，报经批准后，将其从"待处理财产损溢"科目转入"管理费用"科目。

在上述 c 和 d 两种情况下，短缺和毁损的材料所负担的增值税进项税额随同"待处理财产损溢"科目一并转入对方科目。

9. 正常单据记账

正常单据记账是指将采购入库单等单据的存货信息登记到存货明细账。如果单据没有记账，则不能进行后续的生成凭证处理。

入库成本按入库单上的单价、金额记账。当入库单没有成本时，系统将根据存货核算系统选项中"入库单成本选择"的设置方式处理：如果选择"手工输入"（本书即采用这种设置方式），则系统将不允许记账；如果选择其他方式，如"上次入库成本"，则系统将参照上次入库成本记账。如果记账前采购入库单已部分结算，则该采购入库单将分为结算和暂估两部分记入明细账。

10. 生成凭证

"生成凭证"是存货核算系统专门制作记账凭证的平台。对本月已记账单据生成记账凭证，所生成凭证自动传递至总账系统。一张单据只有所有要核算成本的记录全部记账且金额不为空时，才能生成凭证。

涉及非合理损耗业务的采购发票，在应付款管理系统审核凭证，但不在应付款管理系统制单。到存货核算系统制单，勾选"已结算采购入库单自动选择全部结算单上单据，包括入库单、发票、付款单，非本月采购入库按蓝字报销单制单"选项，通过采购结算单生成凭证。

如果在"存货核算→科目设置"下没有设置存货科目和对方科目，则所生成的凭证没有科目和辅助项信息。此时，需手工录入科目、辅助项信息，否则系统将不允许保存凭证。

11. 支付货款

（1）收到发票同时支付货款

若在收到发票的同时支付货款（商业汇票除外），则可以直接单击采购发票工具栏的"现付"按钮，完成款项支付。该功能支持全额现付和部分现付。"现付"自动生成未审核、未核销的付款单，现付的发票审核后自动完成核销处理。已审核的发票不能再进行现付处理。

普通采购业务中的"现付"与"采购结算"之间没有先后顺序。但是，在受托代销业务中必须先"受托代销结算"才可以"现付"。

（2）支付前欠货款——付款单

如果支付前欠货款（商业汇票除外），则到应付款管理系统的"付款单据录入"或"选择付款"中处理。如果启用了付款申请业务，则单击工具栏的"生单"按钮可参照生成付款单。

系统通过付款单表体的款项类型来区分不同的款项用途：应付款、预付款、其他费用。不同款项类型的后续业务处理不尽相同。若一张付款单具有不同的用途款项，则应在表体分行处理。3种款项类型的用途如下。

a. 应付款，该类型的付款单用于冲销应付账款，表体对应的科目为受控科目。

b. 预付款，该类型的付款单用于形成预付账款，表体对应的科目为受控科目。

c. 其他费用，该类型的付款单表体对应的科目为非受控科目。

付款单审核即对付款单据登记应付明细账，并在单据上填写审核日期、审核人的过程。系统将单据日期作为审核日期，将当前操作员作为审核人。系统提供 3 种审核方式：自动批审、批量审核、单张审核。付款单审核后才能进行后续处理，如核销、红票对冲等。

只有款项类型为"应付款"和"预付款"的付款单才可以与采购发票、其他应付单进行核销处理。

应付、预付用途的收款单可与应付、预付用途的付款单进行"红票对冲"操作。

应付、预付用途的收款单可与应付、预付用途的付款单或红字应付单据进行核销操作。

如果付款单已做过后续处理，如审核、制单、核销、预付冲应付、红票对冲等，则该付款单不能修改或删除。但是，系统对所有的处理都提供了逆向操作功能，只有通过逆向操作把后续处理全部取消，该付款单才可修改或删除。

（3）支付前欠货款——选择付款

选择付款功能可以一次对单个或多个供应商的单笔或多笔款项进行付款核销处理。选择付款后系统自动生成已审核、已核销的付款单，该付款单的制单人、审核人和核销人均为同一人。该功能也可以处理有现金折扣的付款业务。如果只支付某单据的部分金额，则可手工输入"付款金额"。

（4）商业汇票

不管是在收到发票的同时支付货款，还是偿还前欠货款，凡是通过商业汇票付款的，都必须到应付款管理系统的"票据管理"中处理。

① 出票。如果应付款管理系统参数选择"应付票据直接生成付款单"，则商业汇票保存完毕，系统自动生成一张未审核、未核销付款单，可对该付款单进行后续处理。该付款单的后续处理与手工填制的付款单相同。如果启用付款申请业务，则在票据录入界面，单击"生单"按钮，参照已经审核的付款申请单生成票据。如果商业汇票出票作为预付款，则保存票据后到"付款单据录入"中，找到该汇票自动生成的付款单，将表体的"款项类型"改为"预付款"即可。

② 计息。对于带息商业汇票，通过"计息"功能自动计算票据利息，计算结果可修改。计息日期应大于已经结账月，小于等于当前业务月日期。

③ 结算。这里的"结算"是指商业汇票到期日，付款人向持票人支付票款的行为。在票据列表界面或票据填制界面，单击"删除"或"修改"按钮，可对商业汇票进行修改或删除。但以下几种情况不能修改或删除：a. 票据自动生成的付款单已经进行核销、转账等后续处理；b. 出票日期所在月份已经结账的票据；c. 已经进行计息、结算、转出等处理的票据。

12. 核销处理

通过核销功能可将付款单与发票或应付单相关联，冲减本期应付，减少企业债务。款项类型为应付款或预付款的付款单均可进行核销。未审核的或者原币余额为零的单据记录均不显示在收付款单、被核销单据列表中。红字单据整条记录金额、余额均以正数显示，单据类型为收款单。

若付款单数额等于原有单据数额，则付款单与原有单据完全核销。若付款单数额大于原有单据数额，则部分核销原有单据，部分形成预付款。若付款单数额小于原有单据数额，则原有单据仅得到部分核销。

13. 转账处理

（1）应付冲应付

应付冲应付也称并账，是指将应付款在供应商、部门、业务员、项目和合同之间进行转移，实现应付业务的调整。以下情况可能需要使用该功能：①操作性错误。如所填制的应付单据供应商选择错误且无法修改。②实际工作需要。如债权债务转移、部门合并、分管某供应商的业务员离职等。每一笔应付款的并账金额应大于0，小于等于其原币余额。

（2）预付冲应付

预付冲应付就是将预付款与应付款进行勾对。每一笔预付款、应付款的转账金额不能大于其自身余额。预付款的转账金额合计应等于应付款的转账金额合计，且不能超过两者金额的较小者。红字预付款也可冲销红字应付款，此时"预付款"选项卡中的"类型"应为收款单。蓝字预付款冲销蓝字应付款与红字预付款冲销红字应付款不能同时进行。预付款与应付款之间也可通过"核销"进行勾对。

（3）红票对冲

红票对冲就是用某供应商的红字发票与其蓝字发票进行冲抵。系统提供两种对冲方式：手工对冲和自动对冲。如果红字单据中有对应单据号，则可使用自动对冲，否则应使用手工对冲。

对冲金额合计不能大于红票金额。红票对冲同样应遵循核销规则。

14. 制单处理

"制单处理"是应付款管理系统专门制作记账凭证的平台，包括以下 11 种制单类型：发票制单、应付单制单、收付款单制单、核销制单、票据处理制单、汇兑损益制单、应付冲应付制单、预付冲应付制单、应付冲应收制单、红票对冲制单、现结制单。

系统默认将登录日期作为制单日期。制单日期应大于等于所选单据的最大日期，但小于等于系统当前日期。如果应付款管理系统与总账系统集成使用，则制单日期应该满足总账制单要求。

15. 取消操作

以下 8 种操作类型可以取消：核销、选择付款、汇兑损益、票据处理、应付冲应付、应付冲应收、预付冲应付和红票对冲。如果某操作类型已经制单处理，则在取消操作前，应先到"单据查询→凭证查询"中将该记账凭证删除，再进行取消操作。如果取消选择付款，则核销处理被自动取消，同时选择付款生成的付款单也一并删除，应付单据恢复原状。以下情况不允许取消票据处理。①票据日期所在月份已经结账。②票据计息和票据结算后又进行了其他处理。③票据转出后生成的应付单已经进行了核销等处理。如果转账处理（应付冲应付、预付冲应付等）发生月份已经结账，则不能被恢复。

本章总体框架如图 7-1 所示。

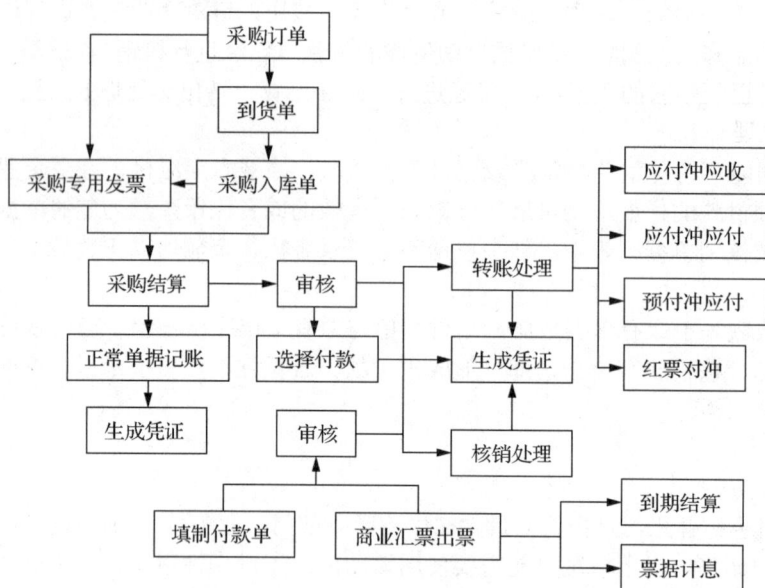

图 7-1　本章总体框架

7.2

日常采购业务

7.2.1　典型采购业务

【实验资料】

2022 年 1 月 1 日，采购部赵子晨与北京吉祥签订购销合同（合同编号：CG01001），采购天然橡胶 2 000 千克，单价 11.85 元/千克，采购硫化剂 500 千克，单价 15.6 元/千克，全部货物价税合计 35 595 元。合同约定 1 月 2 日钱货两清。

2022 年 1 月 2 日，收到北京吉祥发来的货物（入库单号：RKA01001）及增值税专用发票（票号：17510682），货物经验收合格全部入库。当日，经采购部赵子晨申请，支付北京吉祥货款 35 595元，结算方式为电汇（票据号：31265602）。

【实验过程】

1. 填制采购订单

2022 年 1 月 1 日，由赵子晨（G01）登录企业应用平台。在采购管理系统，根据实验资料填制采购订单，结果如图 7-2 所示。

说明：为了完整显示关键信息，本书对部分单据或窗口的单元格所在列进行了隐藏。下同。

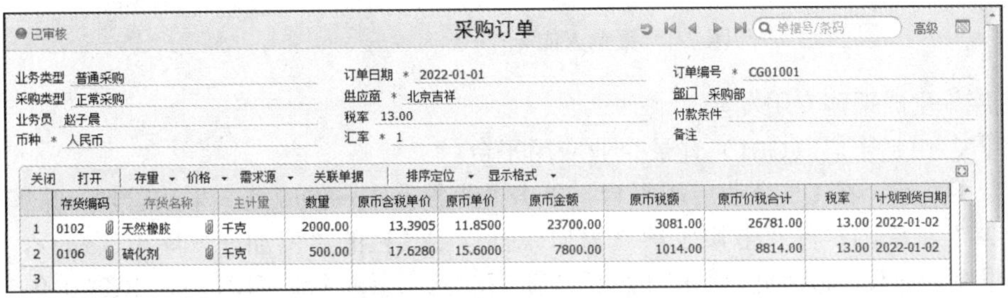

图 7-2 采购订单

2. 参照采购订单生成到货单

2022 年 1 月 2 日，由赵子晨（G01）登录企业应用平台。在 U8 企业应用平台，单击"业务工作→供应链→采购管理→采购到货→到货单"菜单，打开"到货单"窗口。执行工具栏的"增加→采购订单"命令，打开"查询条件-单据列表过滤"对话框，单击"确定"按钮，打开"拷贝并执行"窗口。勾选"到货单拷贝订单表头列表"中 CG01001 号订单最左侧的"选择"栏。单击"确定"按钮，系统返回"到货单"窗口，生成一张到货单。单击工具栏的"保存"按钮，再单击工具栏的"审核"按钮，结果如图 7-3 所示。

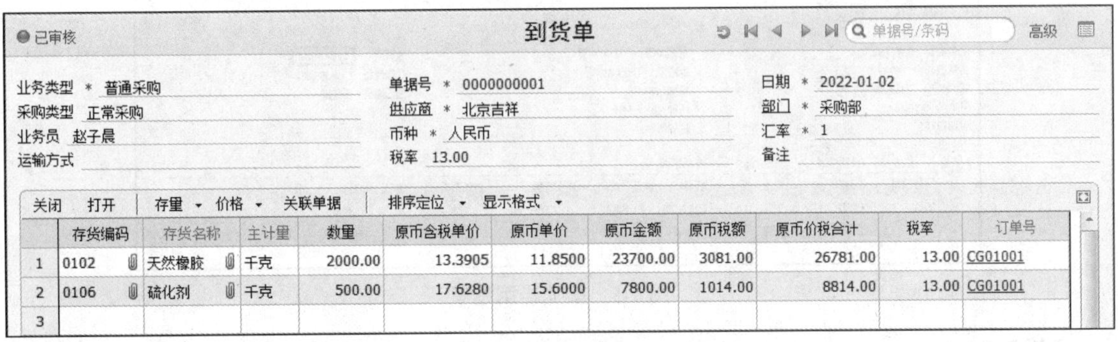

图 7-3 到货单

3. 参照到货单生成采购入库单

2022 年 1 月 2 日，由冯艳琪（C01）登录企业应用平台。在 U8 企业应用平台，单击"业务工作→供应链→库存管理→采购入库→采购入库单"菜单，打开"采购入库单"窗口。执行工具栏的"增加→采购→采购到货单"命令，打开"查询条件-采购到货单列表"对话框，单击"确定"按钮，打开"到货单生单列表"窗口。单击上一步所生成到货单对应的"选择"栏。单击工具栏的"确定"按钮，系统返回"采购入库单"窗口。根据实验资料，将采购入库单表头的"入库单号"修改为"RKA01001"，"仓库"选择"原材料仓"，其他项默认。单击工具栏的"保存"按钮，再单击"审核"按钮，系统提示"该单据审核成功！"，单击"确定"按钮，结果如图 7-4 所示。

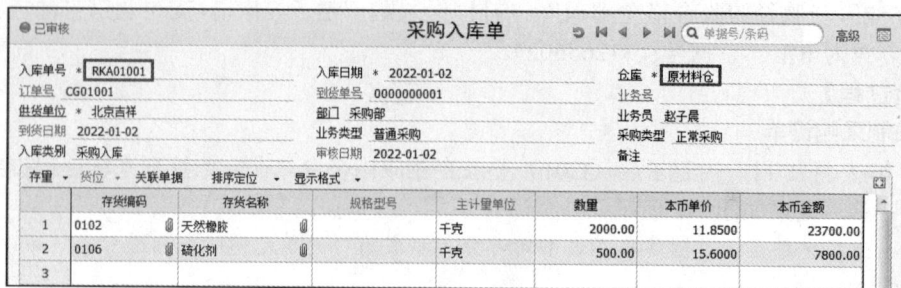

图 7-4　采购入库单

4. 参照采购入库单生成采购专用发票

2022 年 1 月 2 日，由赵子晨（G01）登录企业应用平台。

（1）生成采购专用发票。在 U8 企业应用平台，单击"业务工作→供应链→采购管理→采购发票→专用采购发票"菜单，打开"专用发票"窗口。执行工具栏的"增加→入库单"命令，打开"查询条件-单据列表过滤"对话框，单击"确定"按钮。在"拷贝并执行"窗口，单击 RKA01001 号入库单对应的"选择"栏，再单击工具栏的"确定"按钮，返回"专用发票"窗口。根据实验资料，在表头的"发票号"处填入"17510682"，其他项默认，依次单击工具栏的"保存""复核"按钮。

（2）现付。单击工具栏的"现付"按钮，打开"采购现付"对话框。根据实验资料，"结算方式"选择"电汇"，在"原币金额"栏输入"35595"，"票据号"栏输入"31265602"。单击"确定"按钮，返回"专用发票"窗口。

（3）结算。在"专用发票"窗口，单击工具栏的"结算"按钮，完成采购结算处理。结果如图 7-5 所示。

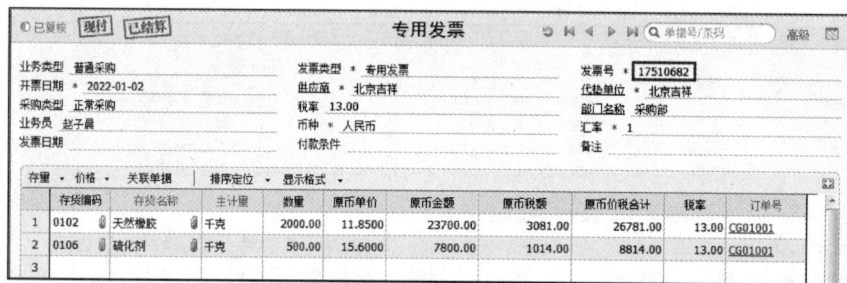

图 7-5　采购专用发票

【提示】

在普通采购业务中，采购专用发票工具栏"复核""现付""结算"之间的关系为：①现付可以在复核前或复核后、结算前或结算后进行；②采购专用发票必须先复核，才可以结算；③现付、结算为非必要环节，而复核是必要环节。采购专用发票必须进行复核，才能到应付款管理系统进一步审核、生成凭证等。

5. 采购发票审核，生成凭证

2022 年 1 月 2 日，由张博文（W02）登录企业应用平台。

（1）采购发票审核。在 U8 企业应用平台，单击"业务工作→财务会计→应付款管理→应付处理→采购发票→采购发票审核"菜单，打开"采购发票审核"窗口。单击工具栏的"查询"

按钮，弹出"查询条件-发票查询"对话框，单击"确定"按钮。单击 17510682 号发票对应的"选择"栏，再单击工具栏的"审核"按钮。关闭当前窗口。

（2）生成凭证。在应付款管理系统，对 17510682 号采购专用发票进行制单处理，生成一张付款凭证，保存该记账凭证后退出当前窗口。

借：在途物资　　　　　　　　　　　　　　　　　　　　　　　　　　31 500.00
　　应交税费/应交增值税/进项税额　　　　　　　　　　　　　　　　　4 095.00
　　贷：银行存款/交通银行/锦州古塔支行/基本户　　　　　　　　　　　　35 595.00

6. 正常单据记账，生成凭证

（1）正常单据记账。在存货核算系统，单击"记账→正常单据记账"菜单，打开"未记账单据一览表"窗口，单击工具栏的"查询"按钮，打开"查询条件"对话框，单击"确定"按钮，系统显示正常单据记账列表。单击 RKA01001 号入库单两行记录的"选择"栏，再单击工具栏的"记账"按钮，系统提示记账成功，单击"确定"按钮。关闭当前窗口。

（2）生成凭证。在存货核算系统，单击"凭证处理→生成凭证"菜单，打开"生成凭证"窗口。单击工具栏的"选单"按钮，弹出"查询条件-生成凭证查询条件"对话框，单击"确定"按钮，打开"选择单据"窗口。单击工具栏的"全选"按钮，再单击"确定"按钮，系统自动关闭"选择单据"窗口并返回"生成凭证"窗口。将"凭证类别"改为"转账凭证"，单击工具栏的"合并制单"按钮，打开"填制凭证"窗口。单击工具栏的"保存"按钮，生成记账凭证。

借：原材料　　　　　　　　　　　　　　　　　　　　　　　　　　　31 500.00
　　贷：在途物资　　　　　　　　　　　　　　　　　　　　　　　　　31 500.00

7.2.2　分批次入库且买方承担运费的采购业务

【实验资料】

2022 年 1 月 2 日，采购部赵子晨与湖北蓝星签订购销合同（合同编号：CG01002），采购防焦剂 600 千克，单价 23.5 元/千克，采购芳烃油 800 千克，单价 8.5 元/千克，全部货物价税合计 23 617 元。合同约定分两批发货，当天发出两种货物的 60%，第二天发出两种货物的 40%，买方承担运输费。当日收到第一批货物并全部办理入库（入库单号：RKA01002）。

2022 年 1 月 3 日，收到湖北蓝星发来的第二批货物及两张增值税专用发票，货物经验收合格全部入库（入库单号：RKA01003）。其中，货物专用发票的含税金额为 23 617 元（票号：27721104），锦州顺通开具的运输费用专用发票显示运输数量 1 750 千米，不含税单价 2 元/千米，价税合计 3 815 元（票号：65972813）。

2022 年 1 月 4 日，经采购部赵子晨申请，支付湖北蓝星本月货款及上月欠款 48 929 元，结算方式为电汇（票据号：31265603），支付锦州顺通运输费 3 815 元，结算方式为转账支票（票据号：36228705）。

【实验过程】

1. 填制采购订单

2022 年 1 月 2 日，由赵子晨（G01）登录企业应用平台。在采购管理系统，根据实验资料填制采购订单，其中表体信息应分行处理。填制完毕后保存并审核该采购订单，结果如图 7-6 所示。

2. 参照采购订单生成第一批货物的到货单

在采购管理系统，单击"采购到货→到货单"菜单，打开"到货单"窗口。执行工具栏的"增加→采购订单"命令，打开"查询条件-单据列表过滤"对话框，单击"确定"按钮，弹出"拷贝并执行"窗口。单击"到货单拷贝订单表头列表"CG01002 号订单的"选择"栏，然后取消勾选窗口下方的第 3 行、第 4 行。单击"确定"按钮，返回"到货单"窗口。单击工具栏的"保存"按钮，再单击"审核"按钮。

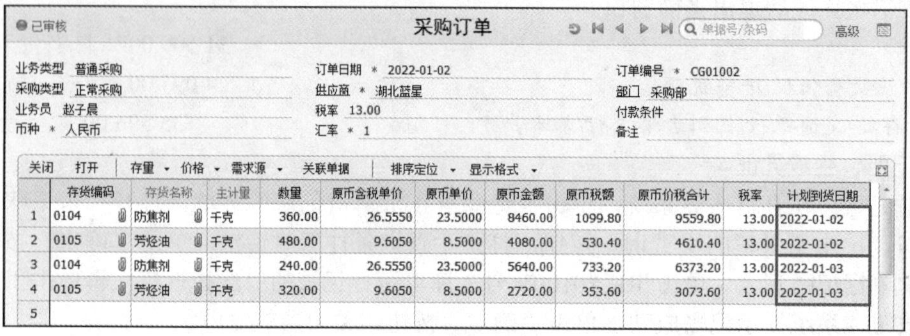

图 7-6　采购订单

分批次入库且买方承担运费的采购业务

3. 参照到货单生成第一批货物的采购入库单

2022 年 1 月 2 日，由冯艳琪（C01）登录企业应用平台。在库存管理系统，参照上一步生成的到货单生成采购入库单，将表头"入库单号"修改为"RKA01002"，"仓库"选择"原材料仓"，其他项默认。保存并审核该采购入库单。

4. 参照采购订单生成第二批货物的到货单

2022 年 1 月 3 日，由采购部赵子晨（G01）登录企业应用平台。在采购管理系统，参照 CG01002 号订单表体"计划到货日期"为"2022-01-03"的两行记录生成一张到货单。保存并审核该到货单。

5. 参照到货单生成第二批货物的采购入库单

2022 年 1 月 3 日，由冯艳琪（C01）登录企业应用平台。在库存管理系统，参照上一步生成的到货单生成采购入库单，将表头的"入库单号"修改为"RKA01003"，"仓库"选择"原材料仓"，其他项默认。保存并审核该采购入库单。

6. 参照采购入库单生成采购专用发票

2022 年 1 月 3 日，由赵子晨（G01）登录企业应用平台。在采购管理系统，单击"业务工作→供应链→采购管理→采购发票→专用采购发票"菜单，打开"专用发票"窗口。执行工具栏的"增加→入库单"命令，打开"查询条件-单据列表过滤"对话框，单击"确定"按钮。

在"拷贝并执行"窗口，单击 RKA01002、RKA01003 采购入库单对应的"选择"栏。再单击工具栏的"确定"按钮，返回"专用发票"窗口。根据实验资料，在表头"发票号"处填入"27721104"，其他项默认。单击工具栏的"保存""复核"按钮，结果如图 7-7 所示。

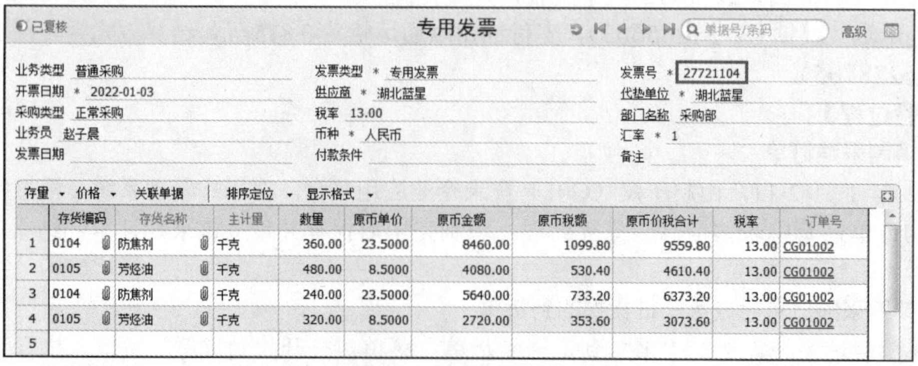

图 7-7　采购专用发票

7. 填制运费专用发票

在采购管理系统，单击"采购发票→采购专用发票"菜单，打开"专用发票"窗口。根据实验资料手工填制运输费的采购专用发票。填制完毕后保存并复核该发票，结果如图 7-8 所示。

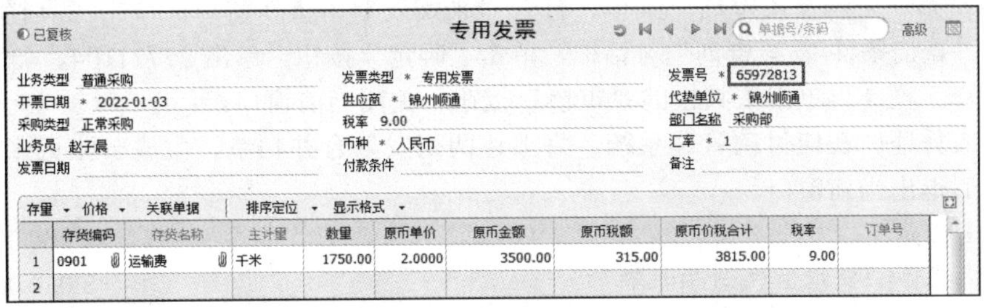

图 7-8　采购专用发票

8. 手工采购结算

在采购管理系统，单击"采购结算→手工结算"，打开"手工结算"窗口。单击工具栏的"选单"按钮，打开"结算选单"窗口。单击"查询"按钮，打开"查询条件-采购手工结算"对话框，单击"确定"按钮。选中本业务涉及的采购专用发票和采购入库单，如图 7-9 所示。单击"确定"按钮，返回"手工结算"窗口。

在"手工结算"窗口，费用分摊方式选择"按数量"，单击工具栏的"分摊"按钮，系统提示"选择按数量分摊，是否开始计算？"，单击"是"按钮，分摊费用完毕，结果如图 7-10 所示。单击"结算"按钮，系统提示"完成结算!"，单击"确定"按钮。

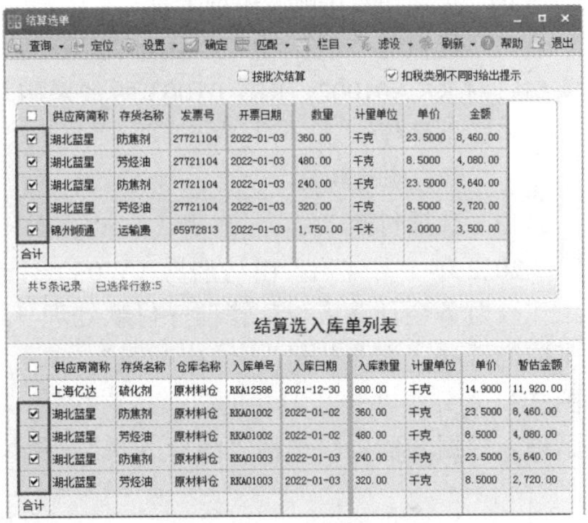

图 7-9　"结算选单"窗口

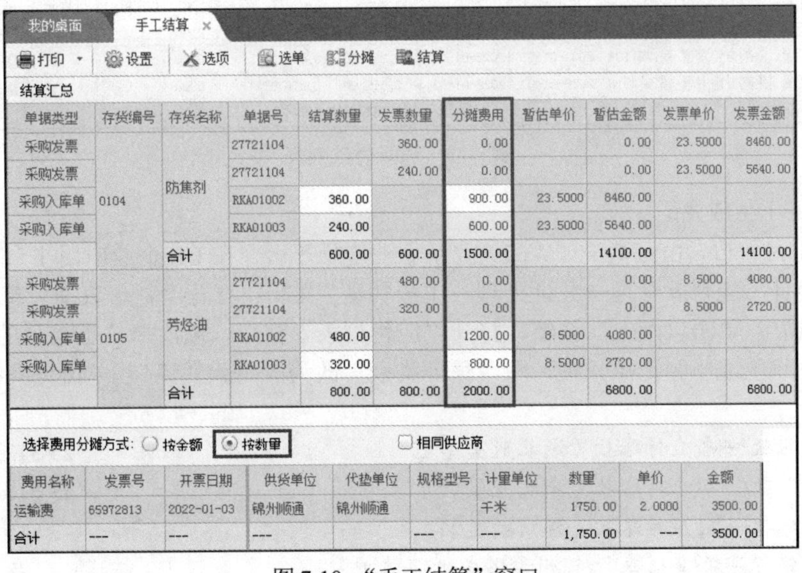

图 7-10　"手工结算"窗口

9. 采购发票审核，生成凭证

2022年1月3日，由张博文（W02）登录企业应用平台。

（1）采购发票审核。在U8企业应用平台，单击"业务工作→财务会计→应付款管理→应付处理→采购发票→采购发票审核"菜单，打开"采购发票审核"窗口。单击工具栏的"查询"按钮，弹出"查询条件-发票查询"对话框，单击"确定"按钮。单击27721104、65972813两张发票的"选择"栏，再单击工具栏的"审核"按钮。关闭当前窗口。

（2）生成凭证。在应付款管理系统，将上述两张发票合并制单，生成一张记账凭证，保存该记账凭证后退出当前窗口。

借：在途物资	24 400.00	
应交税费/应交增值税/进项税额	3 032.00	
贷：应付账款/一般应付账款（湖北蓝星）		23 617.00
应付账款/一般应付账款（锦州顺通）		3 815.00

10. 正常单据记账，生成凭证

在存货核算系统，对RKA01002、RKA01003两张采购入库单进行记账。记账完毕关闭当前窗口。对RKA01002、RKA01003两张采购入库单进行合并制单，生成一张转账凭证并保存。

借：原材料	24 400.00	
贷：在途物资		24 400.00

11. 选择付款

2022年1月4日，由马浩男（W03）登录企业应用平台。在U8企业应用平台，单击"业务工作→财务会计→应付款管理→付款处理→选择付款"菜单，打开"选择付款-条件"对话框，供应商选择"湖北蓝星""锦州顺通"。单击"确定"按钮，打开"选择付款-单据"对话框，如图7-11所示。单击工具栏的"全选"按钮，再单击"确认"按钮，打开"选择付款-付款单"对话框，根据实验资料选择"结算方式"、录入"票据号"，单击"确定"按钮。关闭当前窗口。

选择付款列表

付款总计

选择	供应商	单据类型	单据编号	单据日期	到期日	原币金额	原币余额	可享受折扣	本次折扣	付款金额	业务员	部门
	湖北蓝星	采购专用发票	27721103	2021-12-24	2021-12-24	25,312.00	25,312.00	0.00			赵子晨	采购部
	湖北蓝星	采购专用发票	27721104	2022-01-03	2022-01-03	23,617.00	23,617.00	0.00			赵子晨	采购部
	锦州顺通	采购专用发票	65972813	2022-01-03	2022-01-03	3,815.00	3,815.00	0.00			赵子晨	采购部
合计						52,744.00	52,744.00	0.00				

图7-11　选择付款列表

12.（合并）生成凭证

2022年1月4日，由张博文（W02）登录企业应用平台。在U8企业应用平台，单击"业务工作→财务会计→应付款管理→凭证处理→生成凭证"菜单，打开"制单查询"窗口，勾选"收付款单""核销"，单击"确定"按钮，打开"应付列表"窗口。依次单击工具栏的"合并""制单"按钮，系统生成一张记账凭证，将"凭证类别"改为"付款凭证"，单击工具栏的"保存"按钮。

借：应付账款/一般应付账款（湖北蓝星）	25 312.00	
应付账款/一般应付账款（湖北蓝星）	23 617.00	
应付账款/一般应付账款（锦州顺通）	3 815.00	
贷：银行存款/交通银行/锦州古塔支行/基本户		48 929.00
银行存款/交通银行/锦州古塔支行/基本户		3 815.00

7.2.3　分仓库入库且卖方垫付运费的采购业务

【实验资料】

2022 年 1 月 4 日，采购部徐日强与重庆中冠签订购销合同（合同编号：CG01003），采购软化剂 1000 千克，单价 5 元/千克，采购 235 型货车轮胎 300 套，单价 760 元/套，全部货物价税合计 263 290 元。合同约定由卖方垫付运输费。

当日，收到全部货物及两张增值税专用发票，货物全部验收合格入库（软化剂入库单号：RKA01004，235 型货车轮胎入库单号：RKA01005）。其中，货物专用发票的含税金额为 263 290 元（票号：52681296），锦州顺通开具的运输费专用发票显示运输数量 2 200 千米，不含税单价 2 元/千米，价税合计 4 796 元（票号：65972814）。运输费已由重庆中冠垫付。

2022 年 1 月 5 日，经采购部徐日强申请，公司以电汇方式（票据号：31265604）支付重庆中冠货款及代垫运费 268 086 元（付款单）。

【实验过程】

1. 填制采购订单并生成到货单

2022 年 1 月 4 日，由赵子晨（G01）登录企业应用平台。在采购管理系统，根据实验资料填制采购订单。填制完毕后保存并审核该采购订单，结果如图 7-12 所示。在"采购订单"窗口，单击工具栏的"到货"按钮，系统自动参照采购订单生成到货单，保存并审核该到货单。

分仓库入库且卖方垫付运费的采购业务

图 7-12　采购订单

2. 参照到货单批量生成采购入库单

2022 年 1 月 4 日，由冯艳琪（C01）登录企业应用平台。在 U8 企业应用平台，单击"业务工作→供应链→库存管理→采购入库→采购到货批量入库"菜单，弹出"查询条件-采购到货单列表"对话框，单击"确定"按钮，打开"到货单生单列表"窗口。单击上一步所生成到货单对应的"选择"栏。在窗口下方"软化剂"的仓库选择"原材料仓"，"235 型货车轮胎"的仓库选择"产成品仓"。单击工具栏的"确定"按钮，系统提示"生单成功"，单击"确定"按钮，系统提示"是否查看生成单据的列表？"，单击"是"按钮，系统打开"采购入库单列表"窗口。双击第一行的"入库单号"栏，打开软化剂的采购入库单，将"入库单号"改为"RKA01004"，保存并审核该入库单。单击工具栏的 ▶"下张"按钮，将 235 型货车轮胎采购入库单的"入库单号"改为"RKA01005"，保存并审核该入库单。

3. 参照采购入库单生成采购专用发票

2022 年 1 月 4 日，由赵子晨（G01）登录企业应用平台。在采购管理系统，参照 RKA01004、RKA01005 两张采购入库单生成一张采购专用发票。在表头"发票号"处填入"52681296"，保存并复核该发票。

4. 填制代垫运费专用发票

在采购管理系统，填制代垫运费的采购专用发票。注意，发票表头“供应商”选择“锦州顺通”，“代垫单位”选择“重庆中冠”。填制完毕后保存并复核该发票，结果如图 7-13 所示

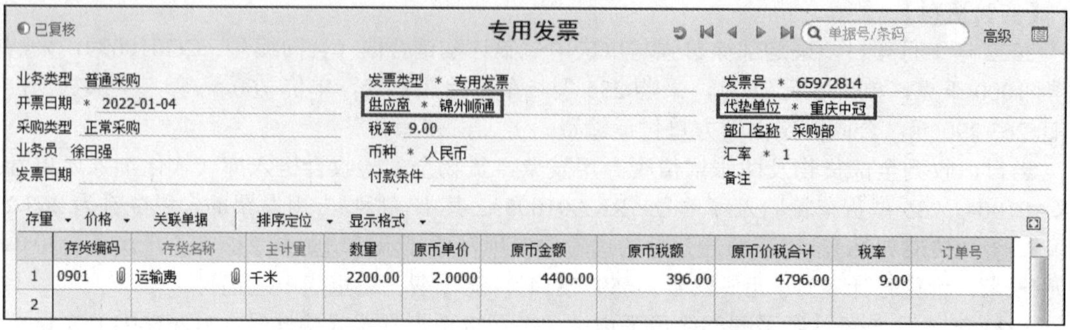

	存货编码	存货名称	主计量	数量	原币单价	原币金额	原币税额	原币价税合计	税率	订单号
1	0901	运输费	千米	2200.00	2.0000	4400.00	396.00	4796.00	9.00	
2										

图 7-13　采购专用发票

5. 手工采购结算

在采购管理系统，单击“采购结算→手工结算”，打开“手工结算”窗口。单击工具栏的“选单”按钮，打开“结算选单”窗口。单击“查询”按钮，打开“查询条件-采购手工结算”对话框，单击“确定”按钮。选中重庆中冠的采购专用发票和采购入库单，单击“确定”按钮，返回“手工结算”窗口。

在“手工结算”窗口，费用分摊方式选择“按金额”，单击工具栏的“分摊”按钮，系统提示“选择按金额分摊，是否开始计算？”，单击“是”按钮，分摊费用完毕，结果如图 7-14 所示。单击“结算”按钮，系统提示“完成结算！”，单击“确定”按钮。

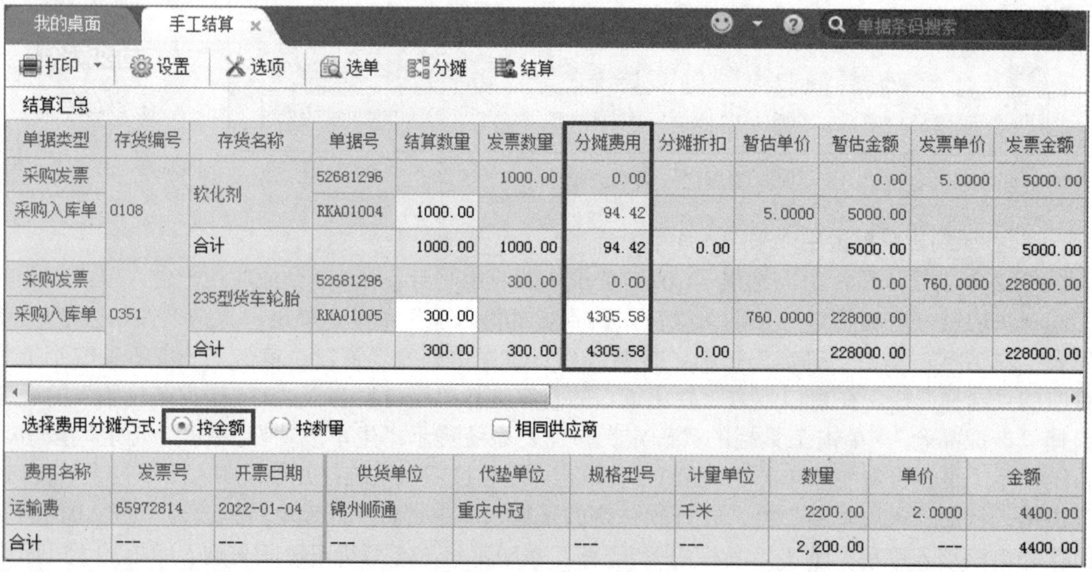

单据类型	存货编号	存货名称	单据号	结算数量	发票数量	分摊费用	分摊折扣	暂估单价	暂估金额	发票单价	发票金额
采购发票		软化剂	52681296		1000.00	0.00			0.00	5.0000	5000.00
采购入库单	0108		RKA01004	1000.00		94.42		5.0000	5000.00		
		合计		1000.00	1000.00	94.42	0.00		5000.00		5000.00
采购发票		235型货车轮胎	52681296		300.00	0.00			0.00	760.0000	228000.00
采购入库单	0351		RKA01005	300.00		4305.58		760.0000	228000.00		
		合计		300.00	300.00	4305.58	0.00		228000.00		228000.00

费用名称	发票号	开票日期	供货单位	代垫单位	规格型号	计量单位	数量	单价	金额
运输费	65972814	2022-01-04	锦州顺通	重庆中冠		千米	2200.00	2.0000	4400.00
合计	---	---	---		---	---	2,200.00	---	4400.00

图 7-14　“手工结算”窗口

6. 采购发票审核，生成凭证

2022 年 1 月 4 日，由张博文（W02）登录企业应用平台。在应付款管理系统，对 52681296、65972814 两张发票进行审核，将上述两张发票合并制单，生成一张转账凭证并保存。

借：在途物资　　237 400.00

　　应交税费/应交增值税/进项税额　　30 686.00

贷：应付账款/一般应付账款（重庆中冠） 263 290.00

应付账款/一般应付账款（重庆中冠） 4 796.00

7. 正常单据记账，生成凭证

在存货核算系统，对 RKA01004、RKA01005 两张采购入库单进行记账。记账完毕后关闭当前窗口。对 RKA01004、RKA01005 两张采购入库单进行合并制单，生成一张转账凭证并保存。

借：原材料 5 094.42

库存商品 232 305.58

贷：在途物资 237 400.00

8. 填制付款单

2022 年 1 月 5 日，由马浩男（W03）登录企业应用平台。在应付款管理系统，根据实验资料填制一张付款单。填制完毕后保存该付款单，结果如图 7-15 所示。

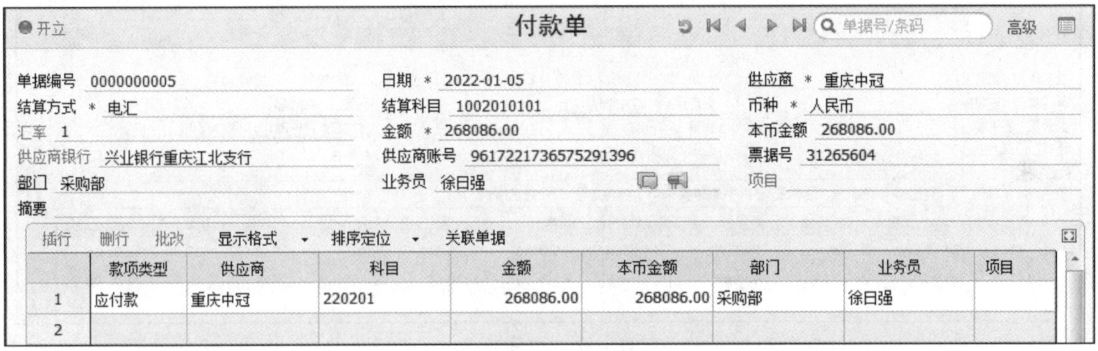
开立 付款单 单据号/条码 高级

单据编号 0000000005 日期 * 2022-01-05 供应商 * 重庆中冠
结算方式 * 电汇 结算科目 1002010101 币种 * 人民币
汇率 1 金额 * 268086.00 本币金额 268086.00
供应商银行 兴业银行重庆江北支行 供应商账号 9617221736575291396 票据号 31265604
部门 采购部 业务员 徐日强 项目
摘要

插行 删行 批改 显示格式 排序定位 关联单据

	款项类型	供应商	科目	金额	本币金额	部门	业务员	项目
1	应付款	重庆中冠	220201	268086.00	268086.00	采购部	徐日强	
2								

图 7-15 付款单

9. 付款单据审核

2022 年 1 月 5 日，由张博文（W02）登录企业应用平台。在应付款管理系统，对上一步生成的支付重庆中冠货款及代垫运费的付款单进行审核。

10. 手工核销，生成凭证

（1）手工核销。在应付款管理系统，单击“核销处理→手工核销”菜单，打开“核销条件”对话框，供应商选择“重庆中冠”，单击“确定”按钮，打开“手工核销”窗口。在 52681296 号采购专用发票的“本次结算”栏输入“263290”，在 65972814 号采购专用发票的“本次结算”栏输入“4796”，单击“确认”按钮。退出当前窗口。

（2）生成凭证。在应付款管理系统，对重庆中冠的付款单及上一步核销所生成单据进行合并制单处理，生成一张付款凭证。

借：应付账款/一般应付账款（重庆中冠） 263 290.00

应付账款/一般应付账款（重庆中冠） 4 796.00

贷：银行存款/交通银行/锦州古塔支行/基本户 268 086.00

7.2.4 发生合理损耗且有现金折扣的采购业务

【实验资料】

2022 年 1 月 5 日，采购部赵子晨与辽宁彗明签订购销合同（合同编号：CG01004），采购硫化剂 200 千克，单价 15 元/千克，采购炭黑 400 千克，单价 3.8 元/千克，全部货物价税合计 5 107.6

元。合同约定的付款条件为：2/10，1/20，n/30。

当日，收到辽宁彗明发来的货物及增值税专用发票（票号：51979486）。在货物验收过程中发现硫化剂短缺 2 千克，经认定属于合理损耗，其他货物均合格并入库（入库单号：RKA01006）。

2022 年 1 月 6 日，经采购部赵子晨申请，公司出具一张由交通银行锦州古塔支行承兑的 6 个月银行承兑汇票（票据编号：76371646）给辽宁彗明，票面金额为 5 017.2 元，结清本月货款。

【实验过程】

1. 填制采购订单并生成到货单

2022 年 1 月 5 日，由赵子晨（G01）登录企业应用平台。在采购管理系统，根据实验资料填制采购订单。注意订单表头的"付款条件"选择"2/10，1/20，n/30"。填制完毕后保存并审核该采购订单，结果如图 7-16 所示。在"采购订单"窗口，单击工具栏的"到货"按钮，系统自动参照采购订单生成到货单。保存并审核该到货单。

发生合理损耗且有现金折扣的采购业务

图 7-16　采购订单

2. 参照到货单生成采购入库单

2022 年 1 月 5 日，由冯艳琪（C01）登录企业应用平台。在库存管理系统，参照上一步所生成的到货单生成采购入库单。将表头中的"入库单号"修改为"RKA01006"，"仓库"选择"原材料仓"。将表体"硫化剂"的"数量"改为198。其他项默认。保存并审核该采购入库单，结果如图 7-17 所示。

图 7-17　采购入库单

3. 参照采购订单生成采购专用发票

2022 年 1 月 5 日，由赵子晨（G01）登录企业应用平台。在采购管理系统，参照 CG01004 号采购订单生成采购专用发票。表头"发票号"填入"51979486"，其他项默认。保存并复核该发票。

4. 手工采购结算

在采购管理系统，单击“采购结算→手工结算”，打开“手工结算”窗口。单击工具栏的“选单”按钮，打开“结算选单”窗口。单击“查询”按钮，打开“查询条件-采购手工结算”对话框，单击“确定”按钮。选中辽宁彗明的采购专用发票和采购入库单，单击“确定”按钮，返回“手工结算”窗口。在硫化剂的“合理损耗数量”栏输入“2”。单击“结算”按钮，系统提示“完成结算”，单击“确定”按钮。

5. 采购发票审核并生成凭证

2022 年 1 月 5 日，由张博文（W02）登录企业应用平台。在应付款管理系统，对“51979486”号采购专用发票审核并制单，生成一张转账凭证。

借：在途物资　　4 520.00

　　应交税费/应交增值税/进项税额　　587.60

　　贷：应付账款/一般应付账款（辽宁彗明）　　5 107.60

6. 正常单据记账，生成凭证

在存货核算系统，对 RKA01006 号采购入库单的两行记录进行记账。记账完毕后关闭当前窗口。对 RKA01006 号采购入库单，进行合并制单，生成一张转账凭证并保存。

借：原材料　　4 520.00

　　贷：在途物资　　4 520.00

7. 填制银行承兑汇票

2022 年 1 月 6 日，由马浩男（W03）登录企业应用平台。在应付款管理系统，根据实验资料填制一张银行承兑汇票。填制完毕后保存该汇票，结果如图 7-18 所示。

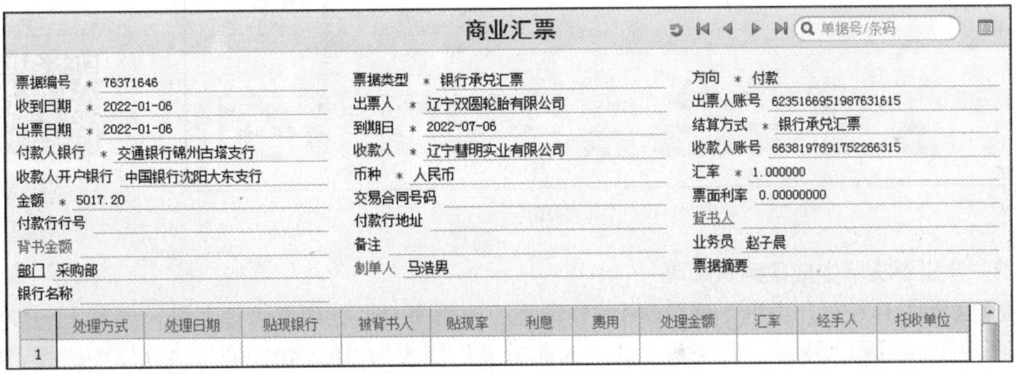
商业汇票

单据号/条码

票据编号 * 76371646
收到日期 * 2022-01-06
出票日期 * 2022-01-06
付款人银行 * 交通银行锦州古塔支行
收款人开户银行 中国银行沈阳大东支行
金额 * 5017.20
付款行行号
背书金额
部门 采购部
银行名称

票据类型 * 银行承兑汇票
出票人 * 辽宁双圆轮胎有限公司
到期日 * 2022-07-06
收款人 * 辽宁彗明实业有限公司
币种 * 人民币
交易合同号码
付款行地址
备注
制单人 马浩男

方向 * 付款
出票人账号 6235166951987631615
结算方式 * 银行承兑汇票
收款人账号 6638197891752266315
汇率 * 1.000000
票面利率 0.00000000
背书人
业务员 赵子晨
票据摘要

	处理方式	处理日期	贴现银行	被背书人	贴现率	利息	费用	处理金额	汇率	经手人	托收单位
1											

图 7-18　商业汇票

8. 付款单据审核

2022 年 1 月 6 日，由张博文（W02）登录企业应用平台。在应付款管理系统，对上一步根据银行承兑汇票自动生成的付款单进行审核。

9. 手工核销，生成凭证

（1）手工核销。在应付款管理系统，单击“核销处理→手工核销”菜单，打开“核销条件”对话框，供应商选择“辽宁彗明”，单击“确定”按钮，打开“手工核销”窗口。在 51979486 号采购专用发票的“本次折扣”栏输入“90.4”，“本次结算”栏输入“5017.2”，单击“确认”按钮。关闭当前窗口。

（2）生成凭证。在应付款管理系统，对辽宁彗明的付款单及上一步核销处理所生成的单据进行合并制单处理，将“财务费用/现金折扣”的发生额改为借方红字，保存该转账凭证。

借：应付账款/一般应付账款（辽宁彗明）　　5 107.60

财务费用/现金折扣   −90.40
贷：应付票据（辽宁彗明）   5 017.20

7.2.5　发生非合理损耗的采购业务

【实验资料】

2022 年 1 月 6 日，采购部徐日强与吉林恒鑫签订购销合同（合同编号：CG01005），采购丁苯橡胶 2 000 千克，单价 12.85 元/千克，采购镀铜钢丝 800 千克，单价 7.6 元/千克，全部货物价税合计 35 911.4 元。合同约定下月结清货款，卖方承担运输费。

当日，收到吉林恒鑫发来的货物，在货物验收过程中发现丁苯橡胶短缺 50 千克，其他货物均合格并入库（入库单号：RKA01007）。

2022 年 1 月 7 日，收到吉林恒鑫开具的全额增值税专用发票（票号：29726568）。短缺的丁苯橡胶经认定属于非合理损耗，应由运输单位（锦州顺通）承担损失。

【实验过程】

1. 填制采购订单并生成到货单

2022 年 1 月 6 日，由赵子晨（G01）登录企业应用平台。在采购管理系统，根据实验资料填制采购订单。填制完毕后保存并审核该采购订单，结果如图 7-19 所示。在"采购订单"窗口，单击工具栏的"到货"按钮，系统自动参照采购订单生成到货单。保存并审核该到货单。

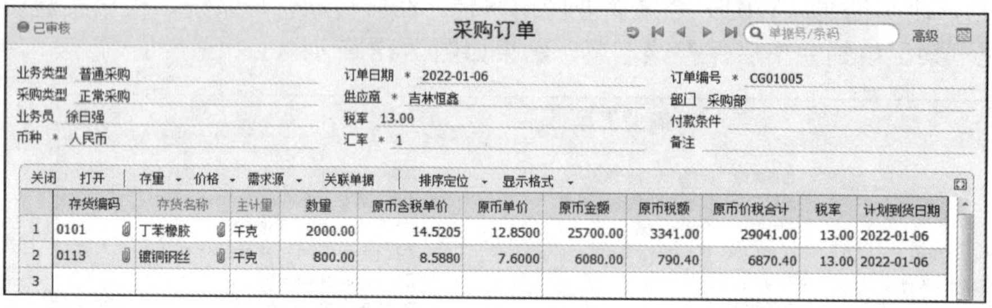

图 7-19　采购订单

2. 参照到货单生成采购入库单

2022 年 1 月 6 日，由冯艳琪（C01）登录企业应用平台。在库存管理系统，参照上一步生成的到货单生成采购入库单，将表头中的"入库单号"修改为"RKA01007"，"仓库"选择"原材料仓"，将表体"丁苯橡胶"的"数量"改为"1950"。其他项默认。保存并审核该入库单，结果如图 7-20 所示。

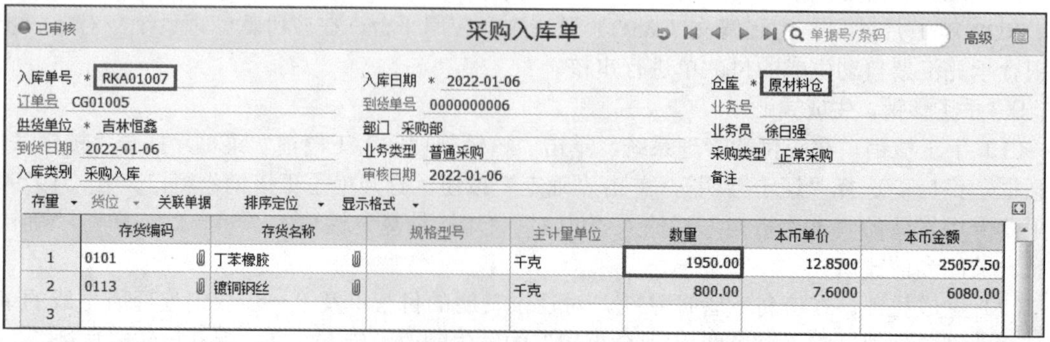

图 7-20　采购入库单

3. 参照采购订单生成采购专用发票

2022 年 1 月 7 日，由赵子晨（G01）登录企业应用平台。在采购管理系统，参照 CG01005 号采购订单生成采购专用发票，在表头"发票号"处填入"29726568"，其他项默认。保存并复核该发票。

4. 手工采购结算

在采购管理系统，单击"采购结算→手工结算"，打开"手工结算"窗口。单击工具栏的"选单"按钮，打开"结算选单"窗口。单击"查询"按钮，打开"查询条件-采购手工结算"对话框，单击"确定"按钮。选中吉林恒鑫的采购专用发票和采购入库单，单击"确定"按钮，返回"手工结算"窗口。

在"丁苯橡胶"的"非合理损耗数量"处输入"50"，"非合理损耗金额"处输入"642.5"，"非合理损耗类型"选择"01"（运输单位责任），如图 7-21 所示。单击"结算"按钮，系统提示完成结算。

单据类型	存货编号	存货名称	单据号	结算数量	发票数量	非合理损耗数量	非合理损耗金额	发票单价	发票金额	非合理损耗类型	进项税转出金额
采购发票			29726568		2000.00	50.00	642.50	12.8500	25700.00	01	83.53
采购入库单	0101	丁苯橡胶	RKA01007	1950.00							
		合计		1950.00	2000.00	50.00	642.50		25700.00		
采购发票			29726568		800.00			7.6000	6080.00		
采购入库单	0113	镀锌钢丝	RKA01007	800.00							
		合计		800.00	800.00		0.00		6080.00		

图 7-21 "手工结算"窗口

5. 采购发票审核并生成凭证

2022 年 1 月 7 日，由张博文（W02）登录企业应用平台。在应付款管理系统，对"29726568"号采购专用发票审核并制单，生成一张转账凭证。

借：在途物资   31 780.00

    应交税费/应交增值税/进项税额   4 131.40

    贷：应付账款/一般应付账款（吉林恒鑫）   35 911.40

6. 正常单据记账，生成凭证

在存货核算系统，对 RKA01007 号采购入库单的两行记录进行记账，记账完毕后关闭当前窗口。对 RKA01007 号采购入库单进行合并制单，将"在途物资"的贷方金额改为 31780。单击凭证工具栏的"插分"按钮，在第二行的"科目名称"栏选择"待处理财产损溢/待处理流动资产损溢"，借方金额输入 642.5。保存该转账凭证。

借：原材料   31 137.50

    待处理财产损溢/待处理流动资产损溢   642.50

    贷：在途物资   31 780.00

7. 填制记账凭证

在 U8 企业应用平台，单击"业务工作→财务会计→总账→凭证→填制凭证"菜单，填制处理非合理损耗的记账凭证。

借：其他应收款/锦州顺通物流有限公司   726.03

    贷：待处理财产损溢/待处理流动资产损溢   642.50

    应交税费/应交增值税/进项税额转出   83.53

7.3

采购退货业务

7.3.1 入库后退货业务

【实验资料】

2022 年 1 月 7 日，采购部徐日强与重庆中冠签订购销合同（合同编号：CG01006），采购防老剂 1 000 千克，单价 13.95 元/千克，价税合计 15 763.5 元。当日，收到重庆中冠发来的货物（入库单号：RKA01008），全部办理入库。

2022 年 1 月 8 日，对 CG01006 号合同的货物进行抽检，发现有 200 千克防老剂存在隐蔽质量问题，经与对方协商当日办理了退货（入库单号：RKA01009）。

2022 年 1 月 9 日，收到重庆中冠开具的增值税专用发票（票号：52681297），公司当日结清货款 12 610.8 元，结算方式为电汇（票据号：31265605）。

【实验过程】

1. 填制采购订单并生成到货单

2022 年 1 月 7 日，由赵子晨（G01）登录企业应用平台。在采购管理系统，根据实验资料填制采购订单。填制完毕后保存并审核该采购订单，结果如图 7-22 所示。在"采购订单"窗口，单击工具栏的"到货"按钮，系统自动参照采购订单生成到货单，保存并审核该到货单。

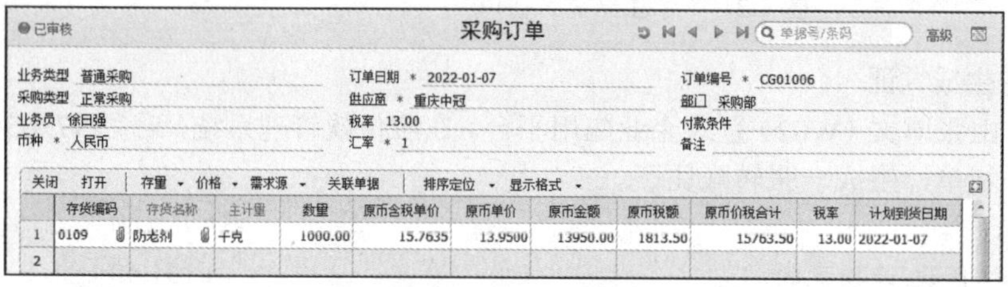

图 7-22　采购订单

2. 参照到货单生成采购入库单

2022 年 1 月 7 日，由冯艳琪（C01）登录企业应用平台。在库存管理系统，参照上一步生成的到货单生成采购入库单，将表头"入库单号"修改为"RKA01008"，"仓库"选择"原材料仓"，其他项默认。保存并审核该采购入库单。

3. 参照采购订单生成采购退货单

2022 年 1 月 8 日，由赵子晨（G01）登录企业应用平台。在采购管理系统，参照 CG01006 号采购订单生成一张采购退货单。将采购退货单表体的"数量"改为"-200"，其他项默认。保存并审核该采购退货单，结果如图 7-23 所示。

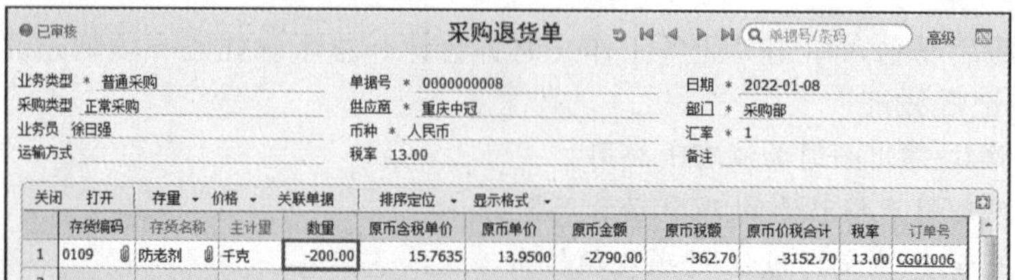

图 7-23　采购退货单

4. 参照采购退货单生成负数采购入库单

2022 年 1 月 8 日，由冯艳琪（C01）登录企业应用平台。在库存管理系统，参照上一步生成的采购退货单生成负数的采购入库单，将表头"入库单号"修改为"RKA01009"，"仓库"选择"原材料仓"，其他项默认。保存并审核该负数采购入库单。

5. 参照采购订单生成采购专用发票

2022 年 1 月 9 日，由赵子晨（G01）登录企业应用平台。在采购管理系统，参照 CG01006号采购订单生成采购专用发票，在表头"发票号"处填入"52681297"，将发票表体的"数量"改为"800"，其他项默认。保存并复核该发票，然后对其现付处理，结果如图 7-24 所示。

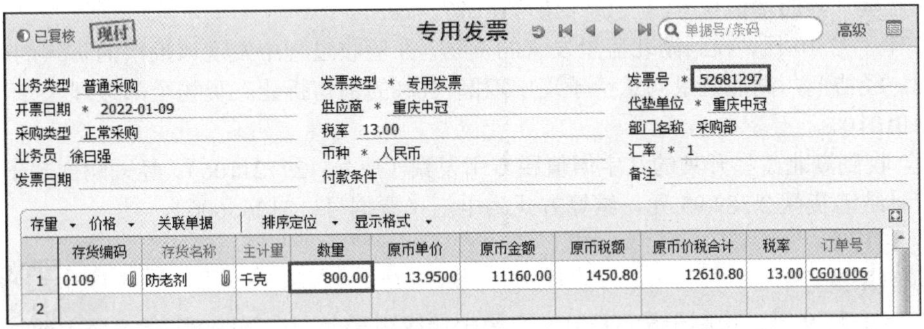

图 7-24　采购专用发票

6. 手工采购结算

在采购管理系统，依次单击"采购结算→手工结算"，打开"手工结算"窗口。单击工具栏的"选单"按钮，打开"结算选单"窗口。单击"查询"按钮，打开"查询条件-采购手工结算"对话框，单击"确定"按钮。选中重庆中冠的采购专用发票和采购入库单，单击"确定"按钮，系统返回"手工结算"窗口，如图 7-25 所示。单击"结算"按钮，系统提示完成结算。

图 7-25　"手工结算"窗口

7. 采购发票审核并生成凭证

2022 年 1 月 9 日，由张博文（W02）登录企业应用平台。在应付款管理系统，对"52681297"号采购专用发票审核并制单，生成一张付款凭证。

借：在途物资　　　　　　　　　　　　　　　　　　　　　　　　11 160.00
　　应交税费/应交增值税/进项税额　　　　　　　　　　　　　　　1 450.80
　　贷：银行存款/交通银行/锦州古塔支行/基本户　　　　　　　　　12 610.80

8. 正常单据记账，生成凭证

在存货核算系统，对 RKA01008、RKA01009 两张采购入库单进行记账。记账完毕关闭当前窗口。在存货核算系统，对 RKA01008、RKA01009 两张采购入库单进行合并制单，生成一张转账凭证并保存。

借：原材料   11 160.00
 贷：在途物资   11 160.00

7.3.2 结算前折让业务

【实验资料】

2022年1月9日，采购部赵子晨与湖北蓝星签订购销合同（合同编号：CG01007），采购防焦剂100千克，单价23.5元/千克，价税合计2 655.5元。合同约定1月10日钱货两清。当日，收到湖北蓝星开具的增值税专用发票（票号：27721105）。

2022年1月10日，收到湖北蓝星发来的货物，在验收过程中发现该批次的防焦剂存在轻微质量问题。经协商，湖北蓝星同意给予辽宁双圆10%的销售折让。货物全部办理入库（入库单号：RKA01010）。

当日，收到湖北蓝星开具的红字增值税专用发票（票号：27721106）。经采购部赵子晨申请，向湖北蓝星结清货款2 389.95元，结算方式为电汇（票据号：31265606）。

【实验过程】

1. 填制采购订单

2022年1月9日，由赵子晨（G01）登录企业应用平台。在采购管理系统，根据实验资料填制采购订单。填制完毕后保存并审核该采购订单，结果如图7-26所示。

结算前折让业务

图7-26 采购订单

2. 参照采购订单生成采购专用发票

在采购管理系统，参照CG01007号采购订单生成采购专用发票，在表头"发票号"处填入"27721105"，其他项默认。保存并复核该发票，退出当前窗口。

3. 采购发票审核并生成凭证

2022年1月9日，由张博文（W02）登录企业应用平台。在应付款管理系统，对未完成结算的"27721105"号采购专用发票审核并制单，生成一张转账凭证。

借：在途物资   2 350.00
 应交税费/应交增值税/进项税额   305.50
 贷：应付账款/一般应付账款（湖北蓝星）   2 655.50

4. 参照采购订单生成到货单

2022年1月10日，由赵子晨（G01）登录企业应用平台。在采购管理系统，参照CG01007号采购订单生成一张到货单。保存并审核该到货单。

5. 参照到货单生成采购入库单

2022年1月10日，由冯艳琪（C01）登录企业应用平台。在库存管理系统，参照上一步生成的到货单生成采购入库单，将表头"入库单号"修改为"RKA01010"，"仓库"选择"原材料仓"，其他项默认。保存并审核该采购入库单。

6. 参照采购订单生成红字采购专用发票

2022 年 1 月 10 日，由赵子晨（G01）登录企业应用平台。在采购管理系统，参照 CG01007 号采购订单生成红字采购专用发票，在表头"发票号"处填入"27721106"，将表体"数量"改为"0"，在"原币金额"处输入"−235"，其他项默认。保存并复核该发票，结果如图 7-27 所示。退出当前窗口。

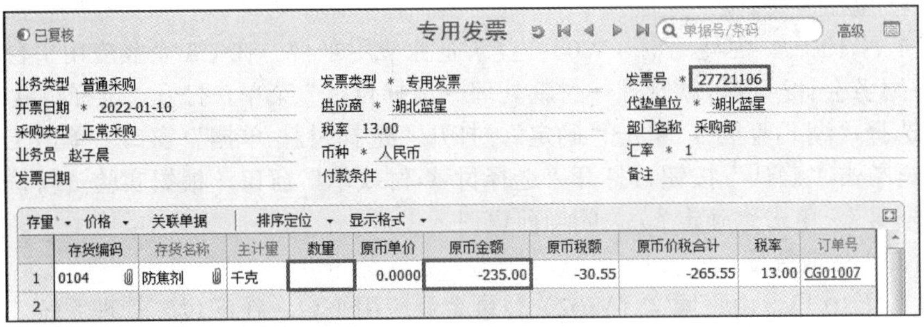

存货编码	存货名称	主计量	数量	原币单价	原币金额	原币税额	原币价税合计	税率	订单号
0104	防焦剂	千克		0.0000	-235.00	-30.55	-265.55	13.00	CG01007

图 7-27 红字采购专用发票

7. 手工采购结算

在采购管理系统，依次单击"采购结算→手工结算"，打开"手工结算"窗口。单击工具栏的"选单"按钮，打开"结算选单"窗口。单击"查询"按钮，打开"查询条件-采购手工结算"对话框，单击"确定"按钮。选中湖北蓝星的采购专用发票和采购入库单，单击"确定"按钮，系统返回"手工结算"窗口，如图 7-28 所示。单击"结算"按钮，系统提示完成结算。

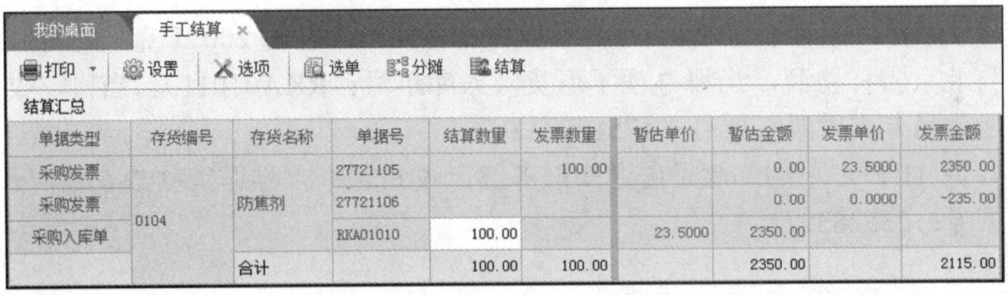

单据类型	存货编码	存货名称	单据号	结算数量	发票数量	暂估单价	暂估金额	发票单价	发票金额
采购发票			27721105		100.00		0.00	23.5000	2350.00
采购发票	0104	防焦剂	27721106				0.00	0.0000	-235.00
采购入库单			RKA01010	100.00		23.5000	2350.00		
			合计	100.00	100.00		2350.00		2115.00

图 7-28 "手工结算"窗口

8. 采购发票审核并生成凭证

2022 年 1 月 10 日，由张博文（W02）登录企业应用平台。在应付款管理系统，对 27721106 号采购专用发票审核并制单，生成一张转账凭证。

借：在途物资　　　　　　　　　　　　　　　　　　　　　　　　　　−235.00

　　应交税费/应交增值税/进项税额　　　　　　　　　　　　　　　　−30.55

　　贷：应付账款/一般应付账款（湖北蓝星）　　　　　　　　　　　−265.55

9. 红票对冲

在应付款管理系统，依次单击"转账→红票对冲→手工对冲"菜单，系统打开"红票对冲条件"窗口，供应商选择"湖北蓝星"，单击"确定"，打开"手工对冲"窗口。在 27721106 号采购专用发票的"对冲金额"栏输入"265.55"。单击"确认"，系统提示是否立即制单，单击"是"，系统自动生成一张记账凭证，将"凭证类别"改为"转账凭证"，单击"保存"。关闭当前已打开窗口。

  贷：应付账款/一般应付账款（湖北蓝星）   −265.55

  贷：应付账款/一般应付账款（湖北蓝星）   265.55

10. 正常单据记账，生成凭证

在存货核算系统，对 RKA01010 号采购入库单进行记账。记账完毕后关闭当前窗口。对 RKA01010 号采购入库单进行合并制单，生成一张转账凭证并保存。

  借：原材料   2 115.00

    贷：在途物资   2 115.00

11. 选择付款

2022 年 1 月 10 日，由马浩男（W03）登录企业应用平台。在 U8 企业应用平台，依次单击"业务工作→财务会计→应付款管理→付款处理→选择付款"菜单，打开"选择付款-条件"对话框，供应商选择"湖北蓝星"，单击"确定"，打开"选择付款-单据"窗口。单击工具栏的"全选"按钮，再单击"确认"按钮，打开"选择付款-付款单"窗口，根据实验资料输入"结算方式"和"票据号"，单击"确定"。关闭当前窗口。

12.（合并）生成凭证

2022 年 1 月 10 日，由张博文（W02）登录企业应用平台。在应付款管理系统，对上一步选择付款所生成单据进行合并制单处理，生成一张付款凭证。

  借：应付账款/一般应付账款（湖北蓝星）   2 389.95

    贷：银行存款/交通银行/锦州古塔支行/基本户   2 389.95

7.3.3 结算后退货业务

【实验资料】

2022 年 1 月 10 日，对 CG01001 号合同货物进行抽检，发现 200 千克天然橡胶存在隐蔽质量问题。经与北京吉祥协商，当日办理了退货（入库单号：RKA01011）。当日，收到北京吉祥开具的红字增值税专用发票（票号：17510683）

2022 年 1 月 11 日，采购部赵子晨通知财务部，收到北京吉祥退货款 2 678.1 元，结算方式为电汇（票据号：63528397）。

【实验过程】

1. 参照采购订单生成采购退货单

2022 年 1 月 10 日，由赵子晨（G01）登录企业应用平台。在采购管理系统，参照 CG01001 号采购订单生成一张采购退货单。将表体天然橡胶的"数量"改为"−200"，删除硫化剂那一行，其他项默认。保存并审核该采购退货单，结果如图 7-29 所示。

图 7-29 采购退货单

2. 参照采购退货单生成负数采购入库单

2022 年 1 月 10 日，由冯艳琪（C01）登录企业应用平台。在库存管理系统，参照上一步生成的采购退货单生成负数的采购入库单，将表头"入库单号"修改为"RKA01011"，"仓库"选择"原材料仓"，其他项默认。保存并审核该负数采购入库单。

3. 参照负数采购入库单生成红字采购专用发票

2022 年 1 月 10 日，由赵子晨（G01）登录企业应用平台。在采购管理系统，参照 RKA01011 号负数采购入库单生成一张红字采购专用发票。在表头"发票号"处填入"17510683"，其他项默认。保存、复核并结算该发票。

4. 采购发票审核并生成凭证

2022 年 1 月 10 日，由张博文（W02）登录企业应用平台。在应付款管理系统，对"17510683"号采购专用发票审核并制单，生成一张转账凭证。关闭已打开窗口。

    借：在途物资   −2 370.00

           应交税费/应交增值税/进项税额   −308.10

           贷：应付账款/一般应付账款（北京吉祥）   −2 678.10

5. 正常单据记账，生成凭证

在存货核算系统，对 RKA01011 号采购入库单的那一行记录进行记账。记账完毕后关闭当前窗口。对 RKA01011 号采购入库单进行合并制单，生成一张转账凭证并保存。

    借：原材料   −2 370.00

           贷：在途物资   −2 370.00

6. 填制应付款管理系统收款单

2022 年 1 月 11 日，由马浩男（W03）登录企业应用平台。在应付款管理系统，根据实验资料填制一张收取北京吉祥退货款的收款单。填制完毕后保存该收款单，结果如图 7-30 所示。

图 7-30 应付款管理系统收款单

7. 付款单据审核并核销，（合并）生成凭证

2022 年 1 月 11 日，由张博文（W02）登录企业应用平台。

（1）付款单据审核并核销。在应付款管理系统，对收取北京吉祥退货款的收款单进行审核。审核完毕后进行手工核销，在"手工核销"窗口，在采购专用发票的"本次结算"栏输入"2678.1"，单击"确认"。退出该窗口。

（2）生成凭证。在应付款管理系统，对北京吉祥的收款单及上一步核销处理所生成单据进行合并制单处理，生成一张付款凭证。

    借：应付账款/一般应付账款（北京吉祥）   −2 678.10

           贷：银行存款/交通银行/锦州古塔支行/基本户   −2 678.10

7.4 | 暂估业务

7.4.1 暂估入库业务

【实验资料】

2022 年 1 月 11 日，采购部赵子晨与辽宁彗明签订购销合同（合同编号：CG01008），采购促进剂 200 千克，单价 21.85 元/千克，采购补强剂 300 千克，单价 3.95 元/千克，全部货物价税合计 6 277.15 元。合同约定，签订合同当日买方预付 10%订金，运输费用由买方承担，卖方 2 月 5 日开具增值税专用发票。

当日，经采购部赵子晨申请，以电汇（票据号：31265607）方式预付订金 627.72 元。收到辽宁彗明发来的货物，全部验收合格入库（入库单号：RKA01012）。收到锦州顺通开具的运输费用专用发票（票号：65972815），发票显示运输数量 270 千米，不含税单价 2 元/千米，价税合计 588.6 元。

【实验过程】

1. 填制采购订单

2022 年 1 月 11 日，由赵子晨（G01）登录企业应用平台。在采购管理系统，根据实验资料填制采购订单。填制完毕后保存并审核该采购订单，结果如图 7-31 所示。

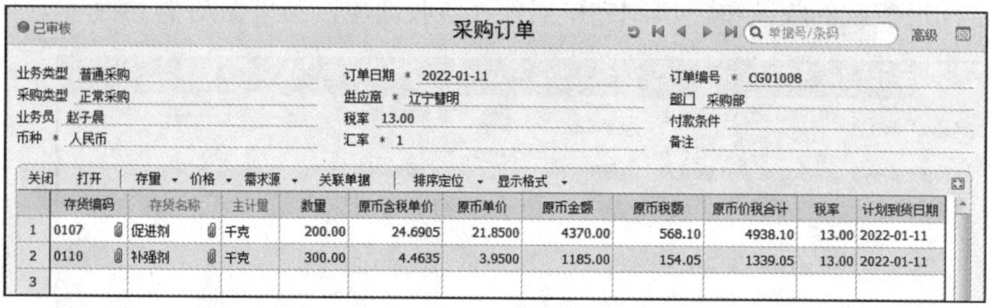

图 7-31 采购订单

暂估入库业务

2. 填制预付款单

2022 年 1 月 11 日，由马浩男（W03）登录 U8 企业应用平台。在应付款管理系统，根据实验资料填制一张款项类型为"预付款"的付款单。填制完毕后保存该预付款单，结果如图 7-32 所示。

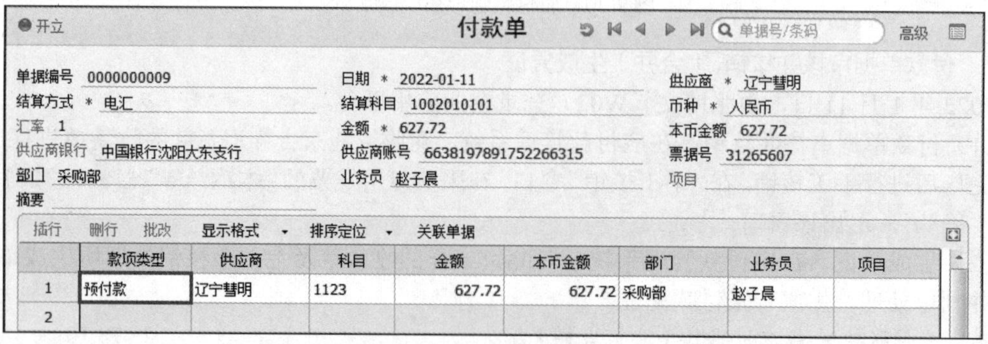

图 7-32 预付款单

3. 付款单据审核并生成凭证

2022 年 1 月 11 日，由张博文（W02）登录 U8 企业应用平台。在应付款管理系统，对上一步所填制预付辽宁彗明货款的付款单进行审核，审核完毕后进行制单处理，生成一张付款凭证。

借：预付账款（辽宁彗明） 627.72

　　贷：银行存款/交通银行/锦州古塔支行/基本户 627.72

4. 参照采购订单生成到货单

2022 年 1 月 11 日，由赵子晨（G01）登录企业应用平台。在采购管理系统，参照 CG01008 号采购订单生成一张到货单。保存并审核该到货单。

5. 参照到货单生成采购入库单

2022 年 1 月 11 日，由冯艳琪（C01）登录企业应用平台。在库存管理系统，参照上一步生成的到货单生成采购入库单，将表头"入库单号"修改为"RKA01012"，"仓库"选择"原材料仓"，其他项默认。保存并审核该采购入库单。

6. 填制运费专用发票

2022 年 1 月 11 日，由赵子晨（G01）登录企业应用平台。在采购管理系统，依次单击"采购发票→采购专用发票"菜单，打开"专用发票"窗口。根据实验资料手工填制运输费的采购专用发票。填制完毕后保存并复核该发票，结果如图 7-33 所示。关闭当前窗口。

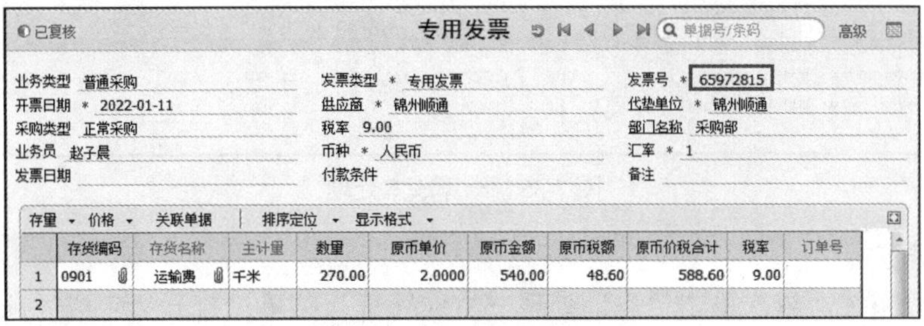

图 7-33　采购专用发票

7. 费用折扣结算

（1）在采购管理系统，单击"采购结算→费用折扣结算"菜单，打开"费用折扣结算"窗口。单击工具栏上的"查询"按钮，再单击"确定"按钮。单击工具栏的"入库"按钮，打开"入库单选择"窗口。选中 RKA01012 号入库单，单击"确定"按钮。再单击工具栏的"发票"按钮，打开"发票选择"窗口，选中 65972815 号发票，单击"确定"，返回"费用折扣结算"窗口。

（2）在"费用折扣结算"窗口，费用分摊方式选择"按数量"，单击工具栏的"分摊"按钮，如图 7-34 所示，再单击"结算"，结算成功。退出当前窗口。

图 7-34　"费用折扣结算"窗口

8. 采购发票审核并生成凭证

2022 年 1 月 11 日，由张博文（W02）登录企业应用平台。在应付款管理系统，对"65972815"号采购专用发票审核并制单，生成一张转账凭证。关闭已打开窗口。

借：在途物资　　　　　　　　　　　　　　　　　　　　　　　　540.00
　　应交税费/应交增值税/进项税额　　　　　　　　　　　　　　 48.60
　　贷：应付账款/一般应付账款（锦州顺通）　　　　　　　　　　　　 588.60

9. 正常单据记账

在存货核算系统，对 RKA01012 号采购入库单的那两行记录进行记账。记账完毕后关闭当前窗口。

10. 结算成本处理

在存货核算系统，依次单击"记账→结算成本处理"菜单，打开"结算成本处理"对话框。仓库选择"原材料仓"，单击"确定"，打开"结算成本处理"窗口，如图 7-35 所示。选中促进剂、补强剂的结算记录，再单击工具栏的"结算处理"按钮，系统提示"结算成本处理完成。"，单击"确定"按钮。注意，结算成本处理完毕后，系统自动生成两张入库调整单。

	结算单号	仓库名称	入库单号	入库日期	存货编码	存货名称	计量单位	数量	暂估单价	暂估金额	结算数量	结算单价	结算金额
	000000000000009	原材料仓	RKA01012		0107	促进剂	千克	0.00	21.8500	0.00	0.00	0.0000	216.00
	000000000000009	原材料仓	RKA01012		0110	补强剂	千克	0.00	3.9500	0.00	0.00	0.0000	324.00
合计													540.00

图 7-35　结算成本处理

11. 生成凭证

在存货核算系统，依次单击"凭证处理→生成凭证"菜单，打开"生成凭证"窗口。单击工具栏的"选单"按钮，系统弹出"查询条件-生成凭证查询条件"对话框，单击"确定"按钮，打开"选择单据"窗口。单击工具栏的"全选"按钮，选中已记账的 RKA01012 号采购入库单及两张入库调整单。再单击"确定"按钮，系统自动关闭"选择单据"窗口返回"生成凭证"窗口。

单击工具栏的"合并制单"按钮，打开"填制凭证"窗口并自动生成凭证。将"凭证类别"改为"转账凭证"，单击工具栏的"保存"按钮。

借：原材料　　　　　　　　　　　　　　　　　　　　　　　　6 095.00
　　贷：在途物资　　　　　　　　　　　　　　　　　　　　　　　 540.00
　　　　应付账款/暂估应付账款（辽宁彗明）　　　　　　　　　　　 5 555.00

7.4.2　单到补差业务

【实验资料】

2022 年 1 月 11 日，收到上月 30 日从上海亿达采购货物的增值税专用发票（票号：28489217）。由于价格政策调整，发票显示硫化剂单价降为 14 元/千克。上月已预付货款 6 000 元，经采购部徐日强申请，当日以电汇方式支付剩余货款 6 656 元，结算方式为电汇（票据号：31265608）。

单到补差业务

【实验过程】

1. 参照期初入库单生成采购专用发票

2022 年 1 月 11 日，由赵子晨（G01）登录企业应用平台。在采购管理系统，参照 RKA12586 号期初采购入库单生成一张采购专用发票。在表头"发票号"处填入"28489217"，将表体"原币单价"改为"14"，其他项默认。保存、复核并结算该发票。然后对该发票进行现付处理，结果如图 7-36 所示。

业务类型 普通采购	发票类型 * 专用发票	发票号 * 28489217
开票日期 * 2022-01-11	供应商 * 上海亿达	代垫单位 * 上海亿达
采购类型 正常采购	税率 13.00	部门名称 采购部
业务员 徐日强	币种 * 人民币	汇率 * 1
发票日期	付款条件	备注

	存货编码	存货名称	主计量	数量	原币单价	原币金额	原币税额	原币价税合计	税率	订单号
1	0106	硫化剂	千克	800.00	14.0000	11200.00	1456.00	12656.00	13.00	
2										

图 7-36　采购专用发票

2. 采购发票审核并生成凭证

2022 年 1 月 11 日，由张博文（W02）登录企业应用平台。在应付款管理系统，对 28489217 号采购专用发票审核并制单，生成一张付款凭证。将会计分录第一行的"科目名称"改为"应付账款/暂估应付账款"，单击"Enter"键，调出"辅助项"对话框。"供应商"选择"上海亿达"，"业务员"选择"徐日强"。保存该记账凭证后关闭已打开窗口。

借：应付账款/暂估应付账款（上海亿达）　　　　　　　　　　　　　　11 200.00

应交税费/应交增值税/进项税额　　　　　　　　　　　　　　　　1 456.00

贷：应付账款/一般应付账款（上海亿达）　　　　　　　　　　　　　　　　6 000.00

银行存款/交通银行/锦州古塔支行/基本户　　　　　　　　　　　　　　6 656.00

3. 预付冲应付

在应付款管理系统，依次单击"转账→预付冲应付"菜单，打开"预付冲应付"对话框，供应商选择"上海亿达"，单击"过滤"按钮，在"转账金额"处输入"6000"。再单击"应付款"页签，单击"过滤"按钮，在"转账金额"处输入"6000"，单击"确定"按钮，系统提示"是否立即制单"，单击"是"按钮，将"凭证类别"改为"转账凭证"，单击"保存"按钮。

借：预付账款（上海亿达）　　　　　　　　　　　　　　　　　　　　-6 000.00

借：应付账款/一般应付账款（上海亿达）　　　　　　　　　　　　　　6 000.00

4. 结算成本处理

在存货核算系统，依次单击"记账→结算成本处理"菜单，打开"结算成本处理"对话框。仓库选择"原材料仓"，单击"确定"，打开"结算成本处理"窗口，如图 7-37 所示。选中硫化剂的结算记录，再单击工具栏的"结算处理"按钮，系统提示"结算成本处理完成。"，单击"确定"按钮。注意，结算成本处理完毕后，系统自动生成一张入库调整单。

	结算单号	仓库名称	入库单号	入库日期	存货名称	计量单位	数量	暂估单价	暂估金额	结算数量	结算单价	结算金额
	000000000000010	原材料仓	RKA12586	2021-12-30	硫化剂	千克	800.00	14.9000	11,920.00	800.00	14.0000	11,200.00
合计							800.00		11,920.00	800.00		11,200.00

图 7-37　结算成本处理

5. 生成凭证

在存货核算系统，对上一步所生成的入库调整单进行合并制单，生成一张转账凭证。将会计分录第二行的"科目名称"改为"应付账款/暂估应付账款"，单击"Enter"键，调出"辅助项"对话框。"供应商"选择"上海亿达"，"业务员"选择"徐日强"。保存该记账凭证。

借：原材料　　　　　　　　　　　　　　　　　　　　　-720.00
　　贷：应付账款/暂估应付账款（上海亿达）　　　　　　　-720.00

7.5 应付款管理系统业务

7.5.1 票据管理

【实验资料】

2022 年 1 月 12 日，收到交通银行锦州古塔支行通知，76371645 号银行承兑汇票到期，已于当日支付票款。

【实验过程】

（1）2022 年 1 月 12 日，由马浩男（W03）登录企业应用平台。在 U8 企业应用平台，单击"业务工作→财务会计→应付款管理→票据管理→票据列表"菜单，打开"应付票据列表"窗口。单击工具栏的"查询"按钮，弹出"查询条件"对话框，单击"确定"按钮。

应付款管理系统票据管理

单击 76371645 号商业汇票的"选择"栏，再单击工具栏的"结算"按钮，弹出"票据结算"对话框，"结算科目"参照选择"1002010101"（银行存款/交通银行/锦州古塔支行/基本户），单击"确定"按钮，系统提示"是否立即制单？"，单击"否"按钮。

（2）2022 年 1 月 12 日，由张博文（W02）登录企业应用平台。在应付款管理系统，对上一步的票据处理业务进行制单，生成一张付款凭证并保存。

借：应付票据（吉林恒鑫）　　　　　　　　　　　　　50 000.00
　　贷：银行存款/交通银行/锦州古塔支行/基本户　　　　 50 000.00

7.5.2 转账处理

1. 应付冲应付

【实验资料】

2022 年 1 月 12 日，经三方协商一致，将本月 11 日形成的应付锦州顺通的运费款 588.6 元转为应付吉林恒鑫的往来款。

应付冲应付

【实验过程】

2022 年 1 月 12 日，由张博文（W02）登录企业应用平台。在应付款管理系统，依次单击"转账→应付冲应付"菜单，打开"应付冲应付"窗口。转出的"供应商"选择"锦州顺通"，转入的"供应商"栏选择"吉林恒鑫"，单击窗口右侧的"查询"按钮，窗口下方显示锦州顺通的采购专用发票。在"65972815"号发票的"并账金额"栏输入"588.6"。单击"确认"按钮，系统提示"是否立即制单"，单击"是"按钮，进入填制凭证界面，将"凭证类别"改为"转账凭证"，单击"保存"按钮。

贷：应付账款/一般应付账款（锦州顺通）   −588.60

贷：应付账款/一般应付账款（吉林恒鑫）   588.60

2．应付冲应收

【实验资料】

2022 年 1 月 12 日，经三方协商一致，将应付吉林恒鑫的货款 36 500 元冲销应收浙江天马的往来款。

【实验过程】

2022 年 1 月 12 日，由张博文（W02）登录企业应用平台。在应付款管理系统，单击"转账→应付冲应收"菜单，打开"应付冲应收"对话框。在应付选项卡的"供应商"中选择"吉林恒鑫"，在应收选项卡"客户"中选择"浙江天马"，单击"确定"按钮，打开"应付冲应收"窗口。单击工具栏的"全选"按钮，在销售专用发票的"转账金额"栏输入"36500"。单击"确认"按钮，系统提示"是否立即制单？"，单击"是"按钮，系统自动打开"填制凭证"窗口，将"凭证类别"改为"转账凭证"，单击工具栏的"保存"按钮。

应付冲应收

借：应付账款/一般应付账款（吉林恒鑫）   35 911.40

应付账款/一般应付账款（吉林恒鑫）   588.60

贷：应付账款/一般应付账款（浙江天马）   36 500.00

7.6 单据查询

【实验资料】

查询 1 月 1 日至 1 月 12 日填制的全部付款单。

【实验过程】

2022 年 1 月 12 日，由张博文（W02）登录企业应用平台。在 U8 企业应用平台，依次单击"业务工作→财务会计→应付款管理→付款处理→收付款单查询"菜单，单击工具栏的"查询"按钮，打开"查询条件-收付款单过滤"对话框，在"单据类型"栏选择"付款单"，"包含余额=0"栏选择"是"，单击"确定"按钮，结果如图 7-38 所示。

收付款单列表

序号		单据日期	单据类型	单据编号	供应商	币种	汇率	原币金额	原币余额	本币金额	本币余额
1	☐	2022-01-02	付款单	0000000002	北京吉祥商贸有限公司	人民币	1.00000000	35,595.00	0.00	35,595.00	0.00
2	☐	2022-01-04	付款单	0000000003	湖北蓝星实业有限公司	人民币	1.00000000	48,929.00	0.00	48,929.00	0.00
3	☐	2022-01-04	付款单	0000000004	锦州顺通物流有限公司	人民币	1.00000000	3,815.00	0.00	3,815.00	0.00
4	☐	2022-01-05	付款单	0000000005	重庆中冠商贸有限公司	人民币	1.00000000	268,086.00	0.00	268,086.00	0.00
5	☐	2022-01-06	付款单	0000000006	辽宁辉阳实业有限公司	人民币	1.00000000	5,017.20	0.00	5,017.20	0.00
6	☐	2022-01-09	付款单	0000000007	重庆中冠商贸有限公司	人民币	1.00000000	12,610.80	0.00	12,610.80	0.00
7	☐	2022-01-10	付款单	0000000008	湖北蓝星实业有限公司	人民币	1.00000000	2,389.95	0.00	2,389.95	0.00
8	☐	2022-01-11	付款单	0000000009	辽宁辉阳实业有限公司	人民币	1.00000000	627.72	627.72	627.72	627.72
9	☐	2022-01-11	付款单	0000000010	上海亿达商贸有限公司	人民币	1.00000000	6,656.00	0.00	6,656.00	0.00
10	小计							383,726.67	627.72	383,726.67	627.72
11	合计							383,726.67	627.72	383,726.67	627.72

图 7-38 付款单查询

应付款管理系统
单据查询

第8章 销售业务

8.1 | 概述

与采购业务相同，供应链管理系统的销售业务也具有单据多、系统多、岗位多以及处理流程复杂等特点。参与销售业务处理的岗位有销售管理系统操作员、库存管理系统操作员、存货核算系统操作员以及应收款管理系统操作员，其中后两个岗位一般由一人完成。销售业务常见单据如表 8-1 所示。

表 8-1 销售业务常用单据

序号	单据名称	处理系统	操作员
1	销售订单	销售管理	X01 纪超岩
2	发货单	销售管理	X01 纪超岩
3	退货单	销售管理	X01 纪超岩
4	销售出库单	库存管理	C01 冯艳琪
5	销售专用发票	销售管理	X01 纪超岩
6	代垫费用单	销售管理	X01 纪超岩
7	销售费用支出单	销售管理	X01 纪超岩
8	其他应收单	应收款管理	W02 张博文
9	收付款单	应收款管理	W03 马浩男
10	商业汇票	应收款管理	W03 马浩男

销售管理系统各单据的表头均有"业务类型"栏，且为必输栏。系统提供 4 种业务类型：普通销售、分期收款、委托代销和直运销售，本章只涉及"普通销售"业务类型。在普通销售业务中，并存两种处理流程不同的业务模式，即先发货后开票模式和开票直接发货模式，这两种模式的关键区别为是先生成发货单还是先生成销售发票。围绕表 8-1 所列单据，普通销售业务主要包含以下业务处理环节。

1. 销售订货

企业与客户之间为了达成货物交易，通常需要签订购销合同，以明确双方的权利、义务。在供应链管理系统，销售订单有以下几种取得方式：①根据购销合同手工填制销售订单（本书采用）；②参照销售报价单生单；③参照销售预订单生单；④参照销售类合同生单；⑤参照进口订单生单。参照已审核未关闭的销售订单可生成发货单或销售发票。

2. 先发货后开票

先发货后开票模式根据销售订单或其他销售合同，向客户发出货物，发货之后根据发货单开票并结算。参照销售订单生成发货单，一张销售订单可多次发货，多张订单也可一次发货。参照发货单生成销售发票，多张发货单可以汇总开票，一张发货单也可拆单生成多张销售发票。该模式除了适用于普通销售业务外，还适用于分期收款业务、委托代销业务。

3. 开票直接发货

开票直接发货模式根据销售订单或其他销售合同，向客户开具销售发票，客户根据发票到指定仓库提货。参照销售订单生成销售发票，发票一经复核，自动生成已审核的发货单。一张销售订单可多次开票。一张销售发票生成一张与之对应的发货单。该模式只适用于普通销售业务。

虽然销售管理系统存在开票直接发货模式，但是采购管理系统并没有"开票直接到货模式"，也就是说，参照采购订单生成采购发票，并不能自动生成到货单。

4. 销售出库

销售出库单是自动生成还是手工参照生成，由销售管理系统的"销售生成出库单"参数或库存管理系统的"是否库存生成销售出库单"参数决定。

（1）两参数的设置是互斥关系。即当勾选销售管理系统的"销售生成出库单"参数时，库存管理系统的"是否库存生成销售出库单"参数自动取消勾选。反之，当勾选库存管理系统的"是否库存生成销售出库单"参数时（本书采用），销售管理系统的"销售生成出库单"参数自动取消勾选。

（2）两参数生成销售出库单的方式不同。当勾选销售管理系统的"销售生成出库单"参数时，销售出库单根据已审核的发货单自动生成。该销售出库单处于未审核状态，但出库数量不可修改。当勾选库存管理系统的"是否库存生成销售出库单"参数时，销售出库单需手工参照已审核的发货单生成。此时，出库数量可以修改，常见于分批出库业务。

上述两个参数与前述两种业务模式组合，可得到 4 种具体的业务流程，总结如表 8-2 所示。

表 8-2　　　　　　　　　　　　　　4 种销售业务流程总结

模式	参数	发货单	发票	出库单
先发货 后开票	销售生成出库单	参照订单生成，未审核	参照发货单生成	自动生成，未审核
	库存生成销售出库单	参照订单生成，未审核	参照发货单生成	参照发货单生单，未审核
开票直 接发货	销售生成出库单	自动生成，已审核	参照订单生成	自动生成，未审核
	库存生成销售出库单	自动生成，已审核	参照订单生成	参照发货单，未审核

5. 销售退货

销售退货业务也应遵循两种业务模式处理。在先发货后开票模式的退货业务中，参照销售订单生成退货单，参照退货单生成红字销售发票。在开票直接发货模式的退货业务中，参照销售订单生成红字销售发票，发票复核后，系统自动生成已审核的退货单。

在销售过程中，如果发生销售折让，则需要填制红字销售发票。此时红字销售发票表体"仓库名称"栏为空，在"数量"栏输入"0"，"无税金额"栏输入负数，"退补标志"选择"退补"。

6. 其他应收单

对于在销售货物的过程中同时发生的代垫运费，需在销售管理系统中填制代垫费用单。该单据审核后，自动生成其他应收单并自动传递至应收款管理系统。其他涉及"应收账款"科目的业务也可考虑使用其他应收单。应收单实质上是一张记账凭证，表头反映借方信息，表体反映贷方信息，如下所示。

借：应收款管理系统受控科目（表头项目中的"科目"，必须是受控科目）

　　贷：××××（表体项目中的"科目"）

其他应收单表体信息可以不输入，若不输入，保存单据时系统会自动形成一条方向相反、金额相等的记录，该记录可修改。

销售发票和其他应收单统称为应收单据。它们都需要在应收款管理系统审核，且销售发票还需在销售管理系统先行复核。已审核的应收单据不允许修改或删除。不能在已结账月份进行审核处理或弃审处理。应收单据的后续处理，如制单处理、核销处理、选择收款、转账处理、坏账处理等，都是基于该单据已经审核。也就是说，如果应收单据未经审核，则这些后续操作都不能做。

如果已审核的应收单据已做过前述后续处理，则该应收单据不能弃审、修改和删除。但是，系统对所有的处理都提供了逆向操作功能，只有通过逆向操作把后续处理全部取消，该应收单据才可弃审、修改和删除。

7. 应税劳务

在销售货物的过程中经常发生应税劳务。以运输费为例，一般有 3 种情况：①客户自担；②由客户承担，但是先由我公司垫付；③由我公司负担。

第一种情况，此时我公司无须做任何处理；第二种情况，可到销售管理系统填制代垫费用单；第三种情况，如果对方开具的是增值税普通发票，则可到销售管理系统填制销售费用支出单；如果对方开具的是增值税专用发票，则可到采购管理系统填制采购专用发票。

8. 正常单据记账

根据存货核算系统"销售成本核算方式"参数设置的不同，已销商品成本的确认标准可选择按销售出库单，也可选择按销售发票（本书采用）。

在全月平均法下，出库单的记账不受限制，只是在记账完毕后不能体现存货的出库成本，而必须经过期末处理以后才能得到存货的出库成本。红字出库单没有成本时，单据记账处理方式同蓝字出库单。如果在出库单的单价和金额中输入了 0，则系统将其视为零成本出库。

9. 生成凭证

在全月平均法下，在没有通过期末处理功能计算出加权平均单价前，材料出库单和销售出库单都不允许生成凭证。在期末处理前，入库单和出库单是否允许记账、生成凭证的总结如表 8-3 所示。

表 8-3　入库单和出库单是否允许记账、生成凭证的总结

序号	单据名称	正常单据记账	生成凭证
1	采购入库单	允许	允许
2	材料出库单	允许	不允许
3	产成品入库单	不允许	不允许
4	销售出库单	允许	不允许

10. 收取货款

（1）开具发票同时收取货款

若开具发票的同时收取货款（商业汇票除外），则可以直接单击发票工具栏的"现结"按钮，完成款项收取。该功能支持全额现结和部分现结。"现结"自动生成未审核、未核销的收款单，现结的发票审核后自动完成核销处理。

虽然普通采购业务中的"现付"与"采购结算"之间没有先后顺序，但是，在普通销售业务中必须先"现结"后"复核"再"审核"。已复核或已审核的发票不能再进行现结处理。

（2）收取前欠货款——收款单

如果收取前欠货款（商业汇票除外），则到应收款管理系统的"收款单据录入"或"选择收款"中处理。一张发票可以多次收款，同时多张发票也可以一次收款。

系统通过收款单表体的款项类型来区分不同的款项用途：应收款、预收款、其他费用、销售定金、现款结算等。不同的款项类型后续业务处理不尽相同。若一张付款单具有不同的用途款项，则应在表体分行处理。

① 应收款，该类型的收款单用于冲销应收账款，表体对应的科目为受控科目。

② 预收款，该类型的收款单用于形成预收账款，表体对应的科目为受控科目。

③ 其他费用，该类型的收款单表体对应的科目为非受控科目。

④ 销售定金，该类型的收款单是为了完成销售定金业务，表体对应的科目为非受控科目。

a．该收款单在"转货款"时，可以生成款项类型为"应收款"的收款单。

b．该收款单在"转营业外收入"时，生成款项类型为"其他费用"的收款单。

c．该收款单在"退回"时，生成款项类型为"销售定金"的付款单。

⑤ 现款结算，该类型的收款单用于核销现款结算的发票，表体对应的科目为受控科目。该收款单只能在对应发票审核时核销。

只有应收款、预收款、现款结算性质的收款单才能与销售发票、应收单进行核销勾对。

应收、预收用途的付款单可与应收、预收用途的收款单进行"红票对冲"操作。

应收、预收用途的付款单可与应收、预收用途的收款单或红字应收单据进行核销操作。

收款单审核是对收款单登记应收明细账，并在单据上填写审核日期、审核人的过程。系统将单据日期作为审核日期，将当前操作员作为审核人。系统提供 3 种审核方式：自动批审、批量审核、单张审核。

收款单审核后才能进行后续处理，如审核、制单、核销、预收冲应收、红票对冲等。如果收款单已做过后续处理，则该收款单不能修改或删除。但是，系统对所有的处理都提供了逆向操作功能，只有通过逆向操作把后续处理全部取消，收款单才可修改和删除。

（3）收取前欠货款——选择收款

选择收款功能可以实现一次对单个或多个客户的单笔或多笔款项的收款核销处理。选择收款后，系统自动生成已审核、已核销的收款单，该收款单的制单人、审核人和核销人均为同一人。该功能也可以处理有现金折扣的收款核销业务。如果只收取某单据的部分金额，则可手工输入"收款金额"。

（4）商业汇票

不管是在开具发票的同时收到货款，还是收取前欠货款，凡是通过商业汇票收款的，都必须到应收款管理系统的"票据管理"中处理。

① 收票。如果在应收款管理系统选择参数"应收票据直接生成收款单"（系统默认勾选此项），则商业汇票保存完毕，系统自动生成一张未审核、未核销收款单，用户可对该收款单进行后续处理。该收款单的后续处理与在收款单据录入中填制的收款单相同。

如果所收商业汇票作为预收款，则保存票据后到"收款单据录入"中，找到该汇票自动生成的收款单，将表体的"款项类型"改为"预收款"即可。

② 背书。票据背书本质上是一种付款行为，必须到应收款管理系统的票据管理中完成。系统提供"冲销应付账款"和"其他"两种背书方式，默认使用前者。当背书方式为"冲销应付账款"时，如果背书金额大于应付账款，则将剩余金额记为供应商的预付款，并结清该张票据。如果背书金额小于等于应付账款，则只能按背书金额冲销。当背书方式为"其他"时，对应科目为应付款管理系统不受控的相关科目。票据背书后，将不能再对其进行其他处理。

需要注意的是，除了"票据背书"功能权限，操作员还应拥有"应收冲应付"权限，且在背书月份，应付款管理系统未结账。

③ 贴现。贴现是指票据持票人在票据未到期前，为获得现金向银行贴付一定利息而发生的票据转让行为。贴现日期是向银行申请办理贴现的日期，该日期应大于已结账月以及票据出票日，小于等于票据到期日。如果贴现净额小于票据余额，则系统自动将其差额作为费用。如果贴现净额大于票据余额，则系统自动将其差额作为利息。

④ 计息。对于带息商业汇票，通过"计息"功能自动计算票据利息，计算结果可修改。计息日期应大于已经结账月，小于等于当前业务月日期。

⑤ 结算。这里的"结算"是指商业汇票到期日，持票人向承兑人收取票款的行为。

在票据列表界面或票据填制界面，单击"删除"或"修改"按钮，可对商业汇票进行修改和删除。但在以下几种情况下不能修改和删除：票据自动生成的收款单已经进行核销、转账等后续处理；收到日期所在月份已经结账；已经进行背书、贴现、计息、结算等后续处理。

11. 核销处理

通过核销功能可将收款单与发票或应收单相关联，冲减本期应收，减少企业债权。未审核的或者原币余额为 0 的单据记录均不显示在收付款单、被核销单据列表中。红字单据整条记录金额、余额均正数显示，单据类型为付款单。

若收款单数额等于原有单据数额，则付款单与原有单据完全核销。若收款单数额大于原有单据数额，则原有单据全部被核销，收款单数额与原有单据数额的差额形成预收款。若收款单数额小于原有单据数额，则原有单据仅得到部分核销。

12. 转账处理

（1）应收冲应收

应收冲应收也称并账，是指将应收款在客户、部门、业务员、项目和合同之间进行转移，实现应收业务的调整。以下情况可能需要使用该功能。①操作性错误，如所填制的应收单据客户选择错误且无法修改。②实际工作需要，如债权债务转移、部门合并、分管某客户的业务员离职等。每一笔应收款的并账金额应大于 0，小于等于其原币余额。

（2）应收冲应付

应收冲应付是指用某客户的应收款冲抵某供应商的应付款。以下情况可能需要使用该功能。①某公司既是客户又是供应商。②本单位与供应商、客户之间存在"三角债"。每一笔应付款的转账金额应大于 0，小于等于其原币余额。应付款的转账金额合计一般应等于应收款的转账金额合计。

与应付款管理系统的"应付冲应收"相比，除所生成记账凭证的来源不同外，两者的操作方法、处理结果均一致，可等效使用。

（3）预收冲应收

预收冲应收就是将预收款与应收款进行对冲。每一笔预收款、应收款的转账金额不能大于其自身余额。预收款的转账金额合计应等于应收款的转账金额合计，且不能超过两者金额的较小者。红字预收款也可冲销红字应收款，此时"预收款"选项卡中的"类型"应为付款单。蓝字预收款冲销蓝字应收款与红字预收款冲销红字应收款不能同时进行。预收款与应收款之间也可通过"核销"进行勾对。

（4）红票对冲

红票对冲就是用某客户的红字发票冲抵其蓝字发票。系统提供两种对冲方式：手工对冲和自动对冲。如果红字单据中有对应单据号，则可使用自动对冲，否则应使用手工对冲。对冲金额合计不能大于红票金额。红票对冲同样应遵循核销规则。

13. 坏账处理

（1）坏账发生

通过"坏账发生"功能可以将某项应收款确认为坏账，同时冲销坏账准备。

（2）坏账收回

在使用该功能收回坏账前，应先手工填制一张收款单。注意，收回坏账的收款单不审核。

（3）计提坏账准备

系统提供 3 种计提坏账的方法：应收余额百分比法（本书采用）、销售收入百分比法和账龄分析法。用户可在应收款管理系统选项"坏账处理方式"栏选择。在应收余额百分比法下，应收账款总额为本会计年度最后一天的所有未结算完的发票和应收单余额之和减去预收款数额。

根据会计学原理，在资产负债表债务法下，计提坏账准备后应考虑该事项对企业所得税的影响，即递延所得税问题。

14. 制单处理

"制单处理"是应收款管理系统专门制作记账凭证的平台，包括以下 12 种制单类型：发票制单、应收单制单、收付款单制单、核销制单、票据处理制单、汇兑损益制单、应收冲应收制单、预收冲应收制单、应收冲应付制单、红票对冲制单、现结制单、坏账处理制单。

系统默认将登录日期作为制单日期。制单日期应大于等于所选单据的最大日期，但小于等于系统当前日期。如果应收款管理系统与总账系统集成使用，则制单日期应该满足总账制单要求。

15. 取消操作

以下 9 种操作类型可以取消：核销、选择收款、坏账处理、汇兑损益、票据处理、应收冲应收、应收冲应付、预收冲应收和红票对冲。如果某操作类型已经制单处理，则在取消操作前，应先到"单据查询→凭证查询"中将该记账凭证删除，再进行取消操作。

取消选择收款，则核销处理被取消，同时选择收款生成的收款单也一并删除，应收单据恢复原状。

以下情况不允许取消票据处理：①票据日期所在月份已经结账。②票据背书方式为"冲销应付账款"，且应付款管理系统已经结账。③票据计息后又进行了贴现等处理。④票据转出后生成的应收单已经进行了核销等处理。

如果转账处理（应收冲应收、预收冲应收、应收冲应付等）发生月份已经结账，则不能恢复。

本章总体框架如图 8-1 所示。

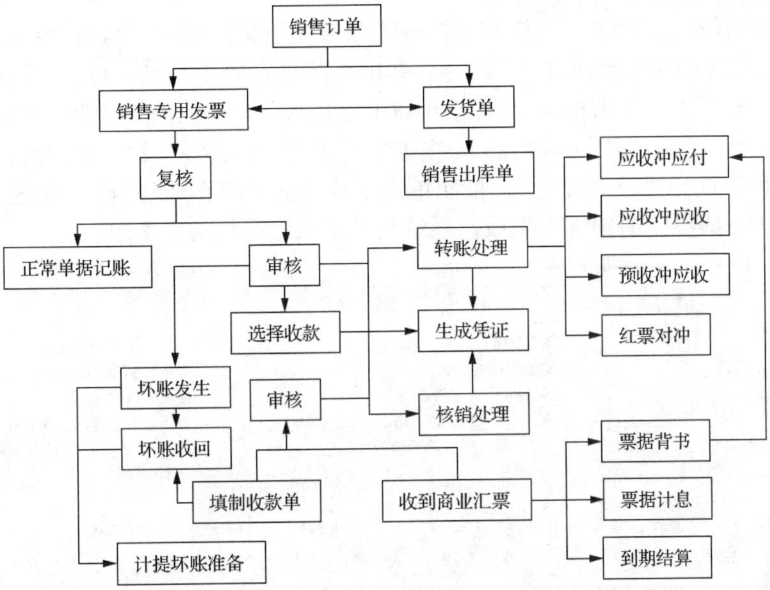

图 8-1 本章总体框架

8.2 | 日常销售业务

8.2.1 开票直接发货的销售业务

【实验资料】

2022 年 1 月 13 日，销售部胡海燕与浙江天马签订购销合同（合同编号：XS01001），销售 195 型轿车轮胎 200 套，不含税单价 650 元/套，销售 235 型货车轮胎 500 套，不含税单价 980

元/套，全部货物价税合计 700 600 元。当日开具增值税专用发票（票号：35827681），发出全部货物（出库单号：CKB01001）。合同约定下月结清货款。

【实验过程】

1. 填制销售订单

2022 年 1 月 13 日，由纪超岩（X01）登录企业应用平台。在销售管理系统，根据实验资料填制销售订单，填制完毕后保存并审核该销售订单，结果如图 8-2 所示。

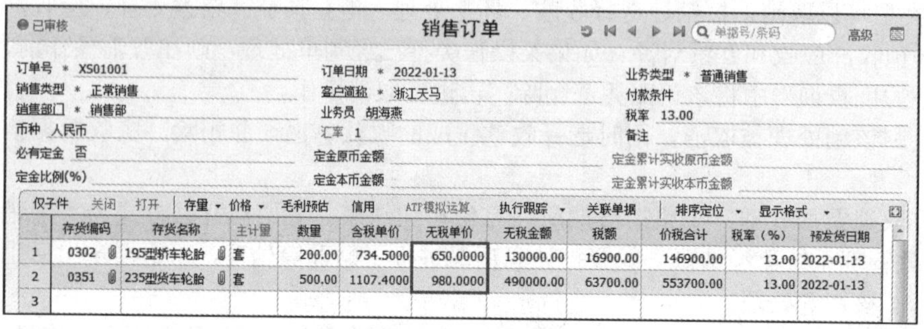

已审核　销售订单　单据号/条码　高级

订单号 * XS01001　订单日期 * 2022-01-13　业务类型 * 普通销售
销售类型 * 正常销售　客户简称 * 浙江天马　付款条件
销售部门 * 销售部　业务员 胡海燕　税率 13.00
币种 人民币　汇率 1　备注
必有定金 否　定金原币金额　定金累计实收原币金额
定金比例(%)　定金本币金额　定金累计实收本币金额

仅子件　关闭　打开　存量　价格　毛利预估　信用　ATP模拟运算　执行跟踪　关联单据　排序定位　显示格式

	存货编码	存货名称	主计量	数量	含税单价	无税单价	无税金额	税额	价税合计	税率（%）	预发货日期
1	0302	195型轿车轮胎	套	200.00	734.5000	650.0000	130000.00	16900.00	146900.00	13.00	2022-01-13
2	0351	235型货车轮胎	套	500.00	1107.4000	980.0000	490000.00	63700.00	553700.00	13.00	2022-01-13
3											

图 8-2　销售订单

开票直接发货的销售业务

2. 参照销售订单生成销售专用发票

在销售管理系统，依次单击“销售开票→销售专用发票”菜单，打开“销售专用发票”窗口。执行工具栏的“增加→销售订单”命令，弹出“查询条件-单据列表过滤”对话框，单击“确定”按钮。在“参照生单”窗口，单击 XS01001 号销售订单对应的“选择”栏。单击工具栏的“确定”按钮，返回“销售专用发票”窗口。根据实验资料，在表头“发票号”处填入“35827681”，表体“仓库名称”选择“产成品仓”。依次单击工具栏的“保存”“复核”按钮，结果如图 8-3 所示。如果销售发票参照销售订单生成，系统自动生成已审核的发货单。

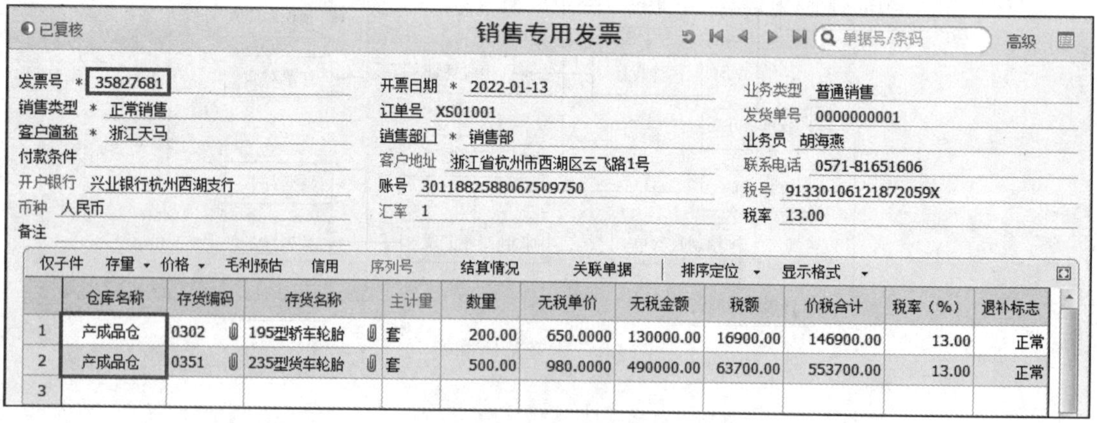

已复核　销售专用发票　单据号/条码　高级

发票号 * 35827681　开票日期 * 2022-01-13　业务类型 普通销售
销售类型 * 正常销售　订单号 XS01001　发货单号 0000000001
客户简称 * 浙江天马　销售部门 * 销售部　业务员 胡海燕
付款条件　客户地址 浙江省杭州市西湖区云飞路1号　联系电话 0571-81651606
开户银行 兴业银行杭州西湖支行　账号 301188258806750975O　税号 91330106121872059X
币种 人民币　汇率 1　税率 13.00
备注

仅子件　存量　价格　毛利预估　信用　序列号　结算情况　关联单据　排序定位　显示格式

	仓库名称	存货编码	存货名称	主计量	数量	无税单价	无税金额	税额	价税合计	税率（%）	退补标志
1	产成品仓	0302	195型轿车轮胎	套	200.00	650.0000	130000.00	16900.00	146900.00	13.00	正常
2	产成品仓	0351	235型货车轮胎	套	500.00	980.0000	490000.00	63700.00	553700.00	13.00	正常
3											

图 8-3　销售专用发票

3. 参照发货单生成销售出库单

2022 年 1 月 13 日，由冯艳琪（C01）登录企业应用平台。在库存管理系统，参照上一步自动生成的发货单生成销售出库单，将表头“出库单号”修改为“CKB01001”，其他项默认。保存并审核该销售出库单，结果如图 8-4 所示。

4. 销售发票审核并生成凭证

2022 年 1 月 13 日，由张博文（W02）登录企业应用平台。在 U8 企业应用平台，单击“业务工作→财务会计→应收款管理→应收处理→销售发票→销售发票审核”菜单，打开“销售发票审核"窗口。单击工具栏的"查询"按钮，弹出"查询条件-发票查询"对话框，单击"确定"按钮。双击浙江天马销售发票的单据号"35827681"，打开该发票，单击工具栏的"审核"按钮，系统提示"是否立即制单？"，单击"是"按钮，系统自动打开"填制凭证"窗口。将"凭证类别"改为"付款凭证"，单击工具栏的"保存"按钮。

借：应收账款/一般应收账款（浙江天马）　　　　　　700 600.00

　　贷：主营业务收入　　　　　　　　　　　　　　　　620 000.00

　　　　应交税费/应交增值税/销项税额　　　　　　　　80 600.00

销售出库单

已审核

出库单号	CKB01001	出库日期	2022-01-13	仓库	产成品仓
出库类型	销售出库	业务类型	普通销售	业务号	35827681
销售部门	销售部	业务员	胡海燕	客户	浙江天马
审核日期	2022-01-13	备注			

存量 ▾ 货位 ▾ 关联单据 排序定位 ▾ 显示格式 ▾

	存货编码	存货名称	规格型号	主计量单位	数量	单价	金额
1	0302	195型轿车轮胎		套	200.00		
2	0351	235型货车轮胎		套	500.00		
3							

图 8-4　销售出库单

5. 正常单据记账

在存货核算系统，单击"记账→正常单据记账"菜单，打开"未记账单据一览表"窗口，单击工具栏的"查询"按钮，打开"查询条件"对话框，单击"确定"按钮，系统显示正常单据记账列表。单击 35827681 号发票两行记录的"选择"栏，再单击工具栏的"记账"按钮，系统提示记账成功，单击"确定"按钮。关闭当前窗口。

8.2.2　先发货后开票的销售业务

【实验资料】

2022 年 1 月 13 日，销售部胡海燕与江苏远达签订购销合同（合同编号：XS01002），销售 235 型货车轮胎 400 套，不含税单价 1 050 元/套，销售 265 型货车轮胎 500 套，不含税单价 1 180 元/套，全部货物价税合计 1 141 300 元。上月已预收货款 40 000 元。当日发出全部货物（出库单号：CKB01002）。合同约定由卖方垫付运输费用。

2022 年 1 月 14 日，开具增值税专用发票（票号：35827682），以电汇方式（票据号：31265609）支付代垫运费 2 877.6 元。

2022 年 1 月 15 日，收到江苏远达货款及代垫运费 1 104 177.6 元，结算方式为电汇（票据号：86950734）（选择收款）。

【实验过程】

1. 填制销售订单并生成发货单

2022 年 1 月 13 日，由纪超岩（X01）登录企业应用平台。在销售管理系统，根据实验资料填制销售订单，填制完毕后保存并审核该销售订单，结果如图 8-5 所示。在"销售订单"窗口，单击工具栏的"发货"按钮，系统自动参照销售订单生成发货单。保存并审核该发货单，结果如图 8-6 所示。

已审核 销售订单

订单号 * XS01002　订单日期 * 2022-01-13　业务类型 * 普通销售
销售类型 * 正常销售　客户简称 * 江苏远达　付款条件
销售部门 * 销售部　业务员 胡海燕　税率 13.00
币种 人民币　汇率 1　备注
必有定金 否　定金原币金额　定金累计实收原币金额
定金比例(%)　定金本币金额　定金累计实收本币金额

	存货编码	存货名称	主计量	数量	含税单价	无税单价	无税金额	税额	价税合计	税率（%）	预发货日期
1	0351	235型货车轮胎	套	400.00	1186.5000	1050.0000	420000.00	54600.00	474600.00	13.00	2022-01-13
2	0352	265型货车轮胎	套	500.00	1333.4000	1180.0000	590000.00	76700.00	666700.00	13.00	2022-01-13
3											

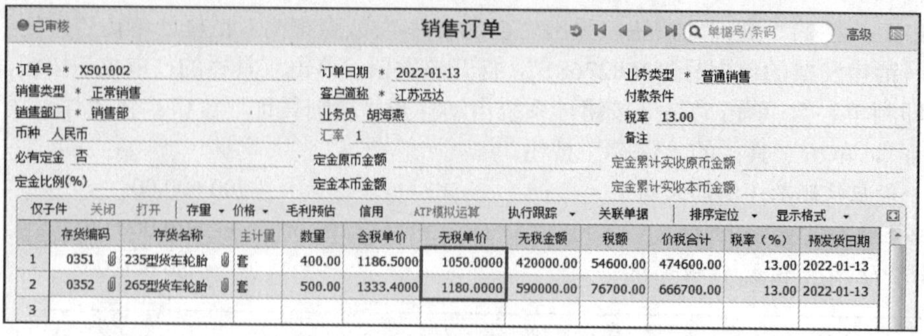

图 8-5　销售订单

先发货后开票的销售业务

已审核 发货单

发货单号 * 0000000002　发货日期 * 2022-01-13　业务类型 * 普通销售
销售类型 * 正常销售　订单号 XS01002　发票号
客户简称 * 江苏远达　销售部门 * 销售部　业务员 胡海燕
发货地址 江苏省南京市鼓楼区云飞路10号　发运方式　付款条件
税率 13.00　币种 人民币　汇率 1
备注

	仓库名称	存货编码	存货名称	主计量	数量	无税单价	无税金额	税额	价税合计	税率（%）
1	产成品仓	0352	265型货车轮胎	套	500.00	1180.0000	590000.00	76700.00	666700.00	13.00
2	产成品仓	0351	235型货车轮胎	套	400.00	1050.0000	420000.00	54600.00	474600.00	13.00
3										

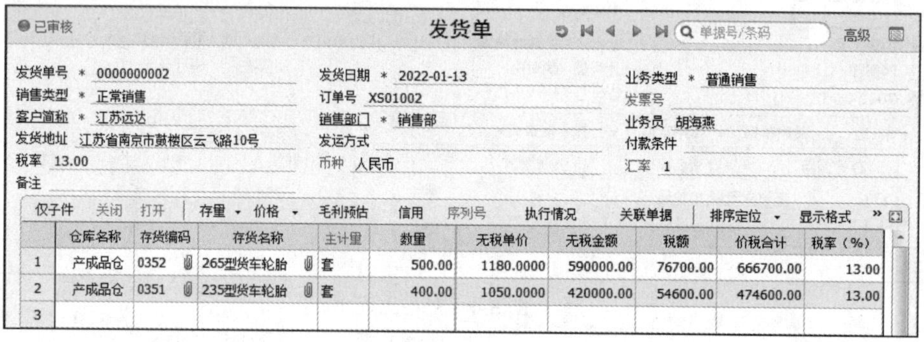

图 8-6　发货单

2. 参照发货单生成销售出库单

2022 年 1 月 13 日，由冯艳琪（C01）登录企业应用平台。在库存管理系统，参照上一步生成的发货单生成销售出库单，将表头“出库单号”改为“CKB01002”，其他项默认。保存并审核该销售出库单。

3. 参照发货单生成销售专用发票，处理代垫费用

2022 年 1 月 14 日，由纪超岩（X01）登录企业应用平台。在销售管理系统，参照 1 月 13 日江苏远达的发货单生成销售专用发票，在表头“发票号”处填入“35827682”。保存并复核该发票。在“销售专用发票”窗口，单击“代垫”按钮，在代垫费用单表体输入费用项目和代垫金额。保存并审核代垫费用单，结果如图 8-7 所示。代垫费用单审核后，系统自动生成未审核的其他应收单。

已审核 代垫费用单

代垫单号 * 0000000001　代垫日期 * 2022-01-14　发票号 35827682
客户简称 * 江苏远达　销售部门 * 销售部　业务员 胡海燕
币种 人民币　汇率 1　备注

	费用项目	代垫金额	存货编码	存货名称	规格型号
1	运输费	2877.60			
2					

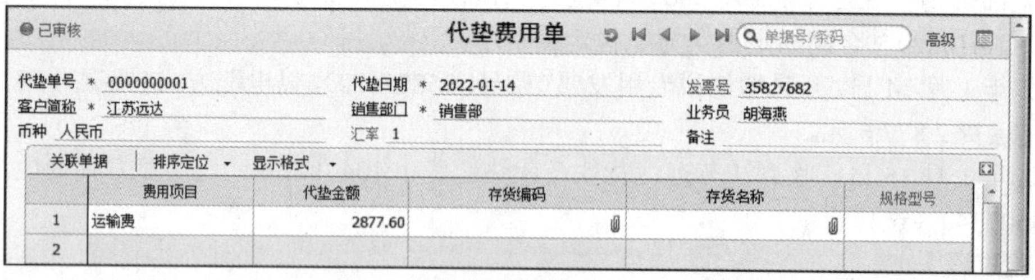

图 8-7　代垫费用单

4. 应收单据审核，生成凭证

2022 年 1 月 14 日，由张博文（W02）登录企业应用平台。

（1） 应收单据审核。在应收款管理系统，对上一步生成的 35827682 号销售专用发票和江苏远达的其他应收单进行审核。审核完毕后退出当前窗口。

（2） 生成凭证。在应收款管理系统，依次单击“凭证处理→生成凭证”菜单，打开“制单

查询"对话框，勾选"应收单"，单击"确定"按钮，打开"制单"窗口。依次单击工具栏的"合并""制单"按钮，系统生成一张记账凭证。将"凭证类别"改为"付款凭证"，会计分录第 5 行的会计科目选择"银行存款/交通银行/锦州古塔支行/基本户"，单击"Enter"键，调出"辅助项"对话框，根据实验资料补充结算方式及票号。保存该记账凭证。

> 借：应收账款/一般应收账款（江苏远达）　　　　　　　　　　　1 141 300.00
> 　　　应收账款/一般应收账款（江苏远达）　　　　　　　　　　　　2 877.60
> 　　贷：主营业务收入　　　　　　　　　　　　　　　　　　　　1 010 000.00
> 　　　　应交税费/应交增值税/销项税额　　　　　　　　　　　　　131 300.00
> 　　　　银行存款/交通银行/锦州古塔支行/基本户　　　　　　　　　　2 877.60

5. 预收冲应收

在应收款管理系统，依次单击"转账→预收冲应收"菜单，打开"预收冲应收"对话框。客户选择"江苏远达"，单击"过滤"按钮，在"转账金额"栏录入"40000"。单击"应收款"页签，单击"过滤"按钮，在 35827682 号销售专用发票的"转账金额"栏录入"40000"。单击"确定"按钮，系统弹出"是否立即制单"对话框，单击"是"，将"凭证类别"改为"转账凭证"，单击工具栏的"保存"按钮。

> 　　贷：预收账款/一般预收账款（江苏远达）　　　　　　　　　　−40 000.00
> 　　贷：应收账款/一般应收账款（江苏远达）　　　　　　　　　　 40 000.00

6. 正常单据记账

在存货核算系统，对 35827682 号销售发票的两行记录进行记账。记账完毕后关闭当前窗口。

7. 选择收款

2022 年 1 月 15 日，由马浩男（W03）登录企业应用平台。在 U8 企业应用平台，依次单击"业务工作→财务会计→应收款管理→收款处理→选择收款"菜单，打开"选择收款-条件"对话框，客户选择"江苏远达"，单击"确定"，打开"选择收款-单据"窗口。单击工具栏的"全选"按钮，再单击"确认"按钮，打开"选择收款-收款单"窗口，根据实验资料输入"结算方式"和"票据号"，单击"确定"。

8.（合并）生成凭证

2022 年 1 月 15 日，由张博文（W02）登录企业应用平台。在应收款管理系统，对上一步选择收款所生成单据进行合并制单处理，生成一张收款凭证。

> 借：银行存款/交通银行/锦州古塔支行/基本户　　　　　　　　　1 104 177.60
> 　　贷：应收账款/一般应收账款（江苏远达）　　　　　　　　　　1 101 300.00
> 　　　　应收账款/一般应收账款（江苏远达）　　　　　　　　　　　2 877.60

8.2.3　分批次发货且有销售定金的销售业务

【实验资料】

2022 年 1 月 15 日，销售部纪超岩与海南万通签订购销合同（合同编号：XS01003），销售 185 型轿车轮胎 1 000 套，不含税单价 680 元/套，价税合计 768 400 元。合同约定签订合同当日买方支付 20%销售定金，卖方发出 60%货物，1 月 16 日发出剩余货物，月底前结清货款。

当日，收到海南万通的销售定金 153 680 元，结算方式为电汇（票据号：89652712），发出第一批货物（出库单号：CKB01003）。

2022 年 1 月 16 日，向海南万通发出第二批货物（出库单号：CKB01004），开具全额增值税专用发票（票号：35827683）。

【实验过程】

1. 填制销售订单

2022 年 1 月 15 日，由纪超岩（X01）登录企业应用平台。在销售管理系统，根据实验资料填制销售订单。其中，在订单表头"必有定金"处选择"是"，"定金比例"处输入"20"；因本业务是分批发货的销售业务，所以订单表体需拆分成两行。填制完毕后保存该销售订单，结果如图 8-8 所示。注意，收取销售定金的收款单未生成之前，本销售订单暂不能审核。

分批次发货且有销售定金的销售业务

图 8-8 销售订单

2. 生成"销售定金"收款单

2022 年 1 月 15 日，由马浩男（W03）登录企业应用平台。在 U8 企业应用平台，单击"业务工作→财务会计→应收款管理→收款处理→收款单据录入"菜单，打开"收款单据录入"窗口。执行"增加→销售定金"命令，弹出"查询条件-参照订单"对话框，单击"确定"按钮，打开"拷贝并执行"窗口。选中 XS01003 号销售订单所在行的"选择"栏，单击"确定"按钮，返回"收款单据录入"窗口。根据实验资料，补充收款单表头"结算方式"为"电汇"，在"票据号"处输入"89652712"，单击"保存"，结果如图 8-9 所示。

图 8-9 （销售定金）收款单

3. 收款单据审核并生成凭证

2022 年 1 月 15 日，由张博文（W02）登录企业应用平台。在应收款管理系统，对上一步所填制收取海南万通销售定金的收款单进行审核，审核完毕后进行制单处理，生成一张收款凭证。

借：银行存款/交通银行/锦州古塔支行/基本户　　　　　　　　153 680.00

　　贷：预收账款/销售定金（海南万通）　　　　　　　　　　　　153 680.00

4. 审核销售订单并生成第一张发货单

2022 年 1 月 15 日，由纪超岩（X01）登录企业应用平台。在销售管理系统，找到 XS01003 号销售订单并审核。在"销售订单"窗口，单击"发货"按钮，系统自动参照销售订单生成发货单。发货单表体第一行的"仓库名称"选择"产成品仓"，删除表体第二行。保存并审核该发货单。

5. 参照发货单生成销售出库单

2022 年 1 月 15 日，由冯艳琪（C01）登录企业应用平台。在库存管理系统，参照上一步生成的发货单生成销售出库单，将表头"出库单号"改为"CKB01003"，其他项默认。保存并审核该销售出库单。

6. 参照销售订单生成第二张发货单

2022 年 1 月 16 日，由纪超岩（X01）登录企业应用平台。在销售管理系统，参照 XS01003 号销售订单表体"预发货日期"为"2022-01-16"的记录生成一张发货单。保存并审核该发货单。

7. 参照发货单生成销售出库单

2022 年 1 月 16 日，由冯艳琪（C01）登录企业应用平台。在库存管理系统，参照上一步生成的发货单生成销售出库单，将表头"出库单号"改为"CKB01004"，其他默认。保存并审核该销售出库单。

8. 参照发货单生成销售专用发票

2022 年 1 月 16 日，由纪超岩（X01）登录企业应用平台。在销售管理系统，参照 1 月 15 日、16 日海南万通的两张发货单生成一张销售专用发票。在表头"发票号"处填入"35827683"。保存并复核该发票。

9. 定金转货款

2022 年 1 月 16 日，由马浩男（W03）登录企业应用平台。在 U8 企业应用平台，依次单击"业务工作→财务会计→应收款管理→收款处理→收款单据录入"菜单，打开"收款单据录入"窗口。单击"▶|"（末张）按钮，找到"海南万通"的定金收款单。选择工具栏"转出→转货款"命令，如图 8-10 所示，打开"销售定金转出"对话框。单击"确定"按钮，系统提示"转出成功生成 1 张收款单"，单击"确定"按钮。

图 8-10 "收款单据录入"窗口

10. 销售发票审核并生成凭证

2022 年 1 月 16 日，由张博文（W02）登录企业应用平台。在应收款管理系统，对"35827683"号销售专用发票审核并制单，生成一张转账凭证。关闭已打开窗口。

借：应收账款/一般应收账款（海南万通）　　　　　　　　　　768 400.00
　　贷：主营业务收入　　　　　　　　　　　　　　　　　　　　　680 000.00
　　　　应交税费/应交增值税/销项税额　　　　　　　　　　　　　88 400.00

11. 收款单据审核并核销处理，（合并）生成凭证

在应收款管理系统，对收取海南万通货款的收款单进行审核。审核完毕后进行手工核销，在"手工核销"窗口销售专用发票的"本次结算"栏输入"153680"，单击"确认"。退出该窗

口。在应收款管理系统，对海南万通的收款单及上一步核销处理所生成单据进行合并制单，生成一张转账凭证。

借：预收账款/销售定金（海南万通）　　　　　　　　　　　153 680.00

　　贷：应收账款/一般应收账款（海南万通）　　　　　　　　153 680.00

12. 正常单据记账

在存货核算系统，对35827683号销售发票的两行记录进行记账。记账完毕后关闭当前窗口。

8.2.4　分仓库出库且有现金折扣的销售业务

【实验资料】

2022年1月16日，销售部纪超岩与河北长信签订购销合同（合同编号：XS01004），销售丁苯橡胶1 000千克，不含税单价13.5元/千克，销售185型轿车轮胎500套，不含税单价860元/套，全部货物价税合计501 155元。合同约定卖方承担运费，付款条件：2/10,1/20,n/30。

当日开具增值税专用发票（票号：35827684）并发出全部货物（丁苯橡胶出库单号：CKB01005，185型轿车轮胎出库单号：CKB01006）。收到锦州顺通开具的运输费用专用发票，显示运输数量600千米，不含税单价2元/千米，价税合计1 308元（票号：65972816）。（运费票通过采购管理系统处理。）

2022年1月17日，收到河北长信货款492 285元，结算方式为电汇（票据号：31695247）（选择收款）。

【实验过程】

1. 填制销售订单

2022年1月16日，由纪超岩（X01）登录企业应用平台。在销售管理系统，根据实验资料填制销售订单。注意，订单表头的"付款条件"选择"2/10，1/20，n/30"。填制完毕后保存该销售订单，结果如图8-11所示。

图8-11　销售订单

2. 参照销售订单生成销售专用发票

在销售管理系统，参照XS01004号销售订单生成一张销售专用发票。根据实验资料，在表头"发票号"处填入"35827684"，表体第1行"仓库名称"选择"原材料仓"，第2行"仓库名称"选择"产成品仓"。保存并复核该发票。

3. 参照发货单批量生成销售出库单

2022年1月16日，由冯艳琪（C01）登录企业应用平台。在U8企业应用平台，单击"业务工作→供应链→库存管理→销售出库→发货单批量出库"菜单，弹出"查询条件-销售发货单列表"对话框，单击"确定"按钮，打开"销售生单"窗口。单击上一步所生成发货单对应的

“选择”栏。单击工具栏的“确定”按钮，系统提示“生单成功!”，单击“确定”按钮，系统提示“是否查看生成单据的列表？”，单击“是”按钮，打开“销售出库单列表”窗口。双击第一行的“出库单号”栏，打开丁苯橡胶的销售出库单。根据实验资料，单击“修改”按钮，将销售出库单的“出库单号”改为“CKB01005”，保存并审核该销售出库单。单击工具栏的▶“下张”按钮，根据实验资料，单击“修改”按钮，将185型轿车轮胎销售出库单的“出库单号”改为“CKB01006”，保存并审核该销售出库单。

4. 填制运费专用发票

2022年1月16日，由赵子晨（G01）登录企业应用平台。在采购管理系统，填制运输费的采购专用发票。填制完毕后保存并复核该采购专用发票，结果如图8-12所示。

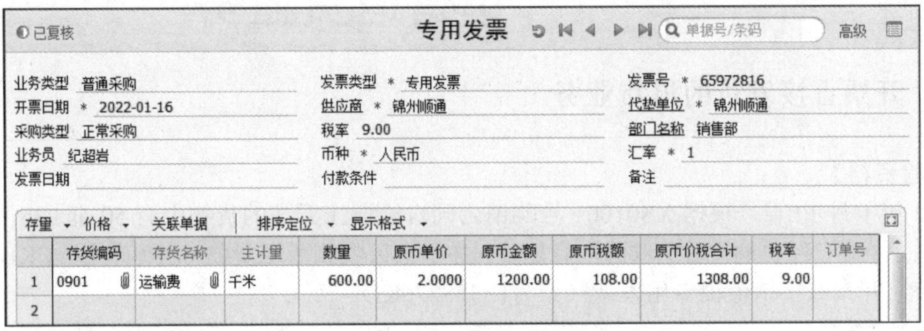
已复核　专用发票　单据号/条码　高级

业务类型 普通采购　发票类型 * 专用发票　发票号 * 65972816
开票日期 * 2022-01-16　供应商 * 锦州顺通　代垫单位 * 锦州顺通
采购类型 正常采购　税率 9.00　部门名称 销售部
业务员 纪超岩　币种 * 人民币　汇率 * 1
发票日期　付款条件　备注

存量　价格　关联单据　排序定位　显示格式

	存货编码	存货名称	主计量	数量	原币单价	原币金额	原币税额	原币价税合计	税率	订单号
1	0901	运输费	千米	600.00	2.0000	1200.00	108.00	1308.00	9.00	
2										

图8-12　采购专用发票

5. 销售发票审核并生成凭证

2022年1月16日，由张博文（W02）登录企业应用平台。在应收款管理系统，对“35827684”号销售专用发票审核并制单，生成一张转账凭证。关闭已打开窗口。

借：应收账款/一般应收账款（河北长信）	501 155.00
贷：其他业务收入/出售原材料收入	13 500.00
主营业务收入	430 000.00
应交税费/应交增值税/销项税额	57 655.00

6. 采购发票审核并生成凭证

2022年1月16日，由张博文（W02）登录企业应用平台。在应付款管理系统，对“65972816”号采购专用发票审核并制单，将会计分录第1行的“科目名称”修改为“销售费用/运输费”，然后保存该转账凭证。关闭已打开窗口。

借：销售费用/运输费	1 200.00
应交税费/应交增值税/进项税额	108.00
贷：应付账款/一般应付账款（锦州顺通）	1 308.00

7. 正常单据记账

在存货核算系统，对35827684号销售发票的两行记录进行记账。记账完毕后关闭当前窗口。

8. 选择收款

2022年1月17日，由马浩男（W03）登录企业应用平台。在U8企业应用平台，依次单击“业务工作→财务会计→应收款管理→收款处理→选择收款”菜单，打开“选择收款-条件”对话框，客户选择“河北长信”，单击“确定”，打开“选择收款-单据”窗口。在销售专用发票的“本次折扣”栏输入“8870”，“收款金额”栏输入“492285”，单击“收款总计”栏。单击工具栏的“确认”按钮，打开“选择收款-收款单”窗口，根据实验资料输入“结算方式”和“票据号”，单击“确定”按钮。

9.（合并）生成凭证

2022 年 1 月 17 日，由张博文（W02）登录企业应用平台。在应收款管理系统，对上一步选择收款所生成单据进行合并制单处理，生成一张收款凭证。

借：财务费用/现金折扣   8 870.00
    银行存款/交通银行/锦州古塔支行/基本户   492 285.00
    贷：应收账款/一般应收账款（河北长信）   501 155.00

8.3 | 销售退货业务

8.3.1 开票直接发货的退货业务

【实验资料】

2022 年 1 月 17 日，根据 XS01001 号购销合同卖给浙江天马的货物中有 50 套 235 型货车轮胎存在质量问题。经协商，辽宁双圆同意退货，并于当日收到所退货物（出库单号：CKB01007）。当日，公司开具红字增值税专用发票（票号：35827685）。

【实验过程】

1. 参照销售订单生成红字销售专用发票

2022 年 1 月 17 日，由纪超岩（X01）登录企业应用平台。在销售管理系统，参照 XS01001 号订单生成一张红字销售专用发票。在表头"发票号"处填入"35827685"，删除表体 195 型轿车轮胎那一行，表体 235 型货车轮胎的"仓库名称"选择"产成品仓"，"数量"改为"-50"。保存并复核该发票，结果如图 8-13 所示。红字销售专用发票参照销售订单生成后，系统自动生成已审核的退货单。

图 8-13 红字销售专用发票

2. 参照退货单生成负数销售出库单

2022 年 1 月 17 日，由冯艳琪（C01）登录企业应用平台。在库存管理系统，参照上一步自动生成的退货单生成负数销售出库单，将表头"出库单号"修改为"CKB01007"，其他项默认。保存并审核该负数销售出库单。

3. 销售发票审核并生成凭证

2022 年 1 月 17 日，由张博文（W02）登录企业应用平台。在应收款管理系统，对"35827685"号红字销售专用发票审核并制单，生成一张转账凭证。关闭已打开窗口。

借：应收账款/一般应收账款（浙江天马）   -55 370.00

　　　　贷：主营业务收入　　　　　　　　　　　　　　　　　　　　　−49 000.00

　　　　　　应交税费/应交增值税/销项税额　　　　　　　　　　　　　−6 370.00

4. 红票对冲

在应收款管理系统，单击"转账→红票对冲→手工对冲"菜单，打开"红票对冲条件"窗口，客户选择"浙江天马"，单击"确定"按钮，打开"手工对冲"窗口。在 35827681 号销售专用发票的"对冲金额"栏输入"55370"。

单击"确认"按钮，系统提示是否立即制单，单击"是"按钮，系统自动生成一张记账凭证，将"凭证类别"改为"转账凭证"，单击"保存"按钮。关闭当前已打开窗口。

　　借：应收账款/一般应收账款（浙江天马）　　　　　　　　　　　　　−55 370.00

　　借：应收账款/一般应收账款（浙江天马）　　　　　　　　　　　　　 55 370.00

5. 正常单据记账

在存货核算系统，对 35827685 号销售发票的那一行记录进行记账。记账完毕后关闭当前窗口。

8.3.2　先发货后开票的退货业务

【实验资料】

2022 年 1 月 17 日，根据 XS01002 号购销合同卖给江苏远达的货物中有 40 套 265 型货车轮胎存在质量问题。经协商，辽宁双圆同意退货，并于当日收到所退货物（出库单号：CKB01008）。

2022 年 1 月 18 日，辽宁双圆开具了红字增值税专用发票（票号：35827686），并支付退货款 53 336 元，结算方式为电汇（票据号：31265610）。

【实验过程】

1. 参照销售订单生成退货单

2022 年 1 月 17 日，由纪超岩（X01）登录企业应用平台。在销售管理系统，参照 XS01002 号销售订单生成一张退货单。删除表体 235 型货车轮胎那一行，表体 265 型货车轮胎的"仓库名称"选择"产成品仓"，"数量"改为"−40"。保存并审核该退货单，结果如图 8-14 所示。

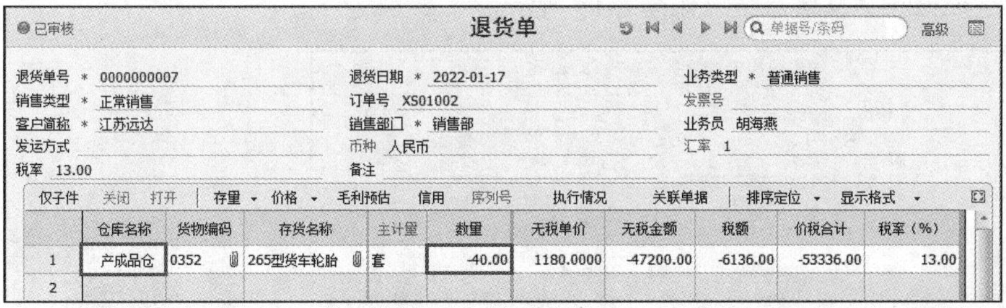

图 8-14　退货单

2. 参照退货单生成负数销售出库单

2022 年 1 月 17 日，由冯艳琪（C01）登录企业应用平台。在库存管理系统，参照上一步生成的退货单生成负数销售出库单，将表头"出库单号"修改为"CKB01008"，其他项默认。保存并审核该负数销售出库单。

3. 参照退货单生成红字销售专用发票

2022 年 1 月 18 日，由纪超岩（X01）登录企业应用平台。在销售管理系统，参照 1 月 17 日江苏远达的退货单生成一张红字销售专用发票，在表头"发票号"处填入"35827686"，保存该发票。单击发票工具栏的"现结"按钮，打开"现结"窗口。"结算方式"选择"电汇"，"原币金额"输入"-53336"，"票据号"输入"31265610"。现结完毕后复核该红字销售专用发票。

4. 销售发票审核并生成凭证

2022 年 1 月 18 日，由张博文（W02）登录企业应用平台。在应收款管理系统，对"35827686"号红字销售专用发票审核并制单，生成一张收款凭证。关闭已打开窗口。

借：银行存款/交通银行/锦州古塔支行/基本户		-53 336.00
贷：主营业务收入		-47 200.00
应交税费/应交增值税/销项税额		-6 136.00

5. 正常单据记账

在存货核算系统，对 35827686 号销售发票的那一行记录进行记账。记账完毕后关闭当前窗口。

8.3.3　销售折让业务

【实验资料】

2022 年 1 月 18 日，根据 XS01003 购销合同向海南万通发出的第二批货物存在质量问题。经协商，辽宁双圆给予海南万通 10%的销售折让，当日开具了红字增值税专用发票（票号：35827687）。

2022 年 1 月 19 日，收到海南万通当日出票并经华夏银行海口秀英支行承兑的银行承兑汇票一张（票据号：72186368），票面金额 583 984 元，票据到期日为 2022 年 7 月 19 日，用于支付合同余款。（纪超岩）

【实验过程】

1. 参照发货单生成红字销售专用发票

2022 年 1 月 18 日，由纪超岩（X01）登录企业应用平台。在销售管理系统，参照 1 月 16 日海南万通的发货单生成一张红字销售专用发票。在表头"发票号"处填入"35827687"，将表体 185 型轿车轮胎的"数量"改为"0"，在"无税金额"处输入"-27200"，将"退补标志"改为"退补"。保存并复核该红字发票，结果如图 8-15 所示。

图 8-15　红字销售专用发票

2. 销售发票审核并生成凭证

2022 年 1 月 18 日，由张博文（W02）登录企业应用平台。在应收款管理系统，对"35827687"号红字销售专用发票审核并制单，生成一张转账凭证。

借：应收账款/一般应收账款（海南万通）		-30 736.00
贷：主营业务收入		-27 200.00
应交税费/应交增值税/销项税额		-3 536.00

3. 红票对冲

在应收款管理系统，单击"转账→红票对冲→手工对冲"菜单，打开"红票对冲条件"窗口，客户选择"海南万通"，单击"确定"按钮，打开"手工对冲"窗口。在 35827683 号销售专用发票的"对冲金额"栏输入"30736"。单击"确认"按钮，系统提示是否立即制单，单击"是"按钮，系统自动生成一张记账凭证，将"凭证类别"改为"转账凭证"，单击"保存"按钮。

借：应收账款/一般应收账款（海南万通）　　　　　　　　　　　　　　　-30 736.00

借：应收账款/一般应收账款（海南万通）　　　　　　　　　　　　　　　30 736.00

4. 填制银行承兑汇票

2022 年 1 月 19 日，由马浩男（W03）登录企业应用平台。在应收款管理系统，根据实验资料填制一张银行承兑汇票并保存，结果如图 8-16 所示。

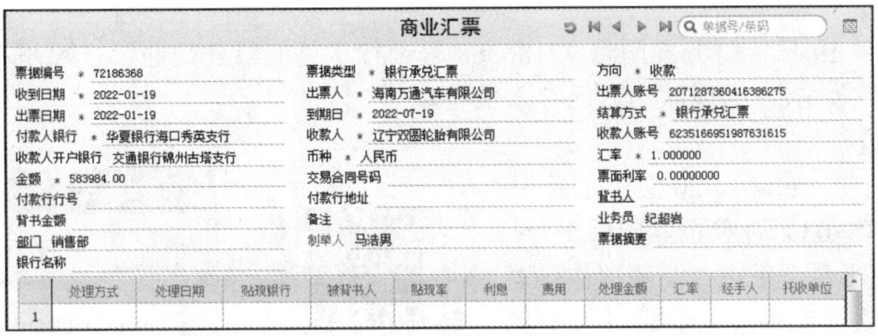

图 8-16　商业汇票

5. 收款单据审核并核销处理，（合并）生成凭证

2022 年 1 月 19 日，由张博文（W02）登录企业应用平台。在应收款管理系统，对收取海南万通货款的收款单进行审核。审核完毕后进行手工核销，在"手工核销"窗口销售专用发票的"本次结算"栏输入"583984"，单击"确认"。退出该窗口。在应收款管理系统，对海南万通的收款单及核销处理所生成单据进行合并制单处理，生成一张转账凭证。

借：应收票据（海南万通）　　　　　　　　　　　　　　　　　　　583 984.00

贷：应收账款/一般应收账款（海南万通）　　　　　　　　　　　　583 984.00

8.4 应收款管理系统业务

8.4.1　票据管理

1. 票据结算

【实验资料】

2022 年 1 月 19 日，66091213 号银行承兑汇票到期，财务部门到交通银行锦州古塔支行办理到期收款结算（结算方式：委托收款），当日收到票款 35 000 元。

【实验过程】

（1）票据管理（结算）。2022 年 1 月 19 日，由马浩男（W03）登录企业应用平台。在 U8 企业应用平台，单击"业务工作→财务会计→应收款管理→票据管理→票据列表"菜单，打开"应收票据列表"窗口。单击工具栏的"查询"按钮，弹出"查询条件"对话框，单击"确定"按钮。

票据结算

选中 66091213 号票据最左侧的"选择"栏，单击工具栏的"结算"按钮，弹出"票据结算"对话框。"托收单位"选择"交通银行锦州古塔支行"，"结算科目"参照选择"1002010101"（银行存款/交通银行/锦州古塔支行/基本户）。单击"确定"按钮，系统提示"是否立即制单？"，单击"否"按钮。

（2）生成凭证。2022 年 1 月 19 日，由张博文（W02）登录企业应用平台。在应收款管理系统，对上一步的票据处理业务进行制单，生成一张收款凭证，调出会计分录借方的辅助项对话框，结算方式选择"委托收款"，保存该记账凭证。

借：银行存款/交通银行/锦州古塔支行/基本户　　　　　　　　　　35 000.00
　贷：应收票据（河北长信）　　　　　　　　　　　　　　　　　　　　35 000.00

2. 票据贴现

【实验资料】

2022 年 1 月 19 日，财务部门将 72186368 号银行承兑汇票到交通银行锦州古塔支行办理票据贴现，贴现率为 6%，贴现款当日已存入银行。

【实验过程】

（1）票据管理（贴现）。2022 年 1 月 19 日，由马浩男（W03）登录企业应用平台。在 U8 企业应用平台，单击"业务工作→财务会计→应收款管理→票据管理→票据列表"菜单，打开"应收票据列表"窗口。单击工具栏的"查询"按钮，弹出"查询条件"对话框，单击"确定"按钮。

选中 72186368 号票据最左侧的"选择"栏，单击工具栏的"贴现"按钮，弹出"票据贴现"对话框。根据实验资料，"贴现方式"选择"异地"，"贴现率"输入"6"，"结算科目"选择"1002010101"（银行存款/交通银行/锦州古塔支行/基本户），如图 8-17 所示。单击"确定"按钮，系统提示"是否立即制单？"，单击"否"按钮。

票据贴现

图 8-17　票据贴现

【提示】

这里"结算科目"指的是贴现净额入账的银行存款科目。

本例贴现利息的计算过程：583 984×0.06÷360×（181+3）≈17 908.84（元）。

（2）生成凭证。2022 年 1 月 19 日，由张博文（W02）登录企业应用平台。在应收款管理系统，对上一步的票据处理业务进行制单，生成一张收款凭证并保存。

借：银行存款/交通银行/锦州古塔支行/基本户　　　　　　　　　　566 075.16
　财务费用/票据贴现　　　　　　　　　　　　　　　　　　　　　　17 908.84
　　贷：应收票据（海南万通）　　　　　　　　　　　　　　　　　　583 984.00

8.4.2　转账处理

1. 应收冲应收

【实验资料】

2022 年 1 月 19 日，经三方协商一致，将本月应收浙江天马货款中的 200 000 元转给河北长信。

应收冲应收

【实验过程】

2020 年 1 月 19 日，由赵凯（W02）登录企业应用平台。在 U8 企业应用平台，单击"业务工作→财务会计→应收款管理→转账→应收冲应收"菜单，打开"应收冲应收"对话框。转出"客户"选择"浙江天马"，转入"客户"选择"河北长信"，单击工具栏的"查询"按钮。在"35827681"号发票的"并账金额"栏输入"200000"。单击"确定"按钮，弹出"是否立即制单"对话框，单击"是"按钮，将"凭证类别"改为"转账凭证"，单击工具栏的"保存"按钮。

借：应收账款/一般应收账款（浙江天马）　　　　　　　　　　-200 000.00

借：应收账款/一般应收账款（河北长信）　　　　　　　　　　 200 000.00

2. 应收冲应付

【实验资料】

2022 年 1 月 19 日，经三方协商一致，将本月应收浙江天马货款中的 1 308 元冲销本月应付锦州顺通的运输费。

【实验过程】

2020 年 1 月 19 日，由赵凯（W02）登录企业应用平台。在应收款管理系统，单击"转账→应收冲应付"菜单，弹出"应收冲应付"对话框。在"应收"选项卡，"客户"选择"浙江天马"。单击"应付"选项卡，"供应商"选择"锦州顺通"。单击"确定"按钮，打开"应收冲应付"窗口。在窗口上方 35827681 号销售专用发票的"转账金额"栏输入"1308"，窗口下方 65972816 号采购专用发票的"转账金额"栏输入"1308"。单击工具栏的"确认"按钮，系统提示"是否立即制单"，单击"是"按钮，系统生成一张记账凭证，将凭证类别改为"转账凭证"，单击"保存"按钮。

借：应付账款/一般应付账款（锦州顺通）　　　　　　　　　　 1 308.00

贷：应收账款/一般应收账款（浙江天马）　　　　　　　　　　 1 308.00

8.4.3　坏账处理

【实验资料】

2022 年 1 月 19 日，浙江天马上月 7 日的应收款中有 10%发生坏账。

【实验过程】

2022 年 1 月 19 日，由张博文（W02）登录企业应用平台。在 U8 企业应用平台，单击"业务工作→财务会计→应收款管理→坏账处理→坏账发生"菜单，弹出"坏账发生"对话框，"客户"选择"104"（浙江天马），单击"确定"按钮，打开"坏账发生"窗口。在 35827680 号销售专用发票的"本次发生坏账金额"栏输入"85733"，如图 8-18 所示。

坏账发生单据明细

单据类型	单据编号	单据日期	到期日	余　额	部　门	业务员	本次发生坏账金额
销售专用发票	35827680	2021-12-07	2021-12-07	857,330.00	销售部	胡海燕	85733
销售专用发票	35827681	2022-01-13	2022-01-13	443,922.00	销售部	胡海燕	
合　计				1,301,252.00			85,733.00

图 8-18　坏账发生单据明细

单击"确认"按钮，系统提示"是否立即制单？"，单击"是"按钮，系统生成一张记账凭证，将"凭证类别"改为"转账凭证"，单击"保存"按钮。

借：坏账准备 85 733.00

贷：应收账款/一般应收账款（浙江天马） 85 733.00

8.5 单据查询

【实验资料】

查询 1 月 1 日至 1 月 19 日填制的全部销售订单。

【实验过程】

2022 年 1 月 19 日，由纪超岩（X01）登录企业应用平台。在 U8 企业应用平台，单击"业务工作→供应链→销售管理→销售订货→销售订单列表"菜单，打开"销售订单列表"窗口。单击工具栏的"查询"按钮，弹出"查询条件-销售订单查询条件"对话框，单击"确定"按钮，结果如图 8-19 所示。

销售订单列表

序号	□	业务类型	销售类型	订单号	订单日期	客户简称	销售部门	业务员	存货名称	主计量单位	数量	无税单价	价税合计
1	□	普通销售	正常销售	XS01001	2022-01-13	浙江天马	销售部	胡海燕	195型轿车轮胎	套	200.00	650.0000	146,900.00
2	□	普通销售	正常销售	XS01001	2022-01-13	浙江天马	销售部	胡海燕	235型货车轮胎	套	500.00	980.0000	553,700.00
3	□	普通销售	正常销售	XS01002	2022-01-13	江苏远达	销售部	胡海燕	235型货车轮胎	套	400.00	1,050.0000	474,600.00
4	□	普通销售	正常销售	XS01002	2022-01-13	江苏远达	销售部	胡海燕	265型货车轮胎	套	500.00	1,180.0000	666,700.00
5	□	普通销售	正常销售	XS01003	2022-01-15	海南万通	销售部	纪超岩	185型货车轮胎	套	600.00	680.0000	461,040.00
6	□	普通销售	正常销售	XS01003	2022-01-15	海南万通	销售部	纪超岩	185型轿车轮胎	套	400.00	680.0000	307,360.00
7	□	普通销售	正常销售	XS01004	2022-01-16	河北长信	销售部	纪超岩	丁苯橡胶	千克	1,000.00	13.5000	15,255.00
8	□	普通销售	正常销售	XS01004	2022-01-16	河北长信	销售部	纪超岩	185型轿车轮胎	套	500.00	860.0000	485,900.00
9	小计										4,100.00		3,111,455.00
10	合计										4,100.00		3,111,455.00

图 8-19 销售订单列表

销售管理系统
单据查询

第9章 特殊业务

概述

特殊业务，主要是指销售订单等单据表头"业务类型"项目为"普通销售""普通采购"以外的其他业务类型的业务。本书主要介绍以下8种特殊业务。

1. 仓库调拨业务

调拨业务主要处理存货在公司内部不同仓库或不同部门之间的转移。调拨业务通过调拨单来完成，它可以手工填制，也可以参照调拨申请单生成。若调拨单的部门相同但仓库不同，则表示仓库调拨业务；若仓库相同但部门不同，则表示部门调拨业务。

调拨单既可按特殊单据记账，也可按正常单据记账。在全月平均法下，若选择特殊单据记账，则调拨单生成的其他出入库单按存货上月的平均单价计算成本。若选择正常单据记账，则调拨单生成的其他出入库单按存货当月的平均单价计算成本。此时，其他出库单的仓库完成期末处理后，入库单只有在记账时，才能按当月的平均单价计算成本。对调拨单生成凭证时，只能单击"合并制单"按钮进行制单。

2. 零售日报业务

针对零星分散的销售数据，可通过零售日报进行汇总。零售日报的多数功能与销售发票相同，如均需到应收款管理系统审核、制单，主要区别如下。①零售日报不可以参照销售订单生成。②零售日报不能处理先发货后开票业务，即零售日报不能参照发货单录入。

无论是勾选销售管理系统的"销售生成出库单"参数，还是库存管理系统的"是否库存生成销售出库单"参数，零售日报复核后均自动生成已审核的发货单。但在勾选前者的情况下，还能进一步自动生成未审核的销售出库单。

3. 分期收款业务

分期收款业务是指先将货物发给客户，分期开票确认收入同时收回货款。分期收款业务的信息化处理遵循先发货后开票模式。根据购销合同填制（分期收款）销售订单，参照该订单可生成（分期收款）发货单，参照该发货单可生成销售出库单和（分期收款）销售发票。

4. 委托代销业务

委托代销业务是指企业将货物交由受托方，由其代为销售。从系统应用角度，委托代销业务应遵循先发货后开票模式。委托代销分为两种方式：视同买断方式和支付手续费方式。

（1）视同买断方式。

情况一，如果委托方和受托方之间的协议明确标明，受托方在取得代销商品后，无论是否能够卖出、是否获利，均与委托方无关，那么委托方和受托方之间的代销商品交易与委托方直接销售商品给受托方没有实质区别。从系统应用角度，这种情况直接按普通销售业务处理。

情况二，如果委托方和受托方之间的协议明确标明，将来受托方未售出的商品可以退回给委托方，那么委托方在交付商品时通常不确认收入，受托方将商品销售后，向委托方开具代销清单，委托方收到代销清单时，再确认本企业的销售收入。根据代销协议填制（委托代销）销售订单，参照该订单可生成委托代销发货单，参照该发货单可生成销售出库单。收到代销清时，根据委托代销发货单生成委托代销结算单，该结算单审核后，自动生成未复核的（委托代销）销售发票。

（2）支付手续费方式。

支付手续费方式委托代销商品，是指委托方和受托方签订合同或协议，委托方根据代销商品金额或数量向受托方支付手续费的销售方式。在这种方式下，委托方发出商品时，通常不确认收入，而是在收到受托方开出的代销清单时，确认销售收入。从系统应用角度，这种方式的处理流程与视同买断方式的第二种情况相似，只是这里还需对代销手续费进行处理。

关于委托代销手续费，至少有以下3种处理方法。

① 到应收款管理系统填制负向的应收单，表体拆分成"销售费用/委托代销手续费"和"应交税费/应交增值税/进项税额"两行。该应收单审核并制单后，进行红票对冲处理。

② 到销售管理系统填制销售费用支出单，"支出金额"填价税合计金额。该支出单生成其他应付单，到应付款管理系统将该应付单的表体拆分成"销售费用/委托代销手续费"和"应交税费/应交增值税/进项税额"两行。该应付单审核并制单后，进行应付冲应收（或应收冲应付）处理。

③ 比照销售过程发生的运输费，到采购管理系统填制采购专用发票。该发票审核并制单后，进行应付冲应收（或应收冲应付）处理。该方法的弊端是导致采购管理系统"结算选单"窗口（见图7-9）存在大量不能结算的发票。

5. 代管采购业务

代管采购业务是指企业替供应商保管其提供的物料，先使用（或销售）物料，然后根据实际使用情况定期汇总、挂账，最后根据挂账数与供应商进行结算、开票以及后续的款项支付。代管采购业务的订货、到货、入库环节与普通采购业务相同，不同之处主要体现在采购结算和开票环节：代管采购业务的采购发票参照代管挂账确认单生成，并与之进行采购结算。代管挂账确认单可参照材料出库单、销售出库单等生成，是代管采购业务中非常重要的单据。

6. 借用归还业务

借用归还业务主要反映企业与客户或供应商之间的存货借用关系，主要涉及以下3个单据。

（1）借出借用单。

企业将存货借出时，使用借出借用单，该单据可手工填制，也可由转换类型为借出转借出的借出转换单自动生成。参照借出借用单可生成其他出库单、借出归还单、借出转换单。

（2）借出归还单。

客户或供应商归还企业借出的存货，使用借出归还单。借出归还单参照借出借用单生成，该单据审核后，可以参照生成其他入库单。

（3）借出转换单。

企业借出的存货，除正常归还外，还有可能被客户或供应商留购、赠予对方等，此时需使用借出转换单。借出转换单参照借出借用单生成，系统预设4种转换类型：借出转销售、借出转赠品、借出转耗用和借出转借出。

7. 直运业务

直运业务是指企业分别与客户、供应商签订购销合同，从供应商采购货物直接销售给客户，客户、供应商各自与企业办理款项结算。从系统应用角度，直运业务包括直运销售业务和直运采购业务。根据购销合同填制（直运销售）销售订单，参照该订单可生成（直运采购）采购订单和（直运销售）销售发票。参照（直运采购）采购订单生成（直运采购）采购发票。（直运销售）销售发票在应收款管理系统制单。（直运采购）采购发票可选择在应付款管理系统或存货核算系统制单，但都需要到存货核算系统进行直运销售记账。

8. 采购资产业务

企业购入资产时，既可以直接通过固定资产系统的"资产增加"来完成（详见知识点 5.2.1），也可以通过供应链的采购业务流程来完成。该流程与普通采购业务流程的相同之处是：采购订单、到货单、采购入库单、采购专用发票依次参照生成。两个流程的不同之处是：①前述 4 个单据的"业务类型"均为"固定资产"；②固定资产采购不用到存货核算系统进行正常单据记账和生成凭证，而是转为到固定资产系统进行"资产采购"并生成固定资产卡片。

9.2 | 特殊购销业务

9.2.1 仓库调拨业务

【实验资料】

2022 年 1 月 20 日，因产成品仓漏水进行修缮，临时将 100 套 185 型轿车轮胎转移至原材料仓（调拨单号：DB01001）。

【业务流程】

上述业务的处理流程如图 9-1 所示。

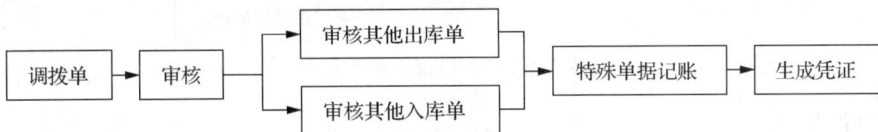

图 9-1 仓库调拨业务流程图

【实验过程】

1. 填制调拨单

2022 年 1 月 20 日，由冯艳琪（C01）登录企业应用平台。在库存管理系统，根据实验资料填制调拨单。填制完毕后保存并审核该调拨单，结果如图 9-2 所示。关闭当前窗口。调拨单审核完毕后，系统自动生成未审核的其他出库单、其他入库单。

图 9-2 调拨单

2. 审核其他出库单和其他入库单

在库存管理系统，依次对根据上一步调拨单自动生成的其他出库单和其他入库单进行审核。

3. 特殊单据记账

2022 年 1 月 20 日，由张博文（W02）登录企业应用平台。在存货核算系统，依次单击"记账→特殊单据记账"菜单，系统弹出"特殊单据记账条件"对话框，单击"确定"按钮，打开"特殊单据记账"窗口。选中 DB01001 号调拨单，单击工具栏的"记账"按钮，系统提示记账成功，单击"确定"按钮。关闭当前窗口。

4. 生成凭证（调拨单制单）

在存货核算系统，对 DB01001 号调拨单进行合并制单，生成一张转账凭证并保存。

借：库存商品   43 018.00

  贷：库存商品   43 018.00

9.2.2 零售日报业务

【实验资料】

2022 年 1 月 22 日，销售部胡海燕交来当日门市部（客户统一名称：零散客户）零售现款 9 000 元（日报号：16253098）。本日销售 185 型轿车轮胎 4 套，零售价 780 元/套，销售 235 型货车轮胎 6 套，零售价 980 元/套（出库单号：CKB01009）。

【业务流程】

上述业务的处理流程如图 9-3 所示。

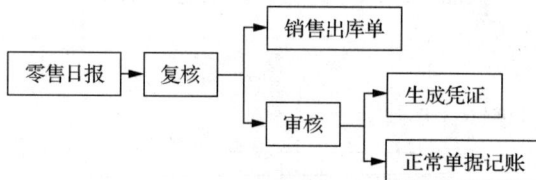

图 9-3 零售日报业务流程图

【实验过程】

1. 填制零售日报

2022 年 1 月 22 日，由纪超岩（X01）登录企业应用平台。在销售管理系统，根据实验资料填制零售日报，填制完毕后保存该日报。在"零售日报"窗口，单击"现结"按钮，进行现结处理。现结处理完毕后复核该发票，结果如图 9-4 所示。零售日报复核完毕后，系统自动生成已审核的发货单。

图 9-4 零售日报

零售日报业务

2. 参照发货单生成销售出库单

2022 年 1 月 22 日，由冯艳琪（C01）登录企业应用平台。在库存管理系统，参照上一步自动生成的发货单生成销售出库单，将表头的"出库单号"修改为"CKB01009"，其他项默认。保存并审核该销售出库单。

3. 销售发票审核并生成凭证

2022 年 1 月 22 日，由张博文（W02）登录企业应用平台。在应收款管理系统，对"16253098"号零售日报审核并制单，生成一张收款凭证。关闭已打开窗口。

借：库存现金	9 000.00
贷：主营业务收入	7 964.60
应交税费/应交增值税/销项税额	1 035.40

4．正常单据记账

在存货核算系统，对"16253098"号零售日报的两行记录进行记账。记账完毕后关闭当前窗口。

9.2.3 分期收款业务

【实验资料】

2022 年 1 月 23 日，销售部胡海燕与江苏远达签订分期收款销售合同（合同编号：FQ01001），销售 195 型轿车轮胎 600 套，不含税单价 750 元/套，价税合计 508 500 元。当日发出全部货物（出库单号：CKB01010）。合同约定分三期收回货款。

2022 年 1 月 24 日，收到江苏远达支付的第一期货款，金额 169 500 元，结算方式为电汇（票据号：86950735），公司开具了增值税专用发票（票号：35827688）。

【业务流程】

上述业务的处理流程如图 9-5 所示。

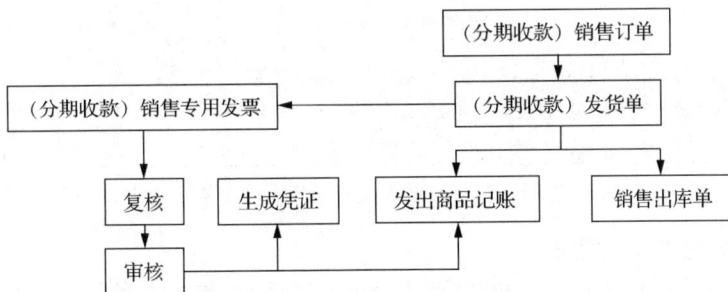

图 9-5 分期收款业务流程图

【实验过程】

1．填制（分期收款）销售订单并生成发货单

2022 年 1 月 23 日，由纪超岩（X01）登录企业应用平台。在销售管理系统，根据实验资料填制销售订单，其中表头"业务类型"选择"分期收款"，"销售类型"选择"分期收款销售"。填制完毕后保存并审核该销售订单，结果如图 9-6 所示。在"销售订单"窗口，单击工具栏的"发货"按钮，系统自动参照销售订单生成发货单，其中表体"仓库名称"选择"产成品仓"。保存并审核该发货单。

图 9-6 （分期收款）销售订单

分期收款业务

2. 参照发货单生成销售出库单

2022 年 1 月 23 日，由冯艳琪（C01）登录企业应用平台。在库存管理系统，参照上一步生成的发货单生成销售出库单，将表头“出库单号”改为“CKB01010”，其他项默认。保存并审核该销售出库单。

3. 发出商品记账

2022 年 1 月 23 日，由张博文（W02）登录企业应用平台。在存货核算系统，对 1 月 23 日江苏远达分期收款发货单进行发出商品记账。记账完毕关闭当前窗口。

4. 参照（分期收款）发货单生成销售专用发票

2022 年 1 月 24 日，由纪超岩（X01）登录企业应用平台。在销售管理系统，参照 23 日江苏远达的（分期收款）发货单生成一张销售专用发票，在表头“发票号”处填入“35827688”，将表体“数量”修改为“200”，保存该发票。单击发票工具栏的“现结”按钮，打开“现结”窗口。根据实验资料，输入“结算方式”“原币金额”和“票据号”。现结完毕后复核该销售专用发票，结果如图 9-7 所示。

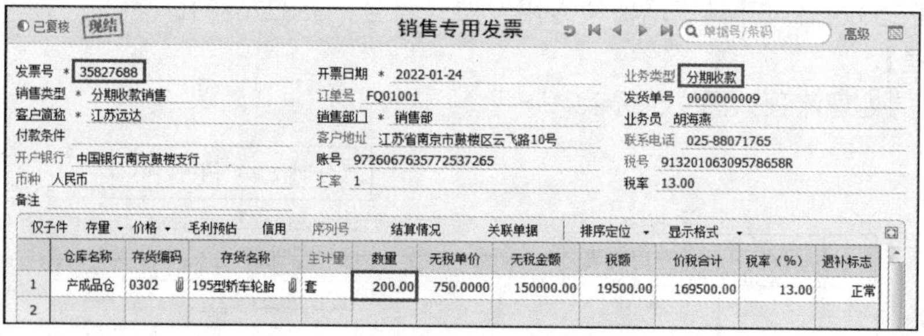
已复核 现结 销售专用发票

发票号 * 35827688 开票日期 * 2022-01-24 业务类型 分期收款
销售类型 * 分期收款销售 订单号 FQ01001 发货单号 0000000009
客户简称 * 江苏远达 销售部门 * 销售部 业务员 胡海燕
付款条件 客户地址 江苏省南京市鼓楼区云飞路10号 联系电话 025-88071765
开户银行 中国银行南京鼓楼支行 账号 9726067635772537265 税号 91320106309578658R
币种 人民币 汇率 1 税率 13.00
备注

	仓库名称	存货编码	存货名称	主计量	数量	无税单价	无税金额	税额	价税合计	税率（%）	退补标志
1	产成品仓	0302	195型轿车轮胎	套	200.00	750.0000	150000.00	19500.00	169500.00	13.00	正常
2											

图 9-7 （分期收款）销售专用发票

5. 销售发票审核并生成凭证

2022 年 1 月 24 日，由张博文（W02）登录企业应用平台。在应收款管理系统，对“35827688”号销售专用发票审核并制单，生成一张收款凭证。关闭已打开窗口。

借：银行存款/交通银行/锦州古塔支行/基本户　169 500.00

　贷：主营业务收入　150 000.00

　　应交税费/应交增值税/销项税额　19 500.00

6. 发出商品记账

在存货核算系统，对 1 月 24 日江苏远达分期收款销售专用发票的那一行记录进行发出商品记账。记账完毕后关闭当前窗口。

9.2.4 委托代销业务

【实验资料】

2022 年 1 月 24 日，销售部纪超岩与上海亿达签订代销合同（合同编号：WT01001），委托其代销 195 型轿车轮胎 700 套，不含税单价 880 元/套，价税合计 696 080 元。合同约定采用视同买断方式由委托方委托受托方代销货物，实际售价由受托方自定，实际售价与合同价之间的差额归受托方所有。根据代销商品销售情况，1 月 31 日前，双方依照代销清单结算货款，未售完的商品退回委托方。当日公司发出全部代销商品（出库单号：CKB01011）。

2022 年 1 月 25 日，上海亿达与我公司办理代销结算，本次代销共售出 195 型轿车轮胎 500 套。公司根据代销清单开具增值税专用发票（票号：35827689），收到代销款 497 200 元，结算方式为电汇（票据号：87603952），收到退回的未售完 195 型轿车轮胎 200 套（出库单号：CKB01012）。

【业务流程】

上述业务的处理流程如图 9-8 所示。

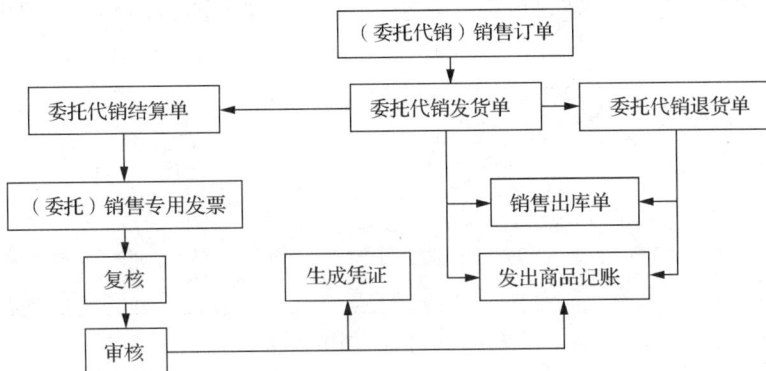

图 9-8　委托代销业务流程图

【实验过程】

1. 填制（委托代销）销售订单并生成委托代销发货单

2022 年 1 月 24 日，由纪超岩（X01）登录企业应用平台。在销售管理系统，根据实验资料填制销售订单，其中表头"业务类型"选择"委托代销"，"销售类型"选择"委托代销"。填制完毕后保存并审核该销售订单，结果如图 9-9 所示。在"销售订单"窗口，单击工具栏的"发货"按钮，系统自动参照销售订单生成发货单，其中表体"仓库名称"选择"产成品仓"。保存并审核该发货单。

图 9-9　（委托代销）销售订单

2. 参照委托代销发货单生成销售出库单

2022 年 1 月 24 日，由冯艳琪（C01）登录企业应用平台。在库存管理系统，参照上一步生成的发货单生成销售出库单，将表头"出库单号"修改为"CKB01011"，其他项默认。保存并审核该出库单。

3. 发出商品记账

2022 年 1 月 24 日，由张博文（W02）登录企业应用平台。在存货核算系统，对 1 月 24 日上海亿达委托代销发货单的那一行记录进行发出商品记账。记账完毕后关闭当前窗口。

4. 参照委托代销发货单生成委托代销结算单

2022 年 1 月 25 日，由纪超岩（X01）登录企业应用平台。

（1）生成委托代销结算单。在 U8 企业应用平台，单击"业务工作→供应链→销售管理→委托代销→委托代销结算单"菜单，打开"委托代销结算单"窗口。单击工具栏的"增加"按钮，弹出"查询条件-委托结算参照发货单"窗口，单击"确定"按钮，打开"参照生单"窗口。

选中24日上海亿达委托代销发货单的"选择"栏，单击"确定"按钮，返回"委托代销结算单"窗口。根据实验资料，在表头"发票号"处填入"35827689"；将"195型轿车轮胎"的"数量"修改为"500"。单击工具栏的"保存"按钮，再单击"审核"按钮，弹出"请选择发票类型"对话框，选择"专用发票"，单击"确定"按钮，结果如图9-10所示。退出当前窗口。委托代销结算单审核完毕，自动生成未复核的销售发票。现结处理完毕对该发票进行复核。

图9-10　委托代销结算单

（2）发票现结处理。在销售管理系统，找到委托代销结算生成的35827689号专用发票。单击工具栏的"现结"按钮，打开"现结"窗口。根据实验资料，输入"结算方式""原币金额"和"票据号"。现结处理完毕对该发票进行复核。

5. 销售发票审核并生成凭证

2022年1月25日，由张博文（W02）登录企业应用平台。在应收款管理系统，对"35827689"号销售专用发票审核并制单，生成一张收款凭证。关闭已打开窗口。

借：银行存款/交通银行/锦州古塔支行/基本户　　　　497 200.00
　　贷：主营业务收入　　　　440 000.00
　　　　应交税费/应交增值税/销项税额　　　　57 200.00

6. 发出商品记账

在存货核算系统，对25日上海亿达委托代销销售专用发票的那一行记录进行发出商品记账。记账完毕后关闭当前窗口。

7. 参照委托代销发货单生成委托代销退货单

2022年1月25日，由纪超岩（X01）登录企业应用平台。在U8企业应用平台，依次单击"业务工作→供应链→销售管理→委托代销→委托代销退货单"菜单，打开"委托代销退货单"窗口。选中工具栏的"增加→发货单"命令，弹出"查询条件-委托退货单参照委托发货单"对话框，单击"确定"按钮。在"参照生单"窗口，选中24日上海亿达的委托代销发货单，再单击"确定"按钮，返回"委托代销退货单"窗口。保存并审核委托代销退货单，结果如图9-11所示。

图9-11　委托代销退货单

8. 参照委托代销退货单生成负数销售出库单

2022年1月25日，由冯艳琪（C01）登录企业应用平台。在库存管理系统，参照上一步生成的委托代销退货单生成负数销售出库单，将表头"出库单号"修改为"CKB01012"，其他项默认。保存并审核该销售出库单。

9. 发出商品记账

2022 年 1 月 25 日，由张博文（W02）登录企业应用平台。在存货核算系统，对 1 月 25 日上海亿达委托代销退货单的那一行记录进行发出商品记账。记账完毕后关闭当前窗口。

9.2.5 代管采购业务

【实验资料】

2022 年 1 月 25 日，采购部徐日强与四川志华签订代管协议（协议编号：DG01001），当日收到该公司发来的代管货物（入库单号：RKA01013）。其中，轮胎包装膜 15 000 千克，协议价 25 元/千克，轮胎包装袋 40 000 个，协议价 1 元/个，价税合计 468 950 元。

2022 年 1 月 26 日，一车间、二车间领料明细如表 9-1、表 9-2 所示。

表 9-1   一车间领料明细   单号：CKA01001

仓库	存货编码及名称	单位	领用数量	单价	用途	
					185 型轿车轮胎	195 型轿车轮胎
周转材料仓	0201 轮胎包装膜	千克	1 800	25	850	950
	0202 轮胎包装袋	个	18 000	1	8 500	9 500

表 9-2   二车间领料明细   单号：CKA01002

仓库	存货编码及名称	单位	领用数量	单价	用途	
					235 型货车轮胎	265 型货车轮胎
周转材料仓	0201 轮胎包装膜	千克	1 150	25	620	530
	0202 轮胎包装袋	个	11 500	1	6 200	5 300

2022 年 1 月 27 日，采购部徐日强与四川志华办理结算，当日收到四川志华开具的增值税专用发票（票号：91256734），辽宁双圆以电汇支付了货款 116 672.5 元（票据号：31265611）。

【业务流程】

上述业务的处理流程如图 9-12 所示。

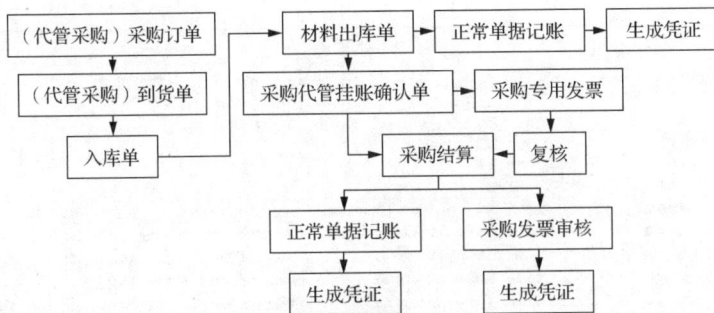

图 9-12   代管采购业务流程图

【实验过程】

1. 填制（代管采购）采购订单并生成到货单

2022 年 1 月 25 日，由赵子晨（G01）登录企业应用平台。在采购管理系统，根据实验资料填制采购订单，其中表头"业务类型"选择"代管采购"，"采购类型"选择"代管采购"。填制完毕后保存并审核该采购订单，结果如图 9-13 所示。在"采购订单"窗口，单击工具栏的"到货”按钮，系统自动参照采购订单生成到货单，保存并审核该到货单。退出当前窗口。

已审核

采购订单

业务类型 代管采购　订单日期 * 2022-01-25　订单编号 * DG01001
采购类型 代管采购　供应商 * 四川志华　部门 采购部
业务员 徐日强　税率 13.00　付款条件
币种 * 人民币　汇率 * 1　备注

	存货编码	存货名称	主计量	数量	原币含税单价	原币单价	原币金额	原币税额	原币价税合计	税率	计划到货日期
1	0201	轮胎包装膜	千克	15000.00	28.2500	25.0000	375000.00	48750.00	423750.00	13.00	2022-01-25
2	0202	轮胎包装袋	个	40000.00	1.1300	1.0000	40000.00	5200.00	45200.00	13.00	2022-01-25
3											

图 9-13 （代管采购）采购订单

代管采购业务

2. 参照到货单生成采购入库单

2022 年 1 月 25 日，由冯艳琪（C01）登录企业应用平台。在库存管理系统，参照上一步生成的到货单生成采购入库单，将表头“入库单号”修改为“RKA01013”，“仓库”选择“周转材料仓”，其他项默认。保存并审核该采购入库单。

3. 填制材料出库单

2022 年 1 月 26 日，由冯艳琪（C01）登录企业应用平台。在库存管理系统，根据实验资料，填制 CKA01001 材料出库单。填制完毕后保存并审核该材料出库单，结果如图 9-14 所示。参照上述方法填制第 2 张材料出库单并审核，结果如图 9-15 所示。

已审核

材料出库单

出库单号 * CKA01001　出库日期 * 2022-01-26　仓库 * 周转材料仓
订单号　产品编码　产量 0.00
生产批号　业务类型 领料　业务号
出库类别 材料领用出库　部门 一车间　委外商
审核日期 2022-01-26　备注

	材料编码	材料名称	主计量单位	数量	单价	金额	项目大类编码	项目大类名称	项目编码	项目	代管商代码	代管商
1	0201	轮胎包装膜	千克	850.00	25.0000	21250.00	00	生产成本核算	0301	185型轿车轮胎	201	四川志华
2	0201	轮胎包装膜	千克	950.00	25.0000	23750.00	00	生产成本核算	0302	195型轿车轮胎	201	四川志华
3	0202	轮胎包装袋	个	8500.00	1.0000	8500.00	00	生产成本核算	0301	185型轿车轮胎	201	四川志华
4	0202	轮胎包装袋	个	9500.00	1.0000	9500.00	00	生产成本核算	0302	195型轿车轮胎	201	四川志华
5												

图 9-14 材料出库单

已审核

材料出库单

出库单号 * CKA01002　出库日期 * 2022-01-26　仓库 * 周转材料仓
订单号　产品编码　产量 0.00
生产批号　业务类型 领料　业务号
出库类别 材料领用出库　部门 二车间　委外商
审核日期 2022-01-26　备注

	材料编码	材料名称	主计量单位	数量	单价	金额	项目大类编码	项目大类名称	项目编码	项目	代管商代码	代管商
1	0201	轮胎包装膜	千克	620.00	25.0000	15500.00	00	生产成本核算	0351	235型货车轮胎	201	四川志华
2	0201	轮胎包装膜	千克	530.00	25.0000	13250.00	00	生产成本核算	0352	265型货车轮胎	201	四川志华
3	0202	轮胎包装袋	个	6200.00	1.0000	6200.00	00	生产成本核算	0351	235型货车轮胎	201	四川志华
4	0202	轮胎包装袋	个	5300.00	1.0000	5300.00	00	生产成本核算	0352	265型货车轮胎	201	四川志华
5												

图 9-15 材料出库单

4. 正常单据记账，生成凭证

2022 年 1 月 26 日，由张博文（W02）登录企业应用平台。在存货核算系统，对 CKA01001、CKA01002 号材料出库单进行记账。记账完毕后关闭当前窗口。在存货核算系统，对 CKA01001、CKA01002 号材料出库单进行合并制单，生成一张转账凭证并保存。

借：生产产品/直接材料（185 型轿车轮胎） 29 750.00
　　生产产品/直接材料（195 型轿车轮胎） 33 250.00
　　生产产品/直接材料（235 型货车轮胎） 21 700.00
　　生产产品/直接材料（265 型货车轮胎） 18 550.00
　　贷：周转材料/包装物 103 250.00

5. 参照材料出库单生成采购代管挂账确认单

2022 年 1 月 27 日，由赵子晨（G01）登录企业应用平台。在 U8 企业应用平台，单击“业务工作→供应链→采购管理→代管业务→代管挂账确认单”菜单，打开“代管挂账确认单”窗口。单击工具栏的“增加→消耗单”按钮，弹出“查询条件-单据列表过滤”对话框，单击“确定”按钮，打开“拷贝并执行”窗口。

在“拷贝并执行”窗口，选中 CKA01001、CKA01002 号材料出库单对应的“选择”栏，然后单击工具栏的“确定”按钮，返回“代管挂账确认单”窗口。表头“业务员”选择“徐日强”，“采购类型”选择“代管采购”，“税率”改为“13”。将表体轮胎包装膜的“本币单价”输入协议价“25”，轮胎包装袋的“本币单价”输入协议价“1”。保存并审核采购代管挂账确认单，结果如图 9-16 所示。

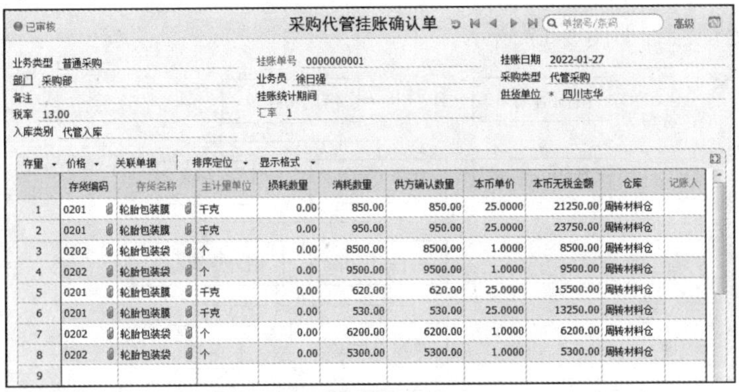

	存货编码	存货名称	主计量单位	损耗数量	消耗数量	供方确认数量	本币单价	本币无税金额	仓库	记账人
1	0201	轮胎包装膜	千克	0.00	850.00	850.00	25.0000	21250.00	周转材料仓	
2	0201	轮胎包装膜	千克	0.00	950.00	950.00	25.0000	23750.00	周转材料仓	
3	0202	轮胎包装袋	个	0.00	8500.00	8500.00	1.0000	8500.00	周转材料仓	
4	0202	轮胎包装袋	个	0.00	9500.00	9500.00	1.0000	9500.00	周转材料仓	
5	0201	轮胎包装膜	千克	0.00	620.00	620.00	25.0000	15500.00	周转材料仓	
6	0201	轮胎包装膜	千克	0.00	530.00	530.00	25.0000	13250.00	周转材料仓	
7	0202	轮胎包装袋	个	0.00	6200.00	6200.00	1.0000	6200.00	周转材料仓	
8	0202	轮胎包装袋	个	0.00	5300.00	5300.00	1.0000	5300.00	周转材料仓	
9										

图 9-16　采购代管挂账确认单

6. 参照采购代管挂账确认单生成采购专用发票

2022 年 1 月 27 日，由赵子晨（G01）登录企业应用平台。

（1）参照生成采购专用发票。在 U8 企业应用平台，单击“业务工作→供应链→采购管理→采购发票→专用采购发票”菜单，打开“专用发票”窗口。执行工具栏的“增加→入库单”命令，打开“查询条件-单据列表过滤”对话框，“来源单据类型”选择“采购代管挂账确认单”，单击“确定”按钮。

在“拷贝并执行”窗口，单击四川志华采购代管挂账确认单对应的“选择”栏，再单击工具栏的“确定”按钮，返回“专用发票”窗口。根据实验资料，在表头“发票号”处填入“91256734”，其他项默认。依次单击工具栏的“保存”“复核”“结算”按钮。

（2）现付。单击工具栏的“现付”按钮，打开“采购现付”窗口。根据实验资料，输入“结算方式”“原币金额”和“票据号”。输入完毕后单击“确定”按钮。

7. 采购发票审核并生成凭证

2022 年 1 月 27 日，由张博文（W02）登录企业应用平台。在应付款管理系统，对当日四川志华的“91256734”号采购专用发票审核并制单，生成一张付款凭证。

借：在途物资 103 250.00
　　应交税费/应交增值税/进项税额 13 422.50

贷：银行存款/交通银行/锦州古塔支行/基本户   116 672.50

8. 正常单据记账，生成凭证

在存货核算系统，对四川志华的采购代管挂账确认单进行记账。记账完毕后关闭当前窗口。在存货核算系统，对四川志华的采购代管挂账确认单进行合并制单，生成一张转账凭证并保存。

借：周转材料/包装物   103 250.00

贷：在途物资   103 250.00

9.2.6 借用归还业务

【实验资料】

2022年1月27日，河北长信向公司借用265型货车轮胎3套，作为样品展览，预计归还日期为1月31日。双方约定，月底前买方可退回或留购该轮胎，不含税售价1 080元/套，业务员为销售部纪超岩（出库类别：其他出库）。

2022年1月28日，河北长信决定留购借用的265型货车轮胎，并以电汇方式支付货款3 661.2元（票据号：31695248），我公司开具增值税专用发票（票号：35827690）。

【业务流程】

上述业务的处理流程如图9-17所示。

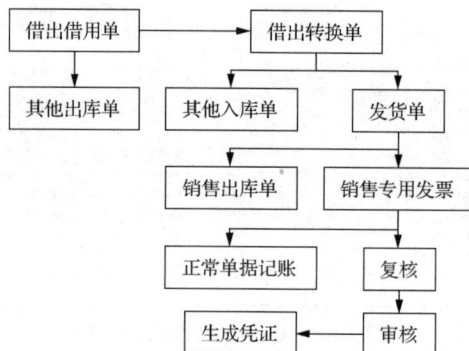

图 9-17 借用归还业务流程图

【实验过程】

1. 填制借出借用单

2022年1月27日，由冯艳琪（C01）登录企业应用平台。在库存管理系统，根据实验资料填制借出借用单。填制完毕后保存并审核该借出借用单，结果如图9-18所示。关闭当前窗口。

图 9-18 借出借用单

2. 参照借出借用单生成其他出库单

在库存管理系统，参照上一步河北长信的借出借用单生成其他出库单，其中表头"仓库"

选择“产成品仓”,“出库类别”选择“其他出库”。保存并审核该其他出库单。

3. 参照借出借用单生成借出转换单

2022 年 1 月 28 日，由冯艳琪（C01）登录企业应用平台。在 U8 企业应用平台，单击“业务工作→供应链→库存管理→借出业务→借出转换单”菜单，打开“借出转换单”窗口。选择工具栏的“增加→借出转销售”命令，弹出“查询条件”对话框，单击“确定”按钮，打开“参照生单”窗口。选中河北长信的借出借用单，单击“确定”按钮，返回“借出转换单”窗口。表头“销售类型”选择“正常销售”，在表体“原币无税单价”处输入“1080”。保存并审核该借出转换单，结果如图 9-19 所示。退出当前窗口。

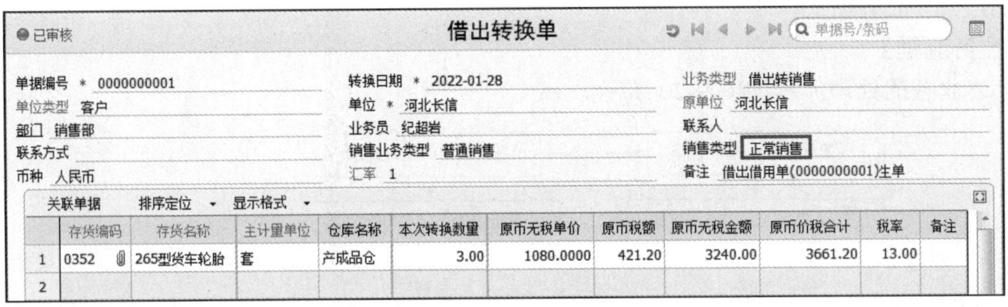

	存货编码	存货名称	主计量单位	仓库名称	本次转换数量	原币无税单价	原币税额	原币无税金额	原币价税合计	税率	备注
1	0352	265型货车轮胎	套	产成品仓	3.00	1080.0000	421.20	3240.00	3661.20	13.00	
2											

图 9-19　借出借用单

【提示】

借出转换单审核完毕后，系统自动生成三张已审核的单据：其他入库单、发货单、销售出库单，且销售出库单不允许修改。

4. 参照发货单生成销售专用发票

2022 年 1 月 28 日，由纪超岩（X01）登录企业应用平台。在销售管理系统，参照当日河北长信的发货单生成一张销售专用发票，在表头“发票号”处填入“35827690”，保存该发票。单击发票工具栏的“现结”按钮，打开“现结”窗口，输入“结算方式”“原币金额”和“票据号”。现结完毕后复核该销售专用发票。

5. 销售发票审核并生成凭证

2022 年 1 月 28 日，由张博文（W02）登录企业应用平台。在应收款管理系统，对“35827690”号销售专用发票审核并制单，生成一张收款凭证。关闭已打开窗口。

借：银行存款/交通银行/锦州古塔支行/基本户　　3 661.20
　　贷：主营业务收入　　3 240.00
　　　　应交税费/应交增值税/销项税额　　421.20

6. 正常单据记账

在存货核算系统，对“35827690”号销售专用发票的那一行记录进行记账。记账完毕后关闭当前窗口。

9.2.7　直运销售业务

【实验资料】

2022 年 1 月 29 日，销售部纪超岩与海南万通签订直运销售合同（合同编号：ZX01001），销售防焦剂 8 000 千克，不含税单价 25 元/千克，价税合计 226 000 元。合同约定 1 月 30 日交货并结清货款。当日预收货款 40 000 元，结算方式为电汇（票据号：89652713）。

当日，采购部赵子晨与湖北蓝星签订直运采购合同（合同编号：ZC01001），采购防焦剂 8 000

千克，不含税单价 20 元/千克，价税合计 180 800 元。合同约定 1 月 30 日交货并结清货款。当日预付货款 10 000 元，结算方式为电汇（票据号：31265612）。

2022 年 1 月 30 日，公司从湖北蓝星采购的防焦剂按约定发给海南万通。

当日，公司给海南万通开具了增值税专用发票（票号：35827691），并收到两笔货款，一笔是金额为 36 000 元的电汇（票据号：89652714），另一笔是一张金额 150 000 元的银行承兑汇票（6 个月，票据号：72186369）。

当日，公司收到湖北蓝星开具的增值税专用发票（票号：27721107），经采购部赵子晨申请，将 72186369 号银行承兑汇票背书给湖北蓝星，另开出一张金额 20 800 元的电汇（票据号：31265613）。

【业务流程】

上述业务的处理流程如图 9-20 所示。

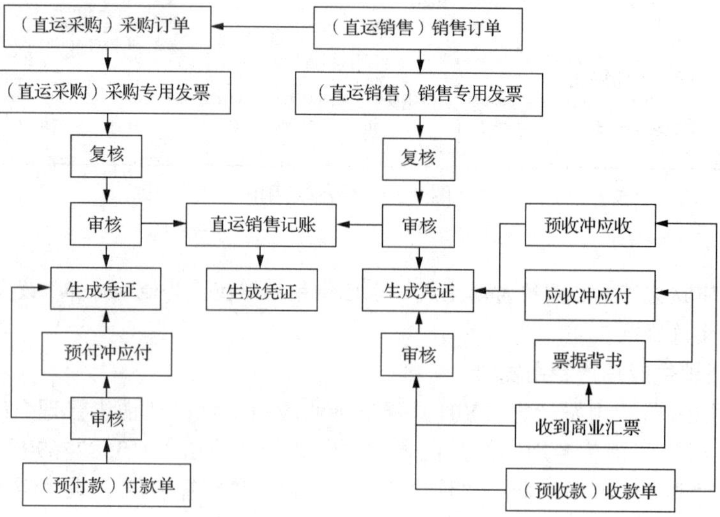

图 9-20　直运销售业务流程图

【实验过程】

1. 填制（直运销售）销售订单

2022 年 1 月 29 日，由纪超岩（X01）登录企业应用平台。在销售管理系统，根据实验资料填制销售订单，其中表头“业务类型”选择“直运销售”，“销售类型”选择“直运销售”。填制完毕后保存并审核该销售订单，结果如图 9-21 所示。

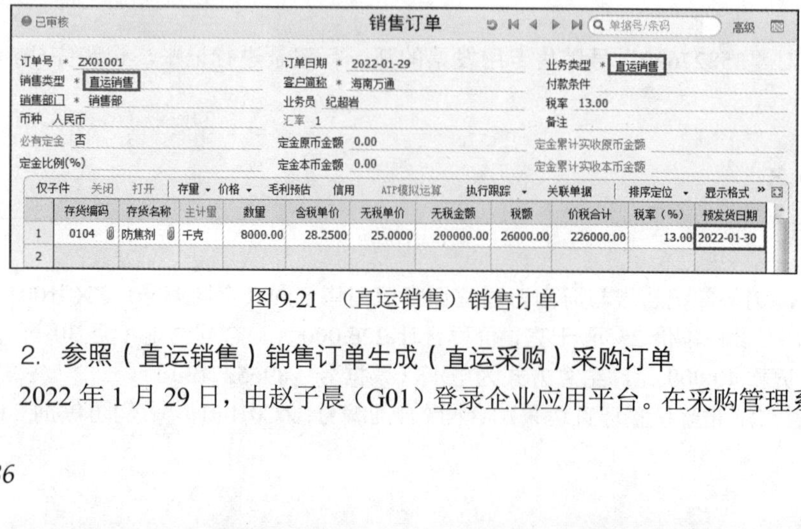

	存货编码	存货名称	主计量	数量	含税单价	无税单价	无税金额	税额	价税合计	税率（%）	预发货日期
1	0104	防焦剂	千克	8000.00	28.2500	25.0000	200000.00	26000.00	226000.00	13.00	2022-01-30
2											

图 9-21　（直运销售）销售订单

直运销售业务

2. 参照（直运销售）销售订单生成（直运采购）采购订单

2022 年 1 月 29 日，由赵子晨（G01）登录企业应用平台。在采购管理系统，参照上一步的（直运销售）销售订单生成（直运采购）采购订单。根据实验资料，修改采购订单表头的"订单编号"为"ZC01001"，"采购类型"为"直运采购"，"供应商"为"湖北蓝星"，"业务员"为"赵子晨"，"税率"改为"13"，其他项默认。在表体"防焦剂"的原币单价处输入"20"，"计划到货日期"选择"2022-01-30"，其他项默认。输入完毕后保存并审核该采购订单，结果如图 9-22 所示。

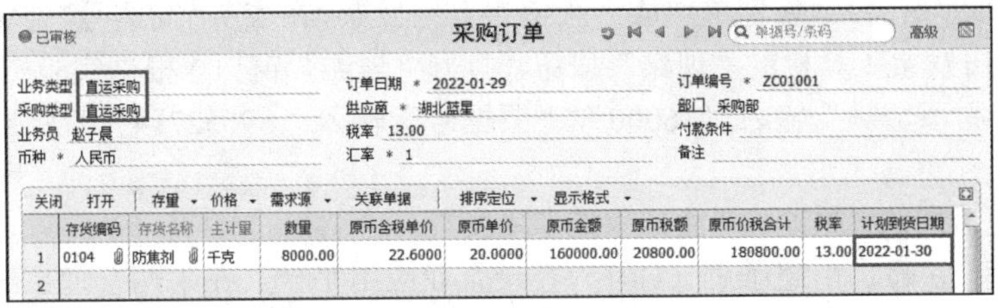

图 9-22 （直运采购）采购订单

3. 填制预收款单和预付款单

2022 年 1 月 29 日，由马浩男（W03）登录企业应用平台。

（1）填制预收款单。在应收款管理系统，根据实验资料填制收款单，并将表体第 1 行的"款项类型"改为"预收款"。填制完毕后保存该预收款单，结果如图 9-23 所示。

图 9-23 预收款单

（2）填制预付款单。在应付款管理系统，根据实验资料填制付款单，并将表体第 1 行的"款项类型"改为"预付款"。填制完毕后保存该预付款单，结果如图 9-24 所示。

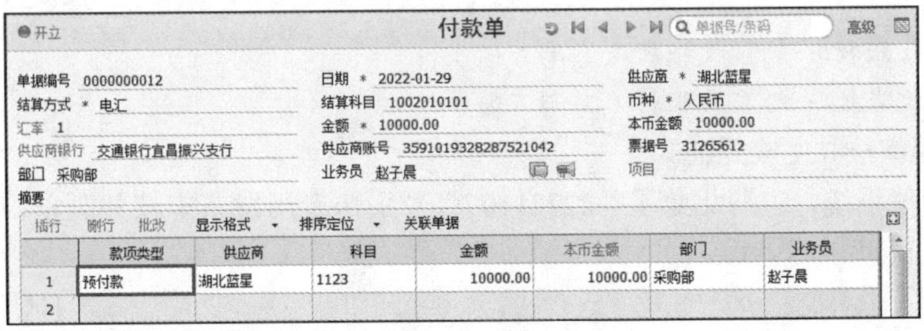

图 9-24 预付款单

4. 收付款单审核并生成凭证

2022 年 1 月 29 日，由张博文（W02）登录企业应用平台。

（1）收款单据审核并生成凭证。在应收款管理系统，对上一步所填制预收海南万通货款的收款单进行审核，审核完毕后进行制单处理，生成一张收款凭证。

借：银行存款/交通银行/锦州古塔支行/基本户   40 000.00

  贷：预收账款/一般预收账款（海南万通）   40 000.00

（2）付款单据审核并生成凭证。在应付款管理系统，对上一步所填制预付湖北蓝星货款的付款单进行审核，审核完毕后进行制单处理，生成一张付款凭证。

借：预付账款（湖北蓝星）   10 000.00

    贷：银行存款/交通银行/锦州古塔支行/基本户   10 000.00

5. 参照（直运销售）销售订单生成销售专用发票

2022 年 1 月 30 日，由纪超岩（X01）登录企业应用平台。在销售管理系统，参照 1 月 29 日海南万通的（直运销售）销售订单生成一张销售专用发票，在表头"发票号"处填入"35827691"，保存该发票。单击发票工具栏的"现结"按钮，打开"现结"窗口。根据实验资料，"结算方式"选择"电汇"，"原币金额"输入"36000"，"票据号"输入"89652714"。现结完毕后复核该销售专用发票。

6. 参照（直运采购）采购订单生成采购专用发票

2022 年 1 月 30 日，由赵子晨（G01）登录企业应用平台。在采购管理系统，参照 1 月 29 日湖北蓝星的（直运采购）采购订单生成一张采购专用发票，在表头"发票号"处填入"27721107"，保存并复核该发票。单击发票工具栏的"现付"按钮，打开"采购现付"窗口。根据实验资料，"结算方式"选择"电汇"，"原币金额"输入"20800"，"票据号"输入"31265613"。现结完毕后关闭当前窗口。

7. 销售发票审核并生成凭证

2022 年 1 月 30 日，由张博文（W02）登录企业应用平台。在应收款管理系统，对海南万通"35827691"号销售专用发票审核并制单，生成一张收款凭证。关闭已打开窗口。

借：应收账款/一般应收账款（海南万通）   190 000.00

      银行存款/交通银行/锦州古塔支行/基本户   36 000.00

    贷：其他业务收入/出售原材料收入   200 000.00

      应交税费/应交增值税/销项税额   26 000.00

8. 预收冲应收

在应收款管理系统，单击"转账→预收冲应收"菜单，打开"预收冲应收"对话框。选择客户"海南万通"，单击"过滤"按钮，在"转账金额"处输入"40000"。单击"应收款"选项卡，单击"过滤"按钮，在"转账金额"处输入"40000"。单击"确定"按钮，弹出"是否立即制单？"对话框，单击"是"按钮，将"凭证类别"改为"转账凭证"，保存记账凭证。退出当前窗口。

      贷：预收账款/一般预收账款（海南万通）   −40 000.00

      贷：应收账款/一般应收账款（海南万通）   40 000.00

9. 采购发票审核并生成凭证

在应付款管理系统，对湖北蓝星"27721107"号采购专用发票审核并制单，生成一张付款凭证。关闭已打开窗口。

借：在途物资   160 000.00

    应交税费/应交增值税/进项税额   20 800.00

    贷：应付账款/一般应付账款（湖北蓝星）   160 000.00

      银行存款/交通银行/锦州古塔支行/基本户   20 800.00

10. 预付冲应付

在应付款管理系统，单击"转账→预付冲应付"菜单，打开"预付冲应付"对话框，供应商选择"湖北蓝星"，单击"过滤"按钮，在"转账金额"栏输入"10000"。单击"应付款"选项卡，单击"过滤"按钮，在"转账金额"栏输入"10000"，单击"确定"按钮，系统提示"是否立即制单？"，单击"是"按钮，系统生成一张记账凭证，将"凭证类别"改为"转账凭证"，单击"保存"按钮。退出当前窗口。

借：预付账款（湖北蓝星） −10 000.00

借：应付账款/一般应付账款（湖北蓝星） 10 000.00

11. 直运销售记账，生成凭证

（1） 直运销售记账。在存货核算系统，对1月30日35827691、27721107两张发票进行直运销售记账。记账完毕后关闭当前窗口。

（2） 生成凭证。在存货核算系统，对业务类型为“直运销售”的单据进行合并制单，生成一张转账凭证并保存。

借：其他业务成本 160 000.00

　　贷：在途物资 160 000.00

12. 填制银行承兑汇票并背书处理

2022年1月30日，由马浩男（W03）登录企业应用平台。

（1） 填制银行承兑汇票。在应收款管理系统，根据实验资料填制银行承兑汇票并保存，结果如图9-25所示。

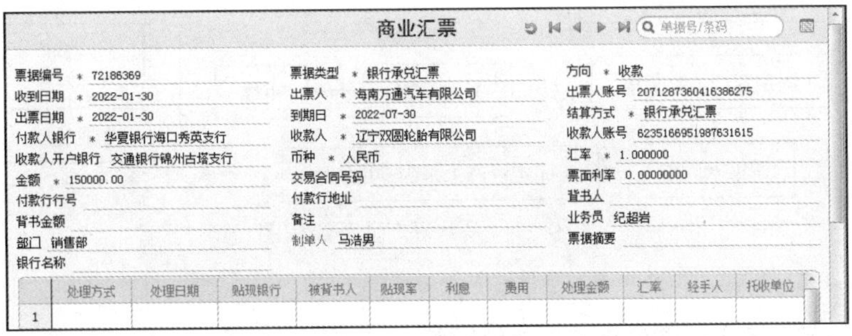
商业汇票

单据号/条码

票据编号 * 72186369
收到日期 * 2022-01-30
出票日期 * 2022-01-30
付款人银行 * 华夏银行海口秀英支行
收款人开户银行 交通银行锦州古塔支行
金额 * 150000.00
付款行行号
背书金额
部门 销售部
银行名称

票据类型 * 银行承兑汇票
出票人 * 海南万通汽车有限公司
到期日 * 2022-07-30
收款人 * 辽宁双圆轮胎有限公司
币种 * 人民币
交易合同号码
付款行地址
备注
制单人 马浩男

方向 * 收款
出票人账号 20712873604163386275
结算方式 * 银行承兑汇票
收款人账号 6235166951987631615
汇率 * 1.000000
票面利率 0.00000000
背书人
业务员 纪超岩
票据摘要

	处理方式	处理日期	贴现银行	被背书人	贴现率	利息	费用	处理金额	汇率	经手人	托收单位
1											

图9-25 商业汇票

（2） 背书处理。在“应收票据录入”窗口，单击工具栏的“背书”按钮，系统弹出“票据背书”对话框。根据实验资料，“被背书人”栏选择“101”（湖北蓝星），单击“确定”按钮，打开“冲销应付账款”对话框。在“27721107”号采购专用发票的“转账金额”栏输入“150000”，如图9-26所示。单击“保存”按钮，系统提示“是否立即制单？”，单击“否”。

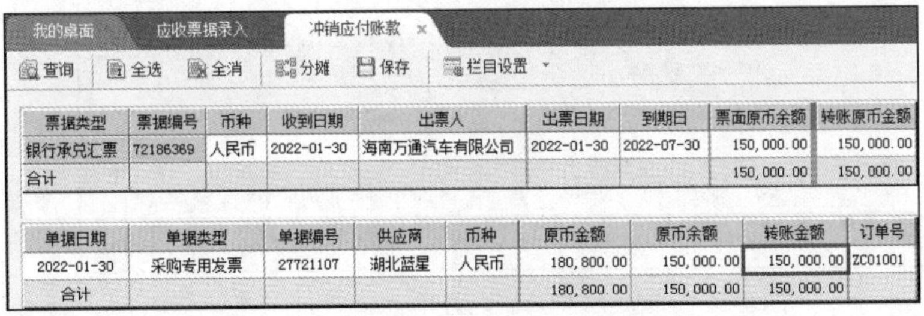
我的桌面 应收票据录入 冲销应付账款

查询 全选 全消 分摊 保存 栏目设置

票据类型	票据编号	币种	收到日期	出票人	出票日期	到期日	票面原币余额	转账原币金额
银行承兑汇票	72186369	人民币	2022-01-30	海南万通汽车有限公司	2022-01-30	2022-07-30	150,000.00	150,000.00
合计							150,000.00	150,000.00

单据日期	单据类型	单据编号	供应商	币种	原币金额	原币余额	转账金额	订单号
2022-01-30	采购专用发票	27721107	湖北蓝星	人民币	180,800.00	150,000.00	150,000.00	ZC01001
合计					180,800.00	150,000.00	150,000.00	

图9-26 票据背书——冲销应付账款

13. 收款单据审核并核销处理，（合并）生成凭证

2022年1月30日，由张博文（W02）登录企业应用平台。在应收款管理系统，对收取海南万通货款的收款单进行审核。审核完毕后进行手工核销，在“手工核销”窗口，在销售专用发票的“本次结算”栏输入“150000”，单击“确认”。退出该窗口。在应收款管理系统，对海南万通的收款单及上一步核销处理所生成单据进行合并制单处理，生成一张转账凭证。

借：应付账款/一般应付账款（湖北蓝星） 150 000.00

　　应收票据（海南万通） 150 000.00

　　　贷：应收账款/一般应收账款（海南万通）　　　　　　　　　　　　150 000.00
　　　　应收票据（海南万通）　　　　　　　　　　　　　　　　　　150 000.00

9.2.8　采购资产业务

【实验资料】

　　2022 年 1 月 31 日，采购部徐日强与吉林恒鑫签订购销合同（合同编号：CG01009），采购佳能激光打印机 1 台，不含税售价 7 800 元/台，价税合计 8 814 元。

　　当日收到吉林恒鑫发来的佳能激光打印机（入库单号：RKC01001）及增值税专用发票（票号：29726569）。货物检验合格交付财务部使用，公司以电汇支付了货款（票据号：31265614）。

【业务流程】

　　上述业务的处理流程如图 9-27 所示。

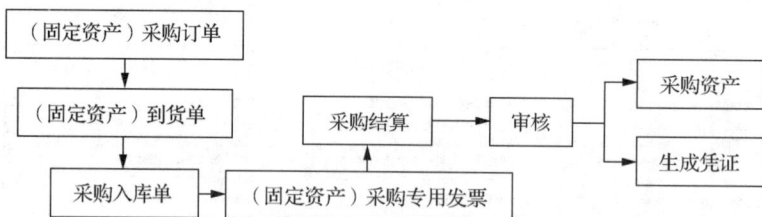

图 9-27　采购资产业务流程图

【实验过程】

1. 填制（固定资产）采购订单并生成到货单

　　2022 年 1 月 31 日，由赵子晨（G01）登录企业应用平台。在采购管理系统，根据实验资料填制采购订单，其中表头"业务类型"选择"固定资产"，"采购类型"选择"正常采购"。填制完毕后保存并审核该采购订单，结果如图 9-28 所示。在"采购订单"窗口，单击工具栏的"到货"按钮，系统自动参照采购订单生成到货单，保存并审核该到货单。

图 9-28　（固定资产）采购订单

采购资产业务

2. 参照到货单生成采购入库单

　　2022 年 1 月 31 日，由冯艳琪（C01）登录企业应用平台。在库存管理系统，参照上一步生成的到货单生成采购入库单，将表头"入库单号"修改为"RKC01001"，"仓库"选择"固定资产仓"，其他项默认。保存并审核该采购入库单。

3. 参照采购入库单生成采购专用发票

　　2022 年 1 月 31 日，由赵子晨（G01）登录企业应用平台。在采购管理系统，参照 RKC01001 号采购入库单生成一张采购专用发票。在表头"发票号"处填入"29726569"，保存、复核并结算该发票。单击发票工具栏的"现付"按钮，打开"采购现付"窗口，"结算方式"选择"电汇"，

“原币金额”为“8814”，“票据号”为“31265614”，单击“确定”按钮，完成现付处理。

4. 采购发票审核并生成凭证

2022 年 1 月 31 日，由张博文（W02）登录企业应用平台。在应付款管理系统，对吉林恒鑫“29726569”号采购专用发票审核并制单，生成一张付款凭证。

借：固定资产	7 800.00	
应交税费/应交增值税/进项税额	1 014.00	
贷：银行存款/交通银行/锦州古塔支行/基本户		8 814.00

5. 采购资产

在 U8 企业应用平台，单击“业务工作→财务会计→固定资产→卡片→采购资产”，打开“采购资产”窗口。双击 CG01009 号采购订单最左侧的“选择”栏。

单击“增加”按钮，打开“采购资产分配设置”窗口，“类别编号”选择“043”（打印机），“使用部门”选择“财务部”，“使用状况”选择“在用”。单击“保存”按钮，打开“固定资产卡片”窗口，单击“保存”按钮，系统提示“数据成功保存！”，单击“确定”按钮，系统提示生成一张卡片，结果如图 9-29 所示。

新增资产当月计提折旧　　附单据数：

固定资产卡片 | 附属设备 | 大修理记录 | 资产转移记录 | 停启用记录 | 原值变动 | 拆分/减少信息 | 2022-01-31

固定资产卡片

卡片编号	00019			日期	2022-01-31
固定资产编号	043002	固定资产名称	佳能激光打印机		
类别编号	043	类别名称	打印机	资产组名称	
规格型号		使用部门	财务部		
增加方式	直接购入	存放地点			
使用状况	在用	使用年限（月）	60	折旧方法	平均年限法（一）
开始使用日期	2022-01-31	已计提月份	0	币种	人民币
原值	7,800.00	净残值率	4%	净残值	312.00
累计折旧	0.00	月折旧率	0	本月计提折旧额	0.00
净值	7,800.00	对应折旧科目	660201，折旧费	项目	
增值税	1,014.00	价税合计	8,814.00		
录入人	张博文			录入日期	2022-01-31

图 9-29　固定资产卡片

9.3 单据查询

【实验资料】

查询 1 月份的其他入库单。

【实验过程】

2022 年 1 月 31 日，由冯艳琪（C01）登录企业应用平台。在 U8 企业应用平台，单击“业务工作→供应链→库存管理→其他入库→其他入库单列表”菜单，打开“其他入库单列表”窗口。单击工具栏的“查询”按钮，弹出“查询条件-其他入库单列表”对话框，单击“确定”按钮，结果如图 9-30 所示。退出当前窗口。

库存管理系统
单据查询

其他入库单列表

序号	□	记账人	仓库编码	仓库	入库日期	入库单号	入库类别	入库类别编码	部门	制单人	审核人	备注
1	□	张博文	01	原材料仓	2022-01-20	0000000001	调拨入库	0105	仓储部	冯艳琪	冯艳琪	
2	□		03	产成品仓	2022-01-28	0000000002			销售部	冯艳琪	冯艳琪	借出借用单（0000000001）生单
3	小计											
4	合计											

图 9-30　其他入库单列表

第三篇　期末处理

第10章 | 系统期末处理

10.1 | 概述

系统期末处理的特点在于财务会计系统与供应链管理系统交互作用，数据传递过程比较复杂，在处理时不应违反系统应用规则，更不能违背会计学原理和企业会计准则。系统期末处理主要包括以下4部分内容。

1. 出纳管理

出纳管理包括支票登记簿管理、银行对账以及出纳账表的查询等内容。

2. 期末转账

期末转账包括并不限于以下内容。

（1）根据权责发生制，计提应由本期承担的长期借款利息等。

（2）根据成本计算方法，分配材料费用、制造费用等，计算本月完工产品成本。

（3）根据存货盘存制度，对企业存货、固定资产等进行盘点。

（4）在全月平均法下，结转本月已销商品成本。

（5）根据资产减值等准则，进行减值测试，计提减值准备。

（6）根据增值税法律制度，计算本月应交增值税及相关附加税。

（7）根据金融资产相关准则，对金融资产期末公允价值变动进行处理。

（8）根据外币折算等准则，确认外币项目的汇兑损益。

（9）根据企业所得税法计算应交所得税，根据所得税准则确认所得税费用。

在期末转账的过程中，部分数据需要查询账表获得，如明细账、余额表、多栏账以及各种辅助账等。

3. 期末结账

期末结账的主要思路为：先对供应链管理各系统月末结账，再对财务会计各系统月末结账，总账系统最后结账。

4. 生成报表

参照系统报表模板可生成常见的资产负债表等对外报表，还可根据企业管理要求自行设计报表，并从财务会计系统或供应链管理系统读取数据。本部分将在第11章介绍。

本章总体框架如图10-1所示。

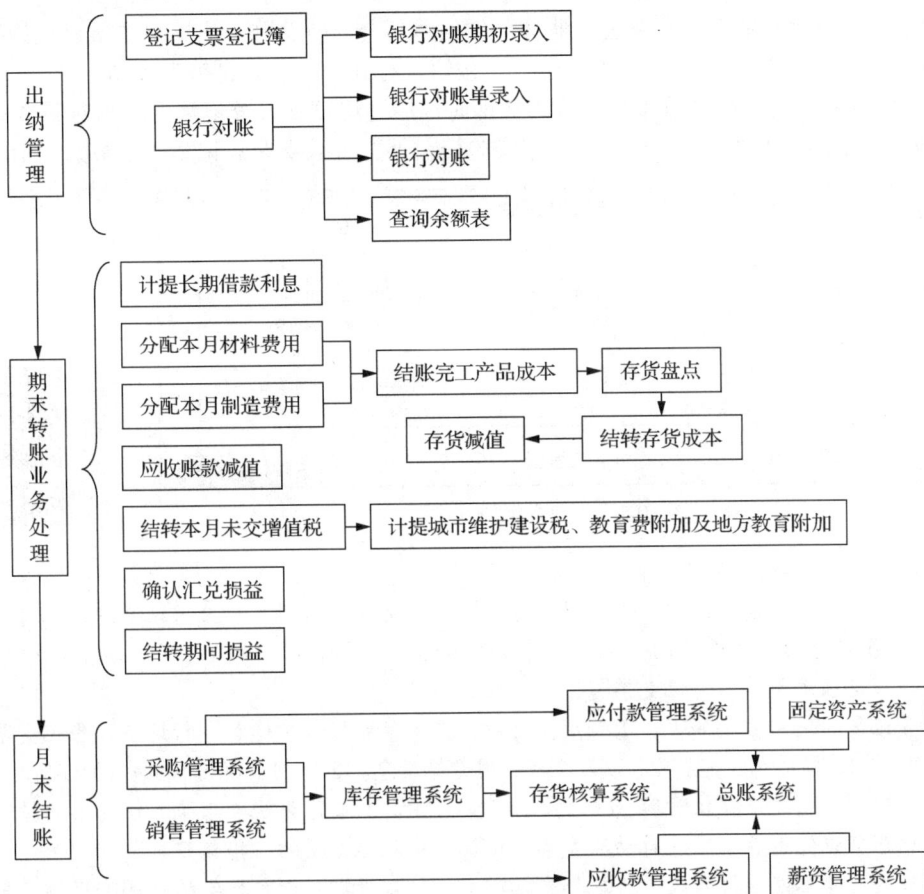

图 10-1　本章总体框架

10.2

出纳管理

10.2.1　支票登记簿

【实验资料】

根据表 10-1 补充登记交通银行锦州古塔支行的支票登记簿。

表 10-1 支票登记簿

领用日期	领用部门	领用人	支票号	预计金额	用途
2022.01.03	财务部	马浩男	36228703	110 886.38	发放上月工资
2022.01.03	财务部	马浩男	36228704	561 440.43	缴纳上月税费
2022.01.09	财务部	马浩男	26513709	2 000.00	从银行提取现金
2022.01.04	采购部	赵子晨	36228705	3 815.00	支付运输费
2022.01.11	采购部	徐日强	36228706	293 461.00	购买智能分拣机

【实验过程】

2022 年 1 月 31 日，由马浩男（W03）登录企业应用平台。

（1）在U8企业应用平台，单击"业务工作→财务会计→总账→出纳→支票登记簿"菜单，弹出"银行科目选择"对话框，单击"确定"按钮，打开"支票登记簿"窗口。

（2）表10-1的前三行在总账系统填制凭证时已经登记过支票登记簿，只需对第4行、第5行进行补充登记。单击"增行"按钮，根据实验资料补充录入支票登记簿，结果如图10-2所示。

支票登记簿

科目：基本户(1002010101)　　　　　　　　　　支票张数：5(其中：已报3 未报2)

领用日期	领用部门	领用人	支票号	预计金额	用途
2022.01.03	财务部	马洁男	36228703	110,886.38	发放上月工资
2022.01.03	财务部	马洁男	36228704	561,440.43	缴纳上月税费
2022.01.04	采购部	赵子晨	36228705	3,815.00	支付运输费
2022.01.09	财务部	马洁男	26513709	2,000.00	从银行提取现金
2022.01.11	采购部	徐日强	36228706	293,461.00	购买智能分拣机

预计未报金额　297,276.00　科目截止余额　借 5855405.06　　□已报销 □未报销

图10-2　支票登记簿

【提示】

使用支票登记簿的前提条件：①"银行存款"被指定为银行科目；②该结算方式已勾选"是否票据管理"；③在总账系统选项的"凭证"选项卡勾选"支票控制"；④在应收、应付款管理系统选项的"常规"选项卡勾选"登记支票"。

支票登记簿的使用方法如下。①领用支票时，在支票登记簿中增加一行记录，登记支票的领用日期、领用部门、领用人、支票号、预计金额、用途等信息。②填制上述付款业务的记账凭证时（总账系统直接填制或通过应收款管理、应付款管理系统生成凭证），系统要求录入该支票的结算方式和支票号。记账凭证保存后，系统自动在支票登记簿中填入该支票的"报销日期"。

已报销的支票不能直接修改。将鼠标光标移至"报销日期"栏，按空格键删除报销日期，以取消报销标志，此时方可修改。

10.2.2　银行对账

【实验资料】

（1）录入银行对账期初数据。

银行存款日记账期初余额为4 362 795.38元，银行对账单期初余额为4 385 795.38元。期初未达账项（企业已付银行未付）如表10-2所示。

表10-2　　　　　　　　　　　期初未达账项

凭证日期	结算方式	票号	贷方金额	票据日期	摘要
2021.12.31	转账支票	36228702	23 000.00	2021.12.31	支付电费

（2）录入银行对账单。

根据表10-3录入银行对账单。

表10-3　　　　　　　2022年1月份交通银行锦州古塔支行银行对账单

日期	结算方式	票号	借方金额	贷方金额	余额
2022.01.01	202	36228702		23 000.00	4 362 795.38
2022.01.02	401	31265602		35 595.00	4 327 200.38
2022.01.03	202	36228703		110 886.38	4 216 314.00

续表

日期	结算方式	票号	借方金额	贷方金额	余额
2022.01.03	202	36228704		561 440.43	3 654 873.57
2022.01.04	401	31265603		48 929.00	3 605 944.57
2022.01.04	202	36228705		3 815.00	3 602 129.57
2022.01.05	9		600.00		3 602 729.57
2022.01.05	401	31265604		268 086.00	3 334 643.57
2022.01.09	201	26513709		2 000.00	3 332 643.57
2022.01.09	401	31265605		12 610.80	3 320 032.77
2022.01.10	1		750.00		3 320 782.77
2022.01.10	401	31265606		2 389.95	3 318 392.82
2022.01.11	202	36228706		293 461.00	3 024 931.82
2022.01.11	401	63528397	2 678.10		3 027 609.92
2022.01.11	401	31265607		627.72	3 026 982.20
2022.01.11	401	31265608		6 656.00	3 020 326.20
2022.01.12		76371645		50 000.00	2 970 326.20
2022.01.14	401	31265609		2 877.60	2 967 448.60
2022.01.15	401	86950734	1 104 177.60		4 071 626.20
2022.01.15	401	89652712	153 680.00		4 225 306.20
2022.01.17	401	31695247	492 285.00		4 717 591.20
2022.01.18	401	31265610		53 336.00	4 664 255.20
2022.01.19	5	66091213	35 000.00		4 699 255.20
2022.01.19		72186368	566 075.16		5 265 330.36
2022.01.24	401	86950735	169 500.00		5 434 830.36
2022.01.25	401	87603952	497 200.00		5 932 030.36
2022.01.27	401	31265611		116 672.50	5 815 357.86
2022.01.28	401	31695248	3 661.20		5 819 019.06
2022.01.29	401	89652713	40 000.00		5 859 019.06
2022.01.29	401	31265612		10 000.00	5 849 019.06
2022.01.30	401	89652714	36 000.00		5 885 019.06
2022.01.30	401	31265613		20 800.00	5 864 219.06
2022.01.31	401	31265614		8 814.00	5 855 405.06

（3）进行银行对账。

（4）查询详细的银行存款余额调节表。

【实验过程】

（1）对账前准备工作。

2022 年 1 月 31 日，由马浩男（W03）登录企业应用平台，对所有记账凭证进行出纳签字。

2022 年 1 月 31 日，由王健荣（W01）登录企业应用平台，对所有记账凭证进行审核。

2022 年 1 月 31 日，由张博文（W02）登录企业应用平台，对所有记账凭证进行记账。

（2）录入银行对账期初数据。

2022 年 1 月 31 日，由马浩男（W03）登录企业应用平台。

在 U8 企业应用平台，单击"业务工作→财务会计→总账→出纳→银行对账→银行对账期初录入"菜单，弹出"银行科目选择"对话框，单击"确定"按钮，打开"银行对账期初"窗口。

银行对账

根据实验资料，在单位日记账的"调整前余额"栏输入"4362795.38"，在银行对账单的"调整前余额"在输入"4385795.38"。单击"日记账期初未达项"按钮，打开"企业方期初"窗口，根据表 10-2 录入期初未达账项，结果如图 10-3 所示。

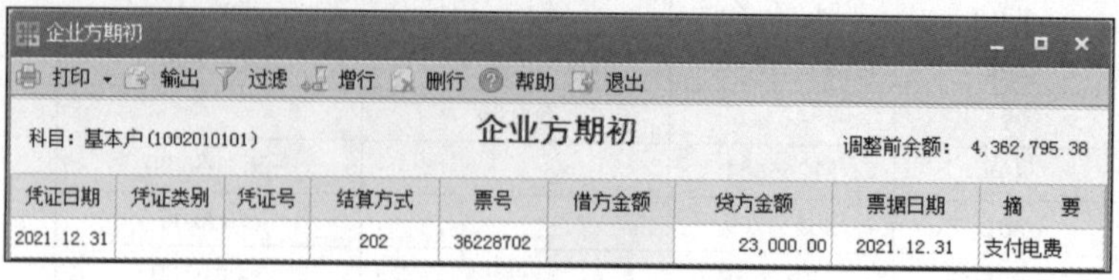

凭证日期	凭证类别	凭证号	结算方式	票号	借方金额	贷方金额	票据日期	摘要
2021.12.31			202	36228702		23,000.00	2021.12.31	支付电费

科目：基本户(1002010101) 企业方期初 调整前余额：4,362,795.38

图 10-3 期初未达账项——企业已付银行未付

退出"企业方期初"窗口，返回"银行对账期初"窗口，结果如图 10-4 所示。

（3）录入银行对账单。

在总账系统，单击"出纳→银行对账→银行对账单"菜单，弹出"银行科目选择"对话框，单击"确定"按钮，打开"银行对账单"窗口。单击"增行"按钮，根据表 10-3 手工录入银行对账单，结果如图 10-5 所示。

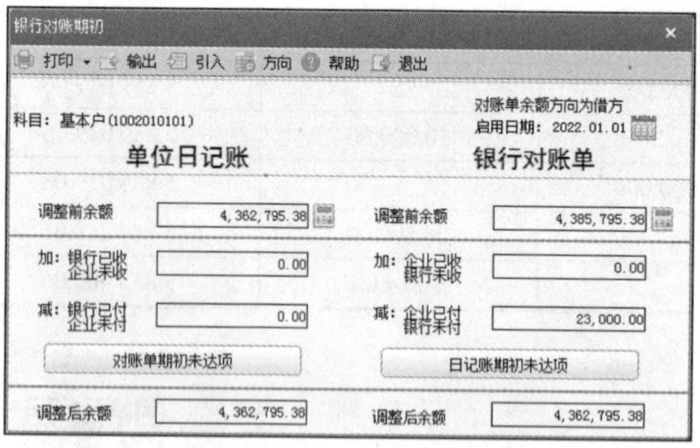

科目：基本户(1002010101) 银行对账单 对账单账面余额：5,855,405.06

日期	结算方式	票号	备注	借方金额	贷方金额	余额
2022.01.01	202	36228702			23,000.00	4,362,795.38
2022.01.02	401	31265602			35,595.00	4,327,200.38
2022.01.03	202	36228703			110,886.38	4,216,314.00
2022.01.03	202	36228704			561,440.43	3,654,873.57
2022.01.04	401	31265603			48,929.00	3,605,944.57
2022.01.04	202	36228705			3,815.00	3,602,129.57
2022.01.05	9				600.00	3,602,729.57
2022.01.05	401	31265604			268,086.00	3,334,643.57
2022.01.09	201	26513709			2,000.00	3,332,643.57
2022.01.09	401	31265605			12,610.80	3,320,032.77
2022.01.10	1				750.00	3,320,782.77
2022.01.10	401	31265606			2,389.95	3,318,392.82
2022.01.11	202	36228706			293,461.00	3,024,931.82
2022.01.11	401	63528397		2,678.10		3,027,609.92
2022.01.11	401	31265607			627.72	3,026,982.20
2022.01.11	401	31265608			6,656.00	3,020,326.20
2022.01.12		76371645			50,000.00	2,970,326.20
2022.01.14	401	31265609			2,877.60	2,967,448.60
2022.01.15	401	86950734		1,104,177.60		4,071,626.20
2022.01.15	401	89652712		153,680.00		4,225,306.20
2022.01.17	401	31695247		492,285.00		4,717,591.20
2022.01.18	401	31265610			53,336.00	4,664,255.20
2022.01.19	5	66091213		35,000.00		4,699,255.20
2022.01.19	401	72186368		566,075.16		5,265,330.36
2022.01.24	401	86950735		169,500.00		5,434,830.36
2022.01.25	401	87603952		497,200.00		5,932,030.36
2022.01.27	401	31265611			116,672.50	5,815,357.86
2022.01.28	401	31695248		3,661.20		5,819,019.06
2022.01.28	401	89652713		40,000.00		5,859,019.06
2022.01.28	401	31265612			10,000.00	5,849,019.06
2022.01.30	401	89652714		36,000.00		5,885,019.06
2022.01.30	401	31265613			20,800.00	5,864,219.06
2022.01.31	401	31265614			8,814.00	5,855,405.06

银行对账期初

科目：基本户(1002010101)

对账单余额方向为借方　启用日期：2022.01.01

单位日记账		银行对账单	
调整前余额	4,362,795.38	调整前余额	4,385,795.38
加：银行记收企业未收	0.00	加：企业记收银行未收	0.00
减：银行记付企业未付	0.00	减：企业记付银行未付	23,000.00
对账单期初未达项		日记账期初未达项	
调整后余额	4,362,795.38	调整后余额	4,362,795.38

图 10-4 银行对账期初数据

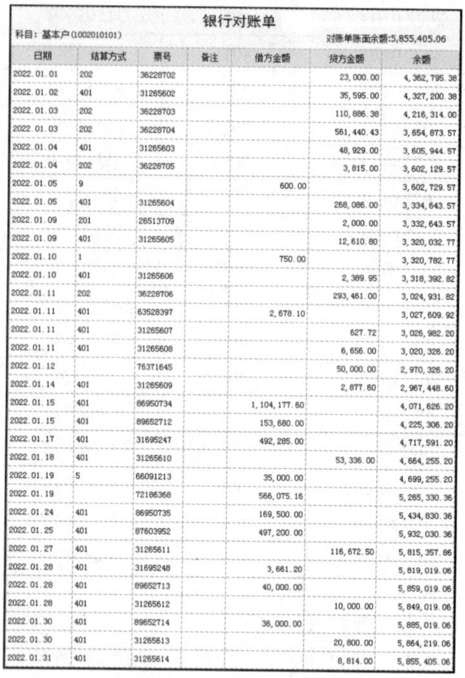

图 10-5 银行对账单

【提示】

如果银行对账单记录过多，可通过工具栏的"导入对账单"功能来完成银行对账单的录入。

（4）进行银行对账。

在总账系统，单击"出纳→银行对账→银行对账"菜单，打开"银行科目选择"对话框，单击"确定"按钮，打开"银行对账"窗口。单击工具栏的"对账"按钮，系统弹出"自动对账"对话框，结果如图 10-6 所示。

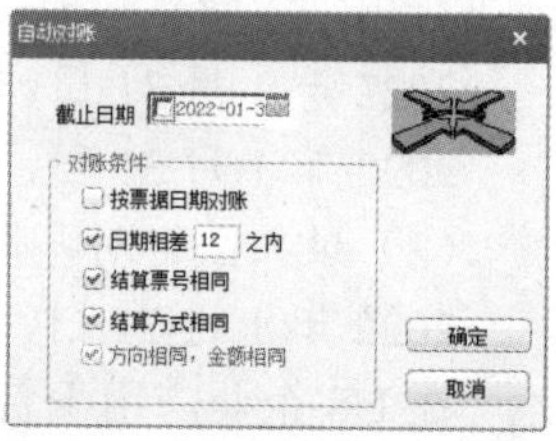

单击"确定"按钮，显示自动对账结果。检查自动对账不成功的

自动对账

截止日期：2022-01-31

对账条件
□ 按票据日期对账
☑ 日期相差 12 之内
☑ 结算票号相同
☑ 结算方式相同
☑ 方向相同、金额相同

确定　取消

图 10-6 "自动对账"对话框

记录，分析原因后，处理并保存手工对账，结果如图 10-7 所示。

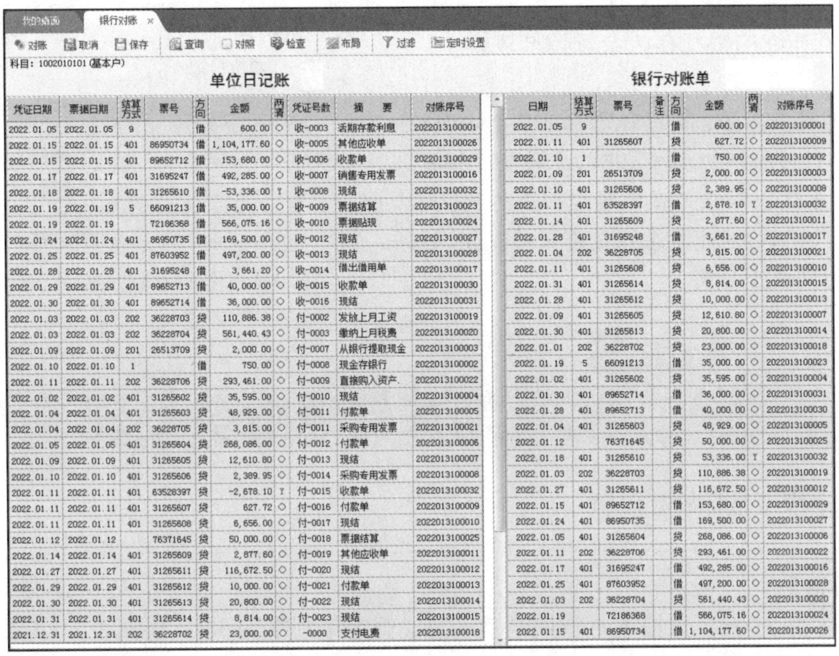

图 10-7　对账结果

【提示】

除上述自动对账外，还可进行手工对账，具体方法如下。①在单位日记账中双击要进行勾对的记录，此时"两清"标志栏自动打上"√"。②单击工具栏的"对照"按钮，在银行对账单中显示与单位日记账中当前记录相似的记录。双击银行对账单中的该行记录，此时"两清"标志栏自动打上"√"。③单击工具栏的"保存"按钮，单位日记账、银行对账单的"两清"标志栏变更为"Y"。手工对账完成。

以上是选择单位日记账记录，寻找银行对账单记录并对账。也可选择银行对账单记录，寻找单位日记账记录并对账。

如何取消对账标志？系统提供两种取消对账标志的方法。①手工取消勾对：双击要取消对账标志的记录的"两清"标志栏，单击"保存"按钮。②自动取消勾对：单击工具栏的"取消"按钮，弹出"银行反对账范围"对话框，单击"确定"按钮，系统将自动完成取消对账标志的操作。

本例中以下两笔业务自动对账不成功：知识点 8.3.2 所述销售退货业务发生借方"-53336"，而银行对账单是贷方"53336"。知识点 7.3.3 所述采购退货业务发生贷方"-2678.1"，而银行对账单是借方"2678.1"；两张记账凭证均为系统自动生成，并非实质性对账错误，可进行手工对账。

（5）查询并输出"1 月份银行存款余额调节表.xls"。

在总账系统，单击"出纳→银行对账→余额调节表查询"菜单，打开"银行存款余额调节表"窗口，如图 10-8 所示。

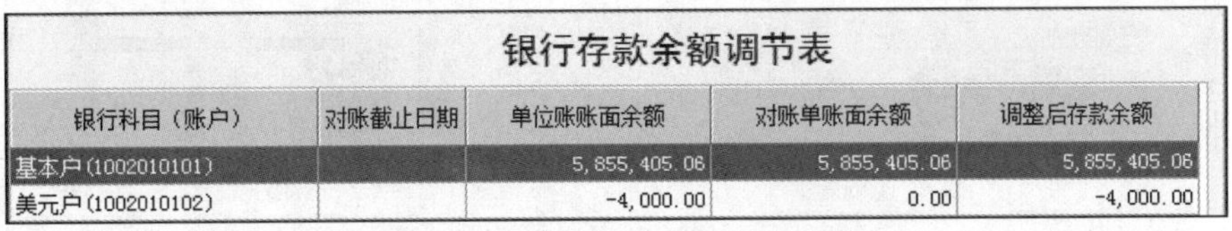

银行存款余额调节表				
银行科目（账户）	对账截止日期	单位账账面余额	对账单账面余额	调整后存款余额
基本户(1002010101)		5,855,405.06	5,855,405.06	5,855,405.06
美元户(1002010102)		-4,000.00	0.00	-4,000.00

图 10-8　"银行存款余额调节表"窗口

双击"基本户"那一行，打开"银行存款余额调节表"对话框，如图 10-9 所示。单击"详细"按钮，可查看详细的银行存款余额调节表。

【提示】

如果对账结果不平，则可进行以下几个方面的检查。①"银行对账期初录入"中的"调整前余额""对账单期初未达项"及"日记账期初未达项"录入是否正确。②银行对账单录入是否正确。③"银行对账"中对账是否平衡。

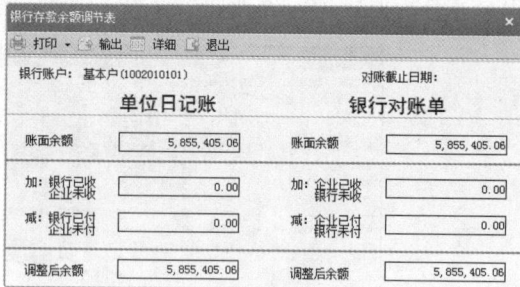

图 10-9 "银行存款余额调节表"对话框

10.3 期末转账业务处理

10.3.1 计提长期借款利息

【实验资料】

2022 年 1 月 31 日，计提本月长期借款利息，假定年利率为 5%。根据表 10-4 设置自定义转账，并生成记账凭证。

表 10-4 自定义转账设置

转账序号	摘要	凭证类别	科目编码	方向	金额公式
0001	计提本月长期借款利息	转账凭证	660301	借	QM(2501,月)*0.05/12
			2231	贷	JG()

【实验过程】

2022 年 1 月 31 日，由张博文（W02）登录企业应用平台。

1. 设置自定义结转

（1）在 U8 企业应用平台，单击"业务工作→财务会计→总账→期末→转账定义→自定义转账"菜单，打开"自定义转账设置"窗口。

计提长期借款利息

（2）单击工具栏的"增加"按钮，弹出"转账目录"对话框。根据实验资料，在"转账序号"栏录入"0001"，"转账说明"栏录入"计提本月长期借款利息"，"凭证类别"选择"转账凭证"，如图 10-10 所示。

（3）单击"确定"按钮，返回"自定义转账设置"窗口。单击工具栏的"增行"按钮，"科目编码"参照选择"660301"（财务费用/利息支出），双击"金额公式"栏，按 F2 键进入"公式向导"窗口，在"函数名"列表框中选择"QM()"（期末余额），如图 10-11 所示。

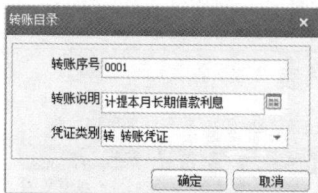

图 10-10 "转账目录"对话框

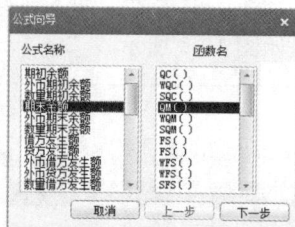

图 10-11 公式向导-1

（4）单击"下一步"按钮，将"科目"修改为"2501"（长期借款），如图 10-12 所示。

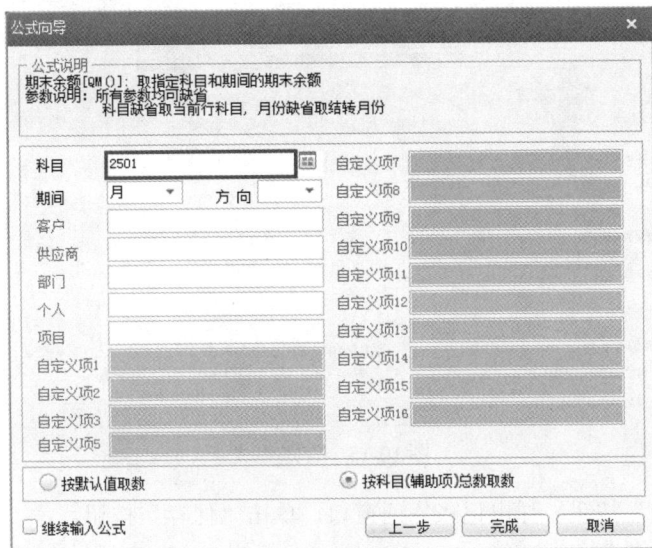

图 10-12　公式向导-2

（5）单击"完成"按钮，在"QM(2501,月)"后面输入"*0.05/12"，完成自定义转账凭证借方的设置，如图 10-13 所示。

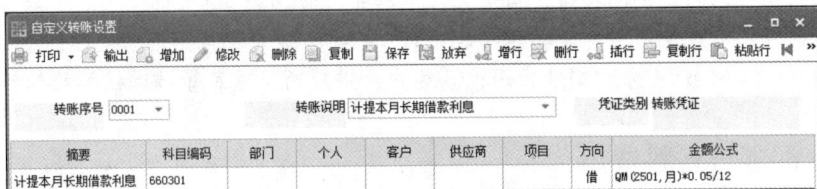

图 10-13　自定义转账——借方设置结果

（6）单击工具栏的"增行"按钮，在第 2 行"科目编码"参照选择"2231"（应付利息），双击"方向"栏，将其改为"贷"，双击"金额公式"栏，按 F2 键进入"公式向导"窗口，选择"JG()"（取对方科目计算结果）。

（7）单击"下一步"按钮，再单击"完成"按钮，结果如图 10-14 所示。

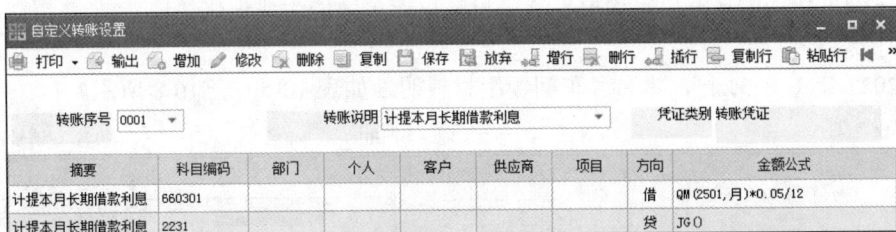

图 10-14　自定义转账——计提本月长期借款利息

2. 生成凭证

（1）在总账系统，单击"期末→转账生成"菜单，打开"转账生成"对话框，双击"0001"号自定义转账凭证的"是否结转"栏，如图 10-15 所示。

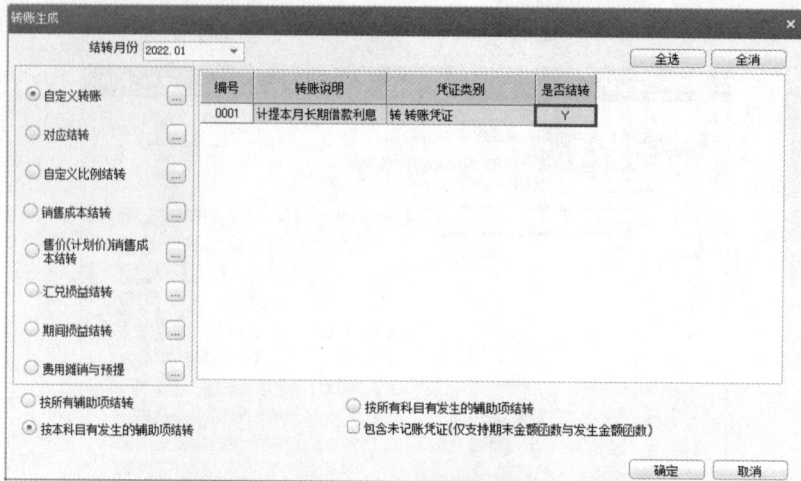

图 10-15 转账生成

（2）单击"确定"按钮，弹出记账凭证窗口，单击"保存"按钮。

| 借：财务费用/利息支出 | 29 166.67 |
| 贷：应付利息 | 29 166.67 |

【提示】

系统提供以下8种转账定义功能：自定义转账、对应结转、销售成本结转、售价（计划价）销售成本结转、汇兑损益结转、期间损益、自定义比例转账、费用摊销和预提。

以下情况也可以考虑使用自定义转账功能：①工资等薪酬分配与支付的处理；②税金的缴纳等；③计提借款利息（本例）；④分配制造费用；⑤客户、供应商、项目等辅助核算的结转。

10.3.2 分配本月材料费用

对于工业企业，车间领用材料时，需取得材料出库单。材料出库单的取得方式主要有以下几种：①手工填制（本书采用）；②通过配比出库生成；③根据限额领料单生成；④根据领料申请单生成；⑤根据采购入库单等生成；⑥在启用生产订单系统的情况下，参照生产订单用料表或补料申请单生成；⑦在启用委外管理系统的情况下，参照委外订单用料表生成。

手工填制的材料出库单审核后，可到存货核算系统进行正常单据记账。在全月平均法下，通过"期末处理"功能计算出平均单价后，材料出库单才能生成记账凭证。

【实验资料】

（1）2022年1月31日，本月各车间领用材料明细如表10-5~表10-8所示。

表 10-5   一车间领料明细   单号：CKA01003

仓库	存货编码及名称	单位	领用数量	用途	
				185 型轿车轮胎	195 型轿车轮胎
原材料仓	0102 天然橡胶	千克	661 000	305 000	356 000
	0103 硅烷偶联剂	千克	7 400	3 550	3 850
	0107 促进剂	千克	2 000	900	1 100
	0108 软化剂	千克	2 380	980	1 400
	0109 防老剂	千克	2 800	1 300	1 500

表 10-6　　　　　　　　　　　　　　一车间领料明细　　　　　　　　　　　　单号：CKA01004

仓库	存货编码及名称	单位	领用数量	用途	
				185 型轿车轮胎	195 型轿车轮胎
原材料仓	0110 补强剂	千克	3 000	1 300	1 700
	0111 脱模剂	千克	2 000	800	1 200
	0113 镀铜钢丝	千克	2 400	1 100	1 300
	0114 炭黑	千克	2 500	1 050	1 450

表 10-7　　　　　　　　　　　　　　二车间领料明细　　　　　　　　　　　　单号：CKA01005

仓库	存货编码及名称	单位	领用数量	用途	
				235 型货车轮胎	265 型货车轮胎
原材料仓	0101 丁苯橡胶	千克	637 000	344 000	293 000
	0104 防焦剂	千克	2 500	1 300	1 200
	0105 芳烃油	千克	4 250	2 300	1 950
	0106 硫化剂	千克	6 400	3 850	2 550
	0107 促进剂	千克	3 700	1 200	2 500

表 10-8　　　　　　　　　　　　　　二车间领料明细　　　　　　　　　　　　单号：CKA01006

仓库	存货编码及名称	单位	领用数量	用途	
				235 型货车轮胎	265 型货车轮胎
原材料仓	0108 软化剂	千克	4 400	2 250	2 150
	0110 补强剂	千克	4 000	2 000	2 000
	0111 脱模剂	千克	3 000	1 500	1 500
	0112 热镀锌钢丝	千克	2 900	1 650	1 250
	0114 炭黑	千克	3 500	2 000	1 500

（2）2022 年 1 月 31 日，计算并分配本月材料费用。

【实验过程】

1. 填制材料出库单

2022 年 1 月 31 日，由冯艳琪（C01）登录企业应用平台。在库存管理系统，根据实验资料填制材料出库单，填制完毕后保存并审核该出库单，结果如图 10-16 所示。参照上述方法填制后面 3 张材料出库单并审核。

分配本月材料费用

图 10-16　材料出库单

2. 正常单据记账

2022 年 1 月 31 日，由张博文（W02）登录企业应用平台。在存货核算系统，对 CKA01003 至 CKA01006 四张材料出库单进行记账。记账完毕后退出该窗口。

3. 期末处理

在存货核算系统，单击"记账→期末处理"菜单，弹出"期末处理-1 月"对话框。在"未期末处理仓库"栏取消勾选"02 周转材料仓""03 产成品仓"，只勾选"原材料仓"，单击"处理"按钮，打开"月平均单价计算表"，该表展示了原材料仓在全月平均法下当月平均单价的计算过程。单击"确定"按钮，系统提示"期末处理完毕！"，再单击"确定"按钮，结果如图 10-17 所示。

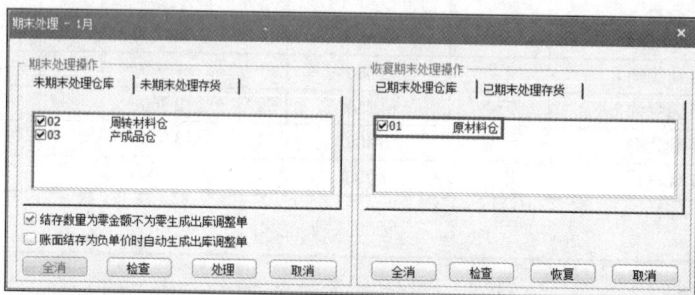

图 10-17　期末处理

【提示】

全月平均法下，系统按下列公式计算全月平均单价。

$$全月平均单价 = \frac{期初结存金额 + 本期入库金额 - 本期有成本出库的金额}{期初结存数量 + 本期入库数量 - 本期有成本出库的数量}$$

公式中的"本期有成本出库的金额（或数量）"是指出库单上手工填入的或其他系统向存货核算传递数据时，就已存在的出库金额（或数量）。

4. 生成凭证

在存货核算系统，单击"凭证处理→生成凭证"菜单，打开"生成凭证"窗口。单击工具栏的"选单"按钮，弹出"查询条件-生成凭证查询条件"对话框，"业务类型"选择"领料"，单击"确定"按钮，打开"选择单据"窗口，如图 10-18 所示。单击工具栏的"全选"按钮，选中已记账的 4 张材料出库单，再单击"确定"按钮，返回"生成凭证"窗口。

未生成凭证单据一览表

选择	记账日期	单据日期	单据类型	单据号	仓库	收发类别	记账人	部门	部门编码	业务类型	计价方式
	2022-01-31	2022-01-31	材料出库单	CKA01003	原材料仓	材料领用出库	张博文	一车间	0501	领料	全月平均法
	2022-01-31	2022-01-31	材料出库单	CKA01004	原材料仓	材料领用出库	张博文	一车间	0501	领料	全月平均法
	2022-01-31	2022-01-31	材料出库单	CKA01005	原材料仓	材料领用出库	张博文	二车间	0502	领料	全月平均法
	2022-01-31	2022-01-31	材料出库单	CKA01006	原材料仓	材料领用出库	张博文	二车间	0502	领料	全月平均法

图 10-18　"选择单据"窗口

单击工具栏的"合并制单"按钮，打开"填制凭证"窗口并自动生成凭证。将"凭证类别"改为"转账凭证"，单击工具栏的"保存"按钮。

借：生产成本/直接材料（185 型轿车轮胎）　　　　　　　　　　　　　3 623 348.32
　　生产成本/直接材料（195 型轿车轮胎）　　　　　　　　　　　　　4 235 541.36
　　生产成本/直接材料（235 型货车轮胎）　　　　　　　　　　　　　4 629 251.19

生产成本/直接材料（265 型货车轮胎）　　　　　　　　　　3 972 631.03
贷：原材料　　　　　　　　　　　　　　　　　　　　　　16 460 771.90

10.3.3　分配本月制造费用

【实验资料】

2022 年 1 月 31 日，按照本月投产量分配本月一车间、二车间的制造费用。各产品投产量详见知识点 10.3.4。根据表 10-9 设置自定义转账，并生成记账凭证。

表 10-9　　　　　　　　　　　　　　　　　自定义转账设置

转账序号	摘要	凭证类别	科目编码	项目	方向	金额公式
0002	结转本月制造费用	转账凭证	500103	185 型轿车轮胎	借	FS(5101,月,借,0501)*8500/18000
			500103	195 型轿车轮胎	借	FS(5101,月,借,0501)*9500/18000
			500103	235 型货车轮胎	借	FS(5101,月,借,0502)*6200/11500
			500103	265 型货车轮胎	借	CE()
			510101		贷	FS(510101,月,借)
			510102		贷	FS(510102,月,借)
			510103		贷	FS(510103,月,借)
			510104		贷	FS(510104,月,借)
			510105		贷	FS(510105,月,借)

【实验过程】

2022 年 1 月 31 日，由张博文（W02）登录企业应用平台。

1. 设置自定义转账

参照知识点 10.3.1 设置"结转本月制造费用"自定义结转，转账序号为 0002，凭证类别为转账凭证，设置结果如图 10-19 所示。

图 10-19　自定义转账——结转本月制造费用

2. 转账生成

在总账系统，依次单击"期末→转账生成"菜单，打开"转账生成"窗口，双击"0002"号自定义转账凭证的"是否结转"栏。单击"确定"按钮，弹出"记账凭证"窗口，单击"保存"按钮。

借：生产成本/制造费用（185 型轿车轮胎）　　　　　　　　14 611.12
　　生产成本/制造费用（195 型轿车轮胎）　　　　　　　　16 330.08
　　生产成本/制造费用（235 型货车轮胎）　　　　　　　　17 433.56

生产成本/制造费用（265 型货车轮胎）		14 902.88
贷：制造费用/折旧费（一车间）		20 911.20
制造费用/折旧费（二车间）		22 511.20
制造费用/职工薪酬（一车间）		10 030.00
制造费用/职工薪酬（二车间）		9 825.24

10.3.4　结转完工产品成本

企业生产的产品经过车间加工生产，达到完工程度后需办理验收入库手续，此时需取得产成品入库单。因为根据成本会计学原理，产成品的单位成本或总成本需按照一定的成本计算方法取得，所以填制产成品入库单时，一般只填数量。在全月平均法下，产成品入库单没有单价，不允许正常单据记账。

【实验资料】

（1）2022 年 1 月 31 日，本月一车间生产的轿车轮胎完工入库（入库单号：RKB01001），其中，185 型轿车轮胎入库 8 500 套，195 型轿车轮胎入库 9 500 套。

（2）2022 年 1 月 31 日，本月二车间生产的货车轮胎完工入库（入库单号：RKB01002），其中，235 型货车轮胎入库 6 200 套，265 型货车轮胎入库 5 300 套。

【实验过程】

1. 填制产成品入库单

2022 年 1 月 31 日，由冯艳琪（C01）登录企业应用平台。在库存管理系统，根据实验资料填制产成品入库单，填制完毕后保存并审核该入库单，结果如图 10-20 所示。参照上述方法填制二车间货车轮胎的产成品入库单并审核。

图 10-20　产成品入库单

结转完工产品成本

2. 成本数据查询

2022 年 1 月 31 日，由张博文（W02）登录企业应用平台。在总账系统，单击"账表→项目辅助账→项目成本一览表"菜单，弹出"项目成本一览表查询条件"对话框，勾选"包含未记账凭证"，"项目大类"选择"生产成本核算"，单击 ➢ 按钮将进行成本统计的科目"500101 直接材料""500102 直接人工""500103 制造费用"移入右侧，单击"确定"按钮，结果如图 10-21 所示。

项目成本一览表

日期：- 2022-01-31

项目代码	项目名称	成本支出			冲减后余额
		小计	直接材料(500101)	直接人工(500102)	制造费用(500103)	
0301	185型轿车轮胎	3,672,351.38	3,653,098.32	4,641.94	14,611.12	3,672,351.38
0302	195型轿车轮胎	4,290,309.50	4,268,791.36	5,188.06	16,330.08	4,290,309.50
0351	235型货车轮胎	4,673,640.76	4,650,951.19	5,256.01	17,433.56	4,673,640.76
0352	265型货车轮胎	4,010,576.95	3,991,181.03	4,493.04	14,902.88	4,010,576.95
合计		16,646,878.59	16,564,021.90	19,579.05	63,277.64	16,646,878.59

图 10-21　项目成本一览表

3. 产成品成本分配

在存货核算系统，依次单击“记账→产成品成本分配”菜单，打开“产成品成本分配表”窗口，单击工具栏的“查询”按钮，弹出“产成品成本分配表查询”对话框，勾选“03 产成品仓”，单击“确定”按钮。根据图 10-21 的数据输入各产品的“金额”，结果如图 10-22 所示。输入完毕后单击工具栏的“分配”按钮，系统提示分配完成。

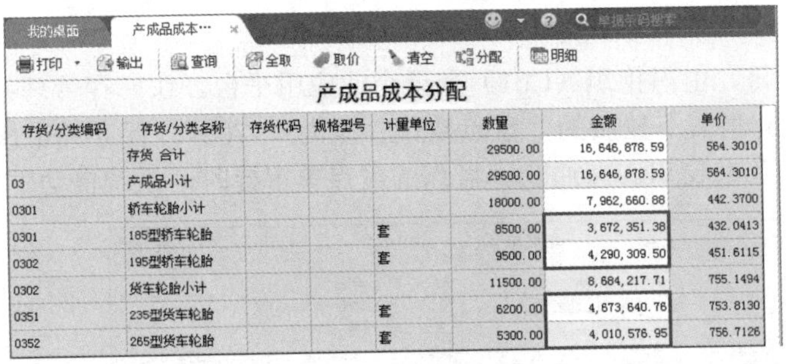

存货/分类编码	存货/分类名称	存货代码	规格型号	计量单位	数量	金额	单价
	存货 合计				29500.00	16,646,878.59	564.3010
03	产成品小计				29500.00	16,646,878.59	564.3010
0301	轿车轮胎小计				18000.00	7,962,660.88	442.3700
0301	185型轿车轮胎			套	8500.00	3,672,351.38	432.0413
0302	195型轿车轮胎			套	9500.00	4,290,309.50	451.6115
0302	货车轮胎小计				11500.00	8,684,217.71	755.1494
0351	235型货车轮胎			套	6200.00	4,673,640.76	753.8130
0352	265型货车轮胎			套	5300.00	4,010,576.95	756.7126

图 10-22　产成品成本分配

4. 正常单据记账，生成凭证

（1）正常单据记账。在存货核算系统，对 2 张产成品入库单并对其进行记账。记账完毕后退出该窗口。

（2）生成凭证。在存货核算系统，单击“凭证处理→生成凭证”菜单，打开“生成凭证”窗口。单击“选单”按钮，弹出“查询条件-生成凭证查询条件”对话框，“业务类型”选择“成品入库”，单击“确定”按钮，打开“选择单据”窗口，如图 10-23 所示。单击“全选”按钮，选中已记账的 2 张产成品入库单，再单击“确定”按钮，返回“生成凭证”窗口。

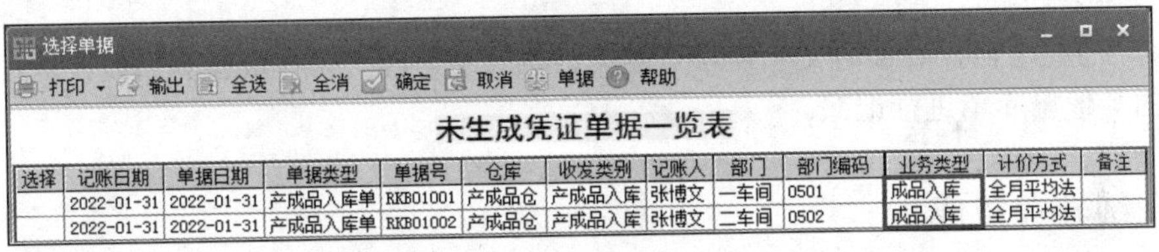

选择	记账日期	单据日期	单据类型	单据号	仓库	收发类别	记账人	部门	部门编码	业务类型	计价方式	备注
	2022-01-31	2022-01-31	产成品入库单	RKB01001	产成品仓	产成品入库	张博文	一车间	0501	成品入库	全月平均法	
	2022-01-31	2022-01-31	产成品入库单	RKB01002	产成品仓	产成品入库	张博文	二车间	0502	成品入库	全月平均法	

图 10-23　“选择单据”窗口

将“凭证类别”改为“转账凭证”，单击工具栏的“合并制单”按钮，打开“填制凭证”窗口并自动生成凭证。参照图 10-21 将第 2 行分录分拆，分拆完毕后单击工具栏的“保存”按钮。

借：库存商品	16 646 878.59
贷：生产成本/直接材料（185 型轿车轮胎）	3 653 098.32
生产成本/直接人工（185 型轿车轮胎）	4 641.94
生产成本/制造费用（185 型轿车轮胎）	14 611.12
生产成本/直接材料（195 型轿车轮胎）	4 268 791.36
生产成本/直接人工（195 型轿车轮胎）	5 188.06
生产成本/制造费用（195 型轿车轮胎）	16 330.08
生产成本/直接材料（235 型货车轮胎）	4 650 951.19
生产成本/直接人工（235 型货车轮胎）	5 256.01
生产成本/制造费用（235 型货车轮胎）	17 433.56
生产成本/直接材料（265 型货车轮胎）	3 991 181.03
生产成本/直接人工（265 型货车轮胎）	4 493.04
生产成本/制造费用（265 型货车轮胎）	14 902.88

10.3.5　存货盘点业务

【实验资料】

2022年1月31日，按仓库对存货进行盘点，发现产成品仓的235型货车轮胎盘亏4套。

【实验过程】

1. 填制盘点单

2022年1月31日，由冯艳琪（C01）登录企业应用平台。在库存管理系统，根据实验资料填制盘点单，将235型货车轮胎的"盘点数量"改为"7700"。保存并审核该盘点单，结果如图10-24所示。退出当前窗口。普通仓库盘点的盘点单审核时，系统自动生成其他出库单。

图10-24　盘点单

存货盘点业务

2. 审核其他出库单

在库存管理系统，单击"其他出库→其他出库单"菜单，打开"其他出库单"窗口。单击工具栏的"末张"按钮，找到盘点单自动生成的其他出库单，单击"审核"按钮。

3. 正常单据记账

2022年1月31日，由张博文（W02）登录企业应用平台。在存货核算系统，对根据盘点单自动生成的其他出库单进行记账。

10.3.6　结转存货成本

【实验资料】

2022年1月31日，结转本月已出库存货成本。经查，盘亏的235型货车轮胎系不可抗力造成。

【实验过程】

2022年1月31日，由张博文（W02）登录企业应用平台。

1. 期末处理

在存货核算系统，单击"记账→期末处理"菜单，弹出"期末处理-1月"对话框，在"未期末处理仓库"栏，系统默认已勾选"02周转材料仓""03产成品仓"。单击"处理"按钮，打开"仓库平均单价计算表"，该表展示了产成品仓在全月平均法下当月平均单价的计算过程。单击"确定"按钮，系统提示"期末处理完毕！"，再单击"确定"按钮，结果如图10-25所示。关闭当前窗口。

2. 生成凭证

在存货核算系统，单击"凭证处理→生成凭证"菜单，打开"生成凭证"窗口。单击工具栏的"选择"按钮，弹出"查询条件"对话框，单击"确定"按钮，打开"选择单据"窗口，如图10-26所示。

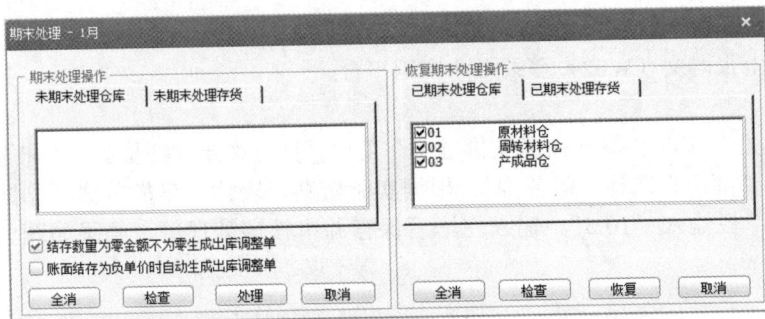

图 10-25　期末处理

结转存货成本

图 10-26　"选择单据"窗口

单击工具栏的"全选"按钮，再单击工具栏的"确定"按钮，系统自动关闭"选择单据"窗口并打开"生成凭证"窗口。将"凭证类别"改为"转账凭证"，单击工具栏的"合并制单"按钮，打开"填制凭证"窗口。单击工具栏的"保存"按钮。

借：发出商品		496 443.42
待处理财产损溢/待处理流动资产损溢		3 016.76
主营业务成本		2 050 453.26
其他业务成本		12 850.00
贷：原材料		12 850.00
库存商品		2 233 994.90
发出商品		315 918.54

3. 存货盘点结果处理

在 U8 企业应用平台，单击"业务工作→财务会计→总账→凭证→填制凭证"菜单，填制一张记账凭证，对盘点结果进行处理。

借：营业外支出/盘亏损失		3 016.76
贷：待处理财产损溢/待处理流动资产损溢		3 016.76

10.3.7　存货减值业务

【实验资料】

2022 年 1 月 31 日，经财务部减值测试，脱模剂的可变现净值为 10.5 元/千克，请计提减值准备。

【实验过程】

2022 年 1 月 31 日，由张博文（W02）登录企业应用平台。

1. 计提跌价准备

在存货核算系统，单击"跌价准备→计提跌价准备"菜单，打开"计提跌价处理单"窗口。单击"增加"按钮，表头"部门"选择"财务部"。根据实验资料，表体"存货名称"选择"脱模剂"，在"可变现价格"栏输入"10.5"。输入完毕后保存并审核该处理单，结果如图 10-27 所示。

图 10-27　计提跌价处理单

2. 跌价准备制单

在存货核算系统，进行跌价准备制单，生成一张转账凭证，保存该记账凭证。

借：资产减值损失　　　　　　　　　　　　　　　　　　　　　　　13 486.80

　　贷：存货跌价准备　　　　　　　　　　　　　　　　　　　　　　　　13 486.80

10.3.8　应收账款减值业务

【实验资料】

2022 年 1 月 31 日，计提坏账准备。

【实验过程】

2022 年 1 月 31 日，由张博文（W02）登录企业应用平台。在 U8 企业应用平台，单击"业务工作→财务会计→应收款管理→坏账处理→计提坏账准备"菜单，打开"计提坏账准备"窗口，如图 10-28 所示。单击工具栏的"确认"按钮，系统提示"是否立即制单？"，单击"是"按钮，进入填制凭证界面，将"凭证类别"改为"转账凭证"，单击"保存"按钮。

图 10-28　计提坏账准备

借：信用减值损失　　　　　　　　　　　　　　　　　　　　　　　88 341.44

　　贷：坏账准备　　　　　　　　　　　　　　　　　　　　　　　　　88 341.44

10.3.9　结转本月未交增值税

【实验资料】

根据表 10-10 进行自定义转账设置并生成凭证。

表 10-10 自定义转账设置

转账序号	摘要	凭证类别	科目编码	方向	金额公式
0003	结转本月应交未交增值税	转账凭证	22210105	借	QM（222101,月）
			222102	贷	JG()

【实验过程】

2022 年 1 月 31 日，由张博文（W02）登录企业应用平台。

1. 自定义转账设置

参照知识点 10.3.1 设置"结转本月应交未交增值税"自定义结转，结果如图 10-29 所示。

图 10-29 自定义转账——结转本月应交未交增值税

2. 生成凭证

（1）对本月所有记账凭证进行审核（W01）、记账（W02）。

（2）在总账系统，单击"期末→转账生成"菜单，打开"转账生成"对话框，双击"0003"号自定义转账凭证的"是否结转"栏。单击"确定"按钮，弹出"记账凭证"窗口，单击"保存"按钮。

借：应交税费/应交增值税/转出未交增值税 331 767.59

　　贷：应交税费/未交增值税 331 767.59

10.3.10 计提城市维护建设税、教育费附加及地方教育附加

【实验资料】

根据表 10-11 进行自定义转账设置并生成凭证。

表 10-11 自定义转账设置

转账序号	摘要	凭证类别	科目编码	方向	金额公式
0004	计提应交城市维护建设税（以下简称"城建税"）、教育费附加和地方教育附加	转账凭证	6403	借	JG()
			222124	贷	FS（222102,月,贷）*0.07
			222125	贷	FS（222102,月,贷）*0.03
			222126	贷	FS（222102,月,贷）*0.02

【实验过程】

2022 年 1 月 31 日，由张博文（W02）登录企业应用平台。

1. 自定义转账设置

参照知识点 10.3.1 设置"计提应交城建税、教育费附加和地方教育附加"自定义结转，结果如图 10-30 所示。

图 10-30 自定义转账——计提应交城建税、教育费附加和地方教育附加

2. 转账生成

（1）对上一步所生成凭证进行审核（W01）、记账（W02）。

（2）在总账系统，单击"期末→转账生成"菜单，打开"转账生成"对话框，双击"0004"号自定义转账凭证的"是否结转"栏。单击"确定"按钮，弹出"记账凭证"窗口，单击"保存"按钮。

借：税金及附加   39 812.11

  贷：应交税费/应交城市维护建设税   23 223.73

    应交税费/应交教育费附加   9 953.03

    应交税费/应交地方教育附加   6 635.35

10.3.11 确认汇兑损益

【实验资料】

2022 年 1 月 31 日，假定当日的调整汇率为 1:6.6075。

【实验过程】

1. 输入调整汇率

2022 年 1 月 31 日，由李梓楠（A01）登录企业应用平台。在 U8 企业应用平台，单击"基础设置→基础档案→财务→外币设置"菜单，打开"外币设置"窗口。根据实验资料，在 1 月 31 日的"调整汇率"栏输入"6.6075"，如图 10-31 所示。

2. 汇兑损益结转设置

2022 年 1 月 31 日，由张博文（W02）登录企业应用平台。在 U8 企业应用平台，单击"业务工作→财务会计→总账→期末→转账定义→汇兑损益"菜单，打开"汇兑损益结转设置"窗口。在"凭证类别"下拉列表框中选择"付款凭证"，"汇兑损益入账科目"选择"660302"（财务费用/汇兑损益），双击第 1 行的"是否计算汇兑损益"栏，如图 10-32 所示。单击"确定"按钮。

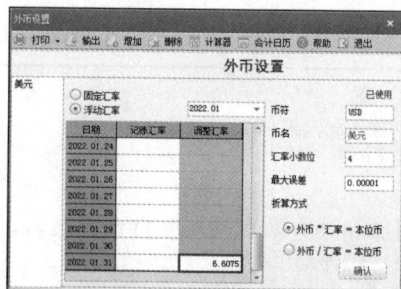

图 10-31 外币设置

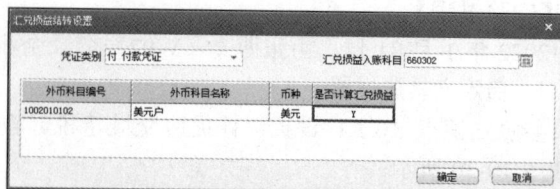

图 10-32 "汇兑损益结转设置"窗口

3. 转账生成

（1）对上一步所生成凭证进行审核（W01）、记账（W02）。

（2）在总账系统，单击"期末→转账生成"菜单，打开"转账生成"对话框。单击左侧的"汇兑损益结转"，对话框上方的"币种核算"选择"美元"，单击"全选"按钮，如图 10-33 所示。

（3）单击"确定"按钮，打开"汇兑损益试算表"对话框，如图 10-34 所示。

（4）单击"确定"按钮，打开"记账凭证"窗口，单击"保存"按钮。

借：财务费用/汇兑损益   406.00

    贷：银行存款/交通银行/锦州古塔支行/美元户   406.00

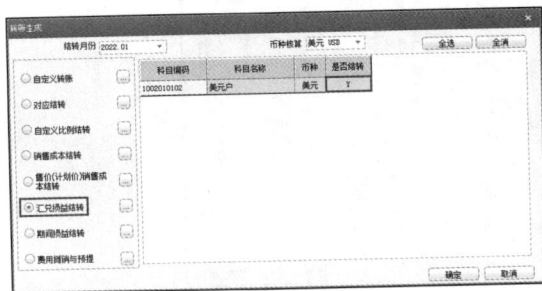

图 10-33   转账生成——汇兑损益结转

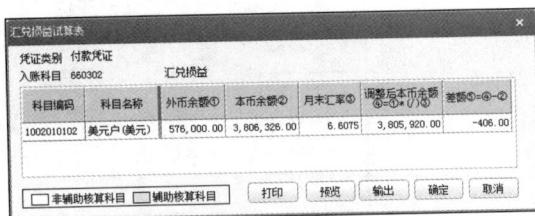

图 10-34   "汇兑损益试算表"对话框

10.3.12   结转期间损益

【实验资料】

设置期间损益结转凭证的凭证类别为转账凭证，本年利润科目为"4103"。

【实验过程】

2022 年 1 月 31 日，由张博文（W02）登录企业应用平台。

1. 转账定义

在 U8 企业应用平台，单击"业务工作→财务会计→总账→期末→转账定义→期间损益"菜单，打开"期间损益结转设置"对话框。在"凭证类别"下拉列表框中选择"转账凭证"，"本年利润科目"参照选择"4103"，单击对话框中的任意单元格，如图 10-35 所示。单击"确定"按钮。

结转期间损益

图 10-35   期间损益结转设置

2. 转账生成

（1）对上一步所生成凭证进行出纳签字（W03）、审核（W01）、记账（W02）。

（2）在总账系统，单击"期末→转账生成"菜单，打开"转账生成"对话框。单击左侧的"期间损益结转"，对话框上方的"类型"选择"收入"，单击"全选"按钮，如图 10-36 所示。

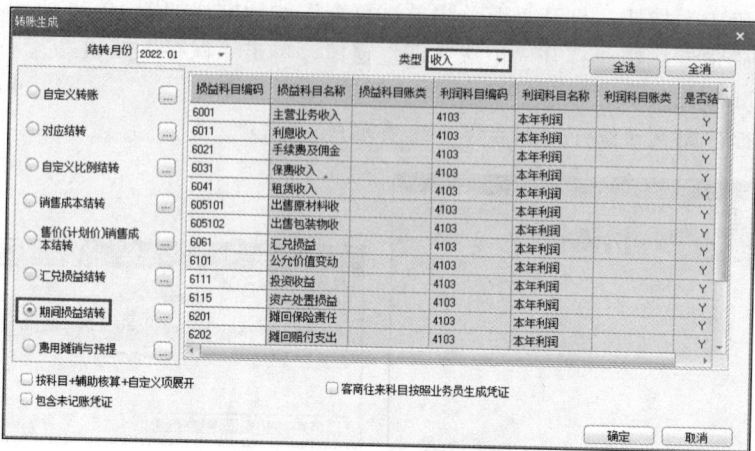

图 10-36　转账生成——期间损益结转（收入类）

（3）单击"确定"按钮，弹出"记账凭证"窗口，单击"保存"按钮。

借：主营业务收入　　　　　　　　　　　　　　　　　　　　3 217 804.60
　　其他业务收入/出售原材料收入　　　　　　　　　　　　　213 500.00
　　投资收益　　　　　　　　　　　　　　　　　　　　　　　−3 600.00
　　资产处置损益　　　　　　　　　　　　　　　　　　　　　−2 201.60
　　营业外收入/罚款收入　　　　　　　　　　　　　　　　　　　300.00
　　贷：本年利润　　　　　　　　　　　　　　　　　　　　3 425 803.00

（4）退出"记账凭证"窗口，返回"转账生成"对话框，对话框上方的"类型"选择"支出"，单击"全选"按钮，再单击"确定"按钮，弹出系统提示，如图 10-37 所示。弹出该提示是因为结转收入类账户至本年利润的凭证未记账。但是该凭证未记账并不影响支出类账户的结转，所以可以继续进行。

图 10-37　系统提示

（5）单击"是"按钮，打开"记账凭证"窗口，单击"保存"按钮。

借：本年利润　　　　　　　　　　　　　　　　　　　　　2 952 835.38
　　贷：主营业务成本　　　　　　　　　　　　　　　　　　2 050 453.26
　　　　其他业务成本　　　　　　　　　　　　　　　　　　　172 850.00
　　　　税金及附加　　　　　　　　　　　　　　　　　　　　288 812.11
　　　　销售费用　　　　　　　　　　　　　　　　　　　　　 39 910.57
　　　　管理费用　　　　　　　　　　　　　　　　　　　　　194 303.33
　　　　财务费用　　　　　　　　　　　　　　　　　　　　　 55 661.11
　　　　资产减值损失　　　　　　　　　　　　　　　　　　　 59 486.80
　　　　信用减值损失　　　　　　　　　　　　　　　　　　　 88 341.44
　　　　营业外支出　　　　　　　　　　　　　　　　　　　　　3 016.76

（6）对上一步所生成凭证进行审核（W01）、记账（W02）。

10.4 | 月末结账

本书介绍的 9 个系统，月末结账时应按一定顺序进行。以下 6 个系统结账顺序：采购管理→销售管理→库存管理→存货核算→应付款管理→应收款管理。若要取消结账，则按上述顺序的反向顺序逐个系统取消结账。固定资产、薪资管理这两个系统月末结账相对独立，只要完成本系统的日常业务处理，即可月末结账。总账系统在其他系统月末结账后才能结账。各系统月末结账必须从未结账的第一个月份逐月进行，不允许跨月结账。各系统取消月末结账必须从后往前逐月进行，不允许跨月取消月末结账。

10.4.1　供应链管理系统月末结账

1. 采购管理系统月末结账

2022 年 1 月 31 日，由赵子晨（G01）登录企业应用平台。在 U8 企业应用平台，单击"业务工作→供应链→采购管理→月末结账→月末结账"菜单，打开"结账"对话框，如图 10-38 所示。单击"结账"按钮，弹出"月末结账"对话框，提示是否关闭订单，单击"否"按钮，完成结账。

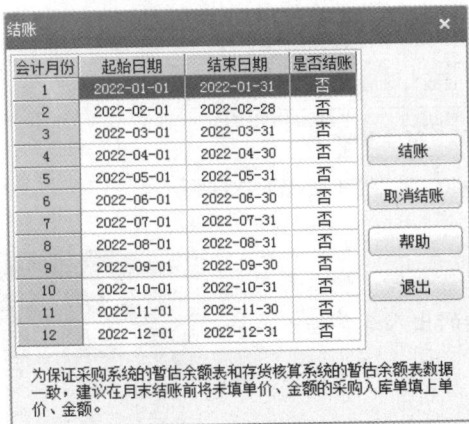

图 10-38　采购管理系统月末结账

供应链管理系统
月末结账

【提示】

若采购期初记账未完成，则本系统不允许月末结账。若上月未结账，则本月单据可以正常处理，但本月不允许月末结账。月末结账后，已结账月份的采购发票不允许修改或删除。月末结账后，才能进行库存管理、存货核算、应付款管理这3个系统的月末结账。采购管理系统取消月末结账前，必须先取消库存管理、存货核算、应付款管理这3个系统的月末结账。

2. 销售管理系统月末结账

2022 年 1 月 31 日，由纪超岩（X01）登录企业应用平台。在 U8 企业应用平台，单击"业务工作→供应链→月末结账→月末结账"菜单，打开"结账"对话框，如图 10-39 所示。单击"结账"按钮，弹出"销售管理"对话框，提示是否关闭订单，单击"否"按钮，完成月末结账。

【提示】

　　若上月未结账，则本月单据可以正常处理，但本月不允许月末结账。采购管理、销售管理两系统月末结账后，才能进行库存管理、存货核算、应付款管理、应收款管理这4个系统的月末结账。如果采购管理、销售管理这两系统要取消月末结账，则必须先取消库存管理、存货核算、应付款管理、应收款管理这4个系统的月末结账。

　　3. 库存管理系统月末结账

　　2022年1月31日，由冯艳琪（C01）登录企业应用平台。在U8企业应用平台，单击"业务工作→供应链→库存管理→月末处理→月末结账"菜单，打开"结账"对话框，如图10-40所示。单击"结账"按钮，弹出"库存管理"对话框，提示"库存启用月份结账后将不能修改期初数据，是否继续结账？"，单击"是"按钮，完成月末结账。

图10-39　销售管理系统月末结账

图10-40　库存管理系统月末结账

【提示】

　　若上月未结账，则本月单据可以正常处理，但本月不允许月末结账。月末结账后，已结账月份的出入库单据不允许修改或删除。

　　4. 存货核算系统月末结账

　　2022年1月31日，由张博文（W02）登录企业应用平台。在U8企业应用平台，单击"业务工作→供应链→存货核算→记账→月末结账"菜单，打开"结账"对话框，如图10-41所示。单击"结账"按钮，系统提示"月末结账完成！"。

　　【提示】

　　采购管理、销售管理、库存管理这3个系统月末结账后，存货核算系统才能月末结账。

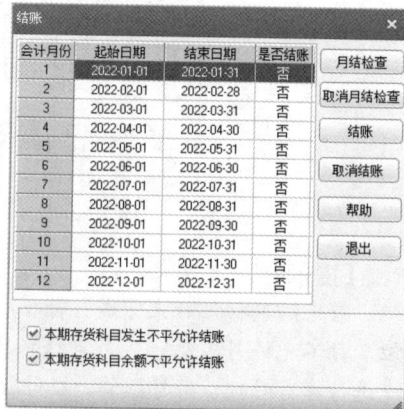

图10-41　存货核算系统月末结账

10.4.2　财务会计系统月末结账

　　1. 应付款管理系统月末结账

　　在应付款管理系统，单击"期末处理→月末结账"菜单，打开"月末处理"对话框，如图10-42

所示。双击 1 月份的"结账标志"栏，单击"下一步"按钮，再单击"完成"按钮，系统提示"1 月份结账成功"。

【提示】

如果采购管理系统没有月末结账，则应付款管理系统不允许月末结账。如果本月还有收付款单没有审核，则应付款管理系统本月不允许月末结账。

2. 应收款管理系统月末结账

在应收款管理系统，单击"期末处理→月末结账"菜单，打开"月末处理"对话框，如图 10-43 所示。双击 1 月份的"结账标志"栏，单击"下一步"按钮，再单击"完成"按钮，系统提示"1 月份结账成功"。

【提示】

系统进行月末结账后，该月将不能再进行任何处理。如果上月未结账，则本月不能结账。如果销售管理系统没有月末结账，则应收款管理系统不允许月末结账。如果本月还有收付款单没有审核，则应收款管理系统本月不允许月末结账。

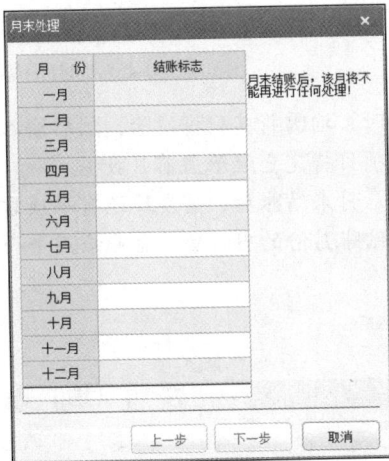

图 10-42 应付款管理系统月末结账

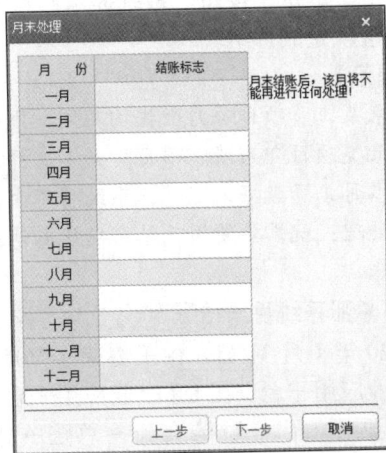

图 10-43 应收款管理系统月末结账

3. 固定资产系统月末结账

（1）月末对账。在固定资产系统，单击"资产对账→对账"，打开"对账条件"对话框，在"科目"栏勾选"固定资产""累计折旧"，单击"确定"按钮，打开"对账"窗口，结果如图 10-44 所示。

科目		固定资产				总账				对账差异			
编码	名称	期初余额	借方金额	贷方金额	期末余额	期初余额	借方金额	贷方金额	期末余额	期初余额	借方金额	贷方金额	期末余额
1601	固定资产	28717400.00	267500.00	7800.00	28977100.00	28717400.00	267500.00	7800.00	28977100.00	0.00	0.00	0.00	0.00
1602	累计折旧	1954616.00	1996.80	139458.20	2092077.40	1954616.00	1996.80	139458.20	2092077.40	0.00	0.00	0.00	0.00

图 10-44 "对账"窗口

【提示】

本系统的对账功能不限制执行的时间，任何时候均可进行。在执行月末结账功能时，自动对账一次，并给出对账结果。只有在建立固定资产账套（见图 3-29）或在系统选项中选择了"与账务系统进行对账"时，本功能才可用。

（2）月末结账。在固定资产系统，单击"期末处理→月末结账"，打开"月末结账…"对话框。单击"开始结账"按钮，弹出"与账务对账结果"对话框，单击"确定"按钮，系统提示"月末结账成功完成！"，单击"确定"按钮。

【提示】

月末结账每月进行一次，结账后当期的数据不能修改。若想修改，应恢复月末结账前的状态，即进行反结账。反结账应于待恢复月份的当月登录企业应用平台，执行"期末处理→恢复月末结账前状态"命令即可。恢复成功后，结账后所做的所有工作都将无痕迹删除。

4. 薪资管理系统月末结账

在薪资管理系统，单击"业务处理→月末处理"菜单，打开"月末处理"对话框，单击"确定"按钮，系统提示是否继续月末处理，单击"是"按钮，系统提示"是否选择清零项？"，单击"是"按钮，弹出"选择清零项目"对话框。选择清零项目"基本工资""职务津贴""加班天数""病假天数""事假天数"，如图 10-45 所示。单击"确定"按钮，系统提示"月末处理完毕！"，单击"确定"按钮，完成月结。

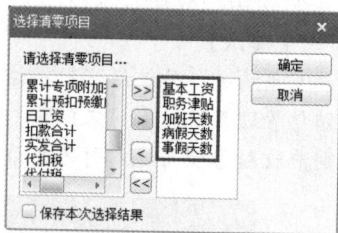

图 10-45　选择清零项

【提示】

如果某工资项目每月数据均不同，则在处理每月工资时，均需将其数据清除，然后输入当月的数据，此类项目即为清零项目。若不选择清零项，则下月项目将完全继承当前月数据。

若本月工资数据未汇总，系统将不允许进行月末结账。月末结账后，若发现还有事项需要在已结账月处理，就需要使用反结账功能取消结账标志。以已结账月份的当月登录企业应用平台即可进行反结账。

5. 总账系统月末结账

2020 年 1 月 31 日，由王健荣（W01）登录企业应用平台。在 U8 企业应用平台，单击"业务工作→财务会计→总账→期末→结账"菜单，打开"结账-开始结账"窗口。单击"下一步"按钮，打开"结账-核对账簿"对话框。单击"对账"按钮，系统进行对账。

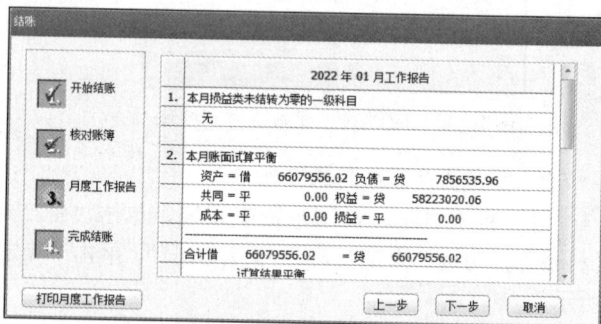

对账完毕后单击"下一步"按钮，打开"结账-月度工作报告" 对话框，如图 10-46 所示。单击"下一步"按钮，打开"结账-完成结账" 对话框，系统提示可以结账。单击"结账"，1 月份结账完毕。

图 10-46　结账——月度工作报告

【提示】

已结账月份不能再填制凭证，但可以查询凭证、账表等。以下情况不允许月末结账。①上月未结账。但本月可以填制、审核凭证。②本月还有未记账凭证。③总账与明细账对账不符。④总账系统与其他系统联合使用时，其他系统未结账。在总账系统，单击"期末→结账"菜单，打开"结账—开始结账"窗口，单击选择要取消结账的月份，按"Ctrl+Shift+F6"组合键即可。

第11章 | UFO 报表系统

11.1 | 概述

UFO 报表系统是用友 ERP-U8 的报表管理系统，主要实现文件管理、格式管理、数据处理、图形处理、二次开发等功能，该系统可以从总账、应付、应收、薪资管理、固定资产以及供应链管理各系统提取数据，生成各种报表。本章主要内容如下。

1. 取得报表

可通过以下两种方法取得报表：①通过系统自带的模板快速生成资产负债表等对外财务报表；②根据企业管理实际需要灵活设计自定义报表。

2. 编辑格式

通过上述方法①取得的报表需要根据最新企业会计准则的规定调整格式，通过上述方法②取得的报表也需要编辑格式。

3. 定义公式

UFO 报表系统通过公式从总账等系统提取数据。定义公式需要符合公式本身的语法规则，同时也应符合会计学原理和企业会计准则。

本章的重难点内容：调用报表模板生成报表、设计自定义报表、定义报表公式，尤其是定义表间取数公式。本章总体框架如图 11-1 所示。

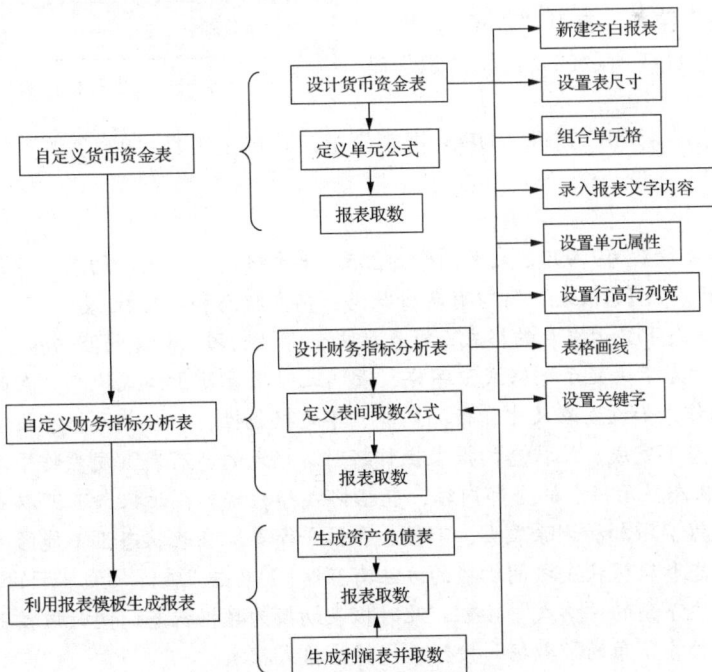

图 11-1　本章总体框架

11.2

自定义报表

11.2.1　设计货币资金表

【实验资料】

设计图 11-2 所示的货币资金表。基本要求：①第 1 行行高 16mm，第 1 列列宽 36mm；②表头字体为黑体，字号为 18 号；③前 3 行和第 1 列单元格文字居中显示，第 3 行为粗体字形。

货币资金表

××××年××月××日

会计科目	月初余额	借方发生额	贷方发生额	月末余额
库存现金				
银行存款				
其他货币资金				
合计				

图 11-2　货币资金表

【实验过程】

2022 年 1 月 31 日，由王健荣（W01）登录企业应用平台。

（1）新建一张空白报表。

① 在 U8 企业应用平台，单击"业务工作→财务会计→UFO 报表"菜单，打开"UFO 报表"窗口，同时弹出图 11-3 所示的"日积月累"提示框。

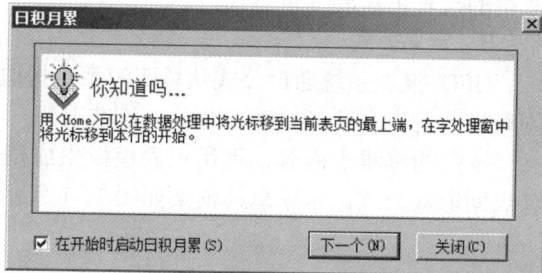

设计货币资金表

日积月累

你知道吗...

用〈Home〉可以在数据处理中将光标移到当前表页的最上端，在字处理窗中将光标移到本行的开始。

☑ 在开始时启动日积月累(S)　　下一个(N)　关闭(C)

图 11-3　"日积月累"提示框

② 单击"关闭"按钮，返回"UFO 报表"窗口。单击工具栏的 □ "新建"按钮，新建一张空白报表。

【提示】

UFO报表的最大行数为9 999，最大列数为255。单元格是组成报表的最小单位，每个单元格用行号+列标组合表示。"UFO报表"窗口有两种状态：格式状态和数据状态。

[格式状态]此状态下显示报表的格式，报表数据全部被隐藏。新建的空白报表默认处于此状态，如图11-6所示。窗口左下角显示"格式"字样，表明此时报表处于格式状态。在此状态下可以完成报表的格式设计工作，如设置表尺寸、行高列宽、单元格属性，组合单元格、设置关键字等。定义报表公式也在此状态下完成。此状态的报表操作将对本报表的所有表页发生作用。

[数据状态]此状态显示报表的全部内容，包括格式和数据。在此状态下可以完成报表数据的处理工作，如输入数据、增加和删除表页、审核、舍位平衡等。在此状态下不能修改报表格式。

在报表格式状态和数据状态之间切换的方法有2种。①单击"编辑"菜单下的"格式/数据状态"命令。②单击窗口左下角的"格式"按钮，此时报表切换为数据状态，同时该按钮显示"数据"字样；同理，单击窗口左下角的"数据"按钮，切换为格式状态。

（2）设置表尺寸。

单击"格式"菜单下的"表尺寸"命令，弹出"表尺寸"对话框，行数设为 7，列数设为 5，如图 11-4 所示。单击"确认"按钮。

（3）组合单元格。

① 选中 A1:E1 单元格区域，单击"格式"菜单下的"组合单元"命令，弹出"组合单元"对话框，如图 11-5 所示。

② 单击"整体组合"按钮，完成单元格合并。

③ 参照上述方法，对 A2:E2 单元格区域进行整体组合。

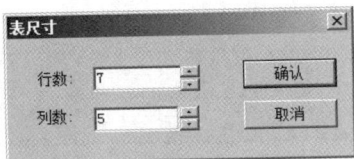

图 11-4 "表尺寸"对话框   图 11-5 "组合单元"对话框

（4）录入报表文字内容。

根据实验资料，录入除第 2 行以外的文字内容，结果如图 11-6 所示。

（5）设置单元属性。

① 选中前三行，执行"格式"菜单下的"单元属性"命令，打开"单元格属性"对话框，单击"对齐"选项卡，对齐方式均选"居中"，如图 11-7 所示，单击"确定"按钮。

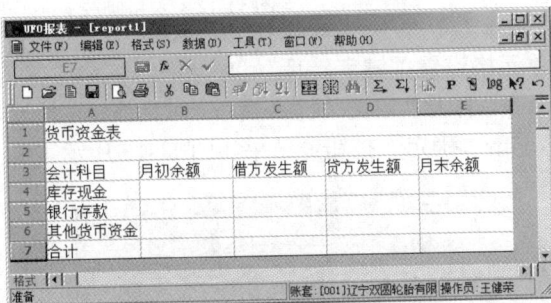

图 11-6 输入报表文字内容   图 11-7 对齐方式

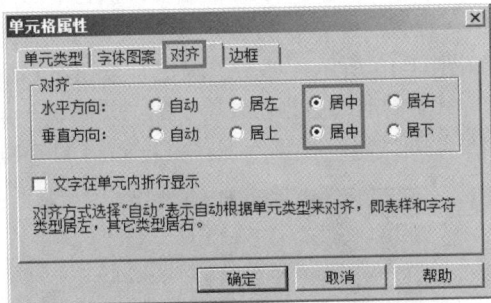

② 参照上述方法，将 A 列的对齐方式也设置为"居中"。

③ 选中第 1 行，执行"格式"菜单下的"单元属性"命令，打开"单元格属性"对话框，单击"字体图案"选项卡，将字体改为"黑体"，字号改为"18"，如图 11-8 所示，单击"确定"按钮。

④ 选中第 3 行，执行"格式"菜单下的"单元属性"命令，打开"单元格属性"对话框，单击"字体图案"选项卡，将"字形"改为"粗体"，单击"确定"按钮。

⑤ 选中 B4:E7 单元格区域，执行"格式"菜单下的"单元属性"命令，打开"单元格属性"对话框，在"格式"栏勾选"逗号"，如图 11-9 所示，单击"确定"按钮。

（6）设置行高与列宽。

① 单击第 1 行，执行"格式"菜单下的"行高"命令，打开"行高"对话框，在"行高"栏输入"16"，如图 11-10 所示，单击"确定"按钮。

② 单击 A 列的列标，执行"格式"菜单下的"列宽"命令，打开"列宽"对话框，在"列宽"栏输入"36"，如图 11-11 所示，单击"确定"按钮。

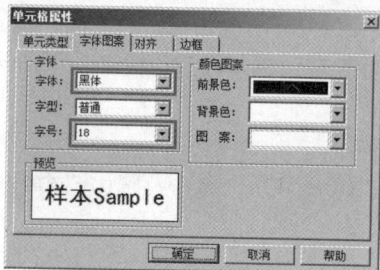

图 11-8　调整字体、字号

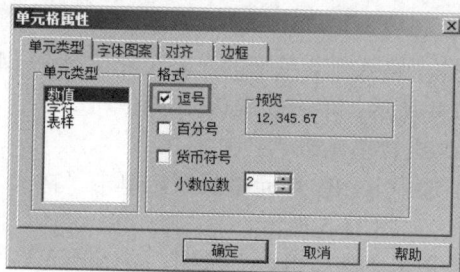

图 11-9　设置单元格中数值的格式

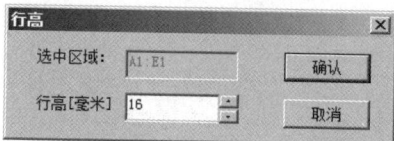

图 11-10　设置行高

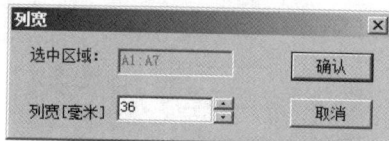

图 11-11　设置列宽

（7）表格画线。

选中 A3:E7 单元格区域，执行"格式"菜单下的"区域画线"命令，打开"区域画线"对话框，如图 11-12 所示，单击"确定"按钮。

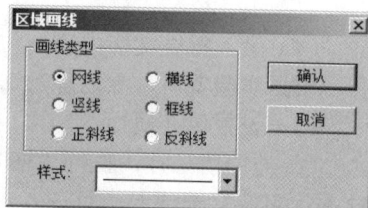

（8）设置关键字。

① 单击第 2 行的单元格，执行"数据"菜单下的"关键字→设置"命令，打开"设置关键字"对话框，选择"年"，如图 11-13 所示，单击"确定"按钮。然后在该单元格设置关键字"月"和"日"。

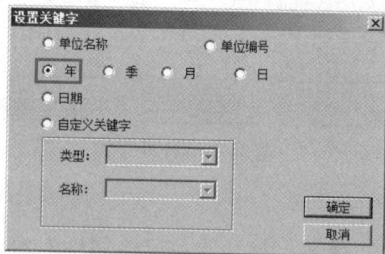

图 11-12　表格画线

② 执行"数据"菜单下的"关键字→偏移"命令，打开"定义关键字偏移"对话框，在"年""月"和"日"栏输入偏移量，如图 11-14 所示，单击"确定"按钮，结果如图 11-15 所示。

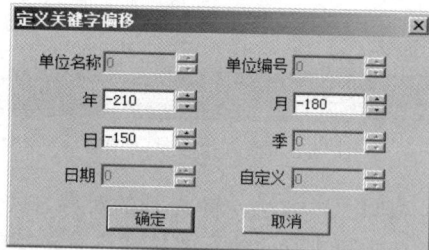

图 11-13　设置"年"关键字

图 11-14　关键字偏移

图 11-15　设计完毕的货币资金表

【提示】

关键字是游离于单元格之外的特殊数据单元，一般在窗口中显示为红色。关键字偏移时，负数表示向左偏移，正数表示向右偏移。

11.2.2 定义单元公式

【实验资料】

设置 B4:E7 单元格区域的计算公式。

【实验过程】

（1）单击 B4 单元格，单击工具栏的 fx 按钮，或者执行"数据"菜单下的"编辑公式→单元公式"命令，打开"定义公式"对话框。

定义单元公式

（2）单击"函数向导"按钮，打开"函数向导"对话框，在"函数分类"列表框中选择"用友账务函数"，在"函数名"列表框中选择"期初(QC)"，如图 11-16 所示。单击"下一步"按钮，打开"用友账务函数"窗口，单击"参照"按钮，打开"账务函数"对话框，如图 11-17 所示。

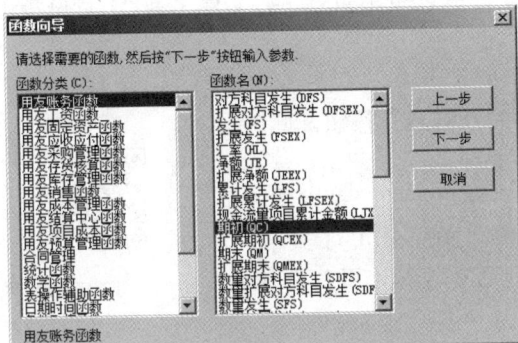

图 11-16 "函数向导"对话框

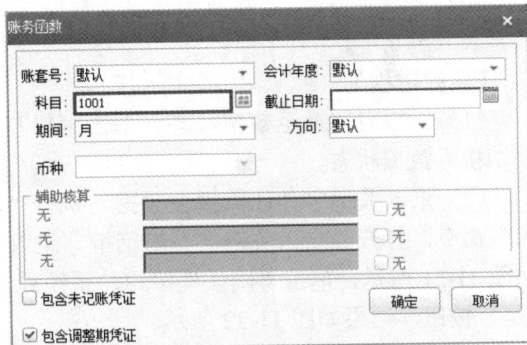

图 11-17 "账务函数"对话框

（3）单击"确定"按钮，返回"用友账务函数"对话框，单击"确定"按钮，返回"定义公式"对话框，结果如图 11-18 所示。单击"确认"按钮，完成 B4 单元格的公式设置。

（4）参照上述方法设置 B5、B6 单元格及 C4:E6 单元格区域的计算公式。

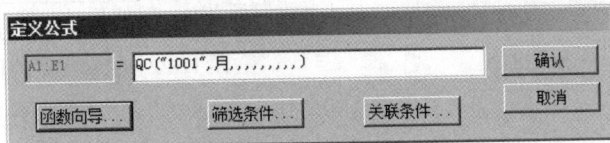

图 11-18 "定义公式"对话框

（5）单击 B7 单元格，单击工具栏的 fx "公式"按钮，在"定义公式"对话框手工输入"B4+B5+B6"，如图 11-19 所示。

图 11-19 "定义公式"对话框

（6）参照上述方法设置 C7:E7 单元格区域的计算公式。货币资金表设置完毕，结果如图 11-20 所示。

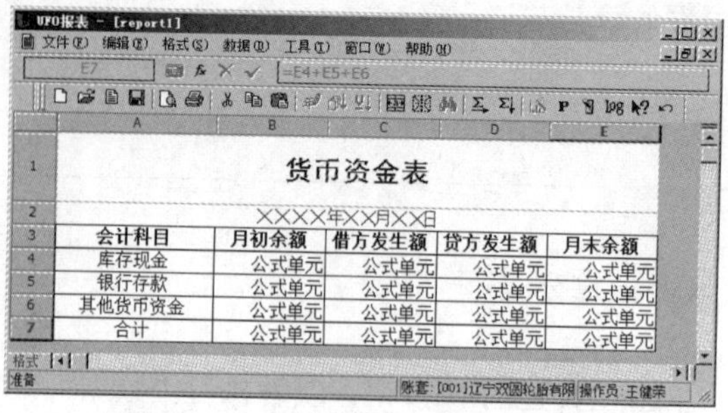

图 11-20　公式设置完毕的货币资金表

11.2.3　报表取数

【实验资料】

2022 年 1 月 31 日，将货币资金表数据重算后保存至 C 盘根目录下，文件名为"1 月份货币资金表.rep"。

【实验过程】

（1）将报表切换至数据状态。单击窗口左下角的"格式"按钮，此时报表切换为数据状态。

（2）录入关键字并计算报表数据。执行"数据"菜单下的"关键字→录入"命令，打开"录入关键字"对话框，录入关键字"2022 年 1 月 31 日"，如图 11-21 所示。单击"确认"按钮，系统提示"是否重算第 1 页？"，单击"是"按钮，结果如图 11-22 所示。

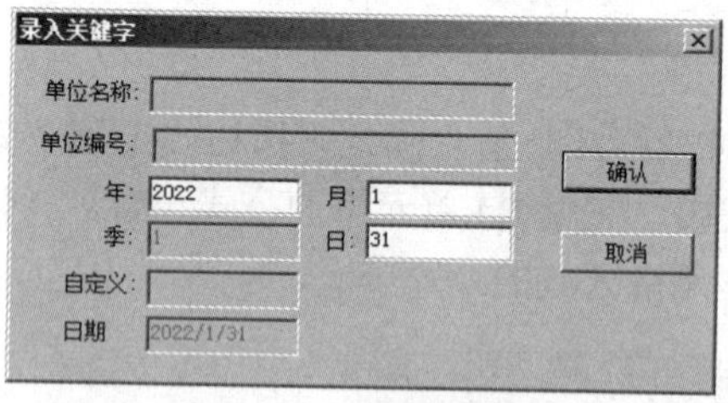

货币资金表取数

图 11-21　录入关键字

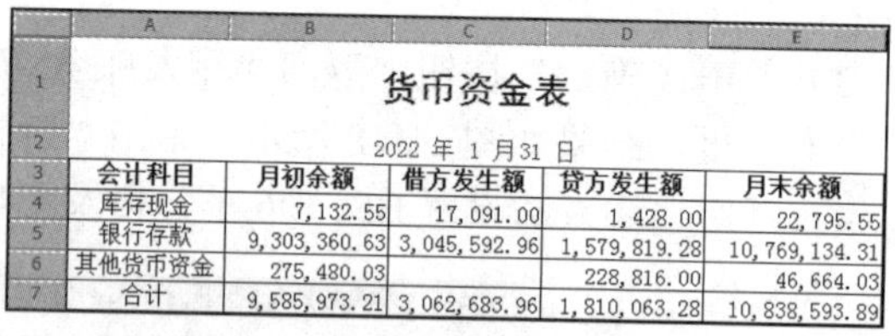

图 11-22　重算完毕的货币资金表

【提示】

如果单元格显示"############"字样，则表明该单元格所在列的列宽不够，调整列宽后即可正常显示。

（3）保存报表。单击工具栏的 按钮，打开"另存为"对话框，存储位置选择 C 盘根目录，在"文件名"栏输入"1 月份货币资金表"，如图 11-23 所示。单击"另存为"按钮，完成保存。

【提示】

保存报表时，存储路径、文件名、文件类型这 3 项信息均无误，才表明报表保存正确。

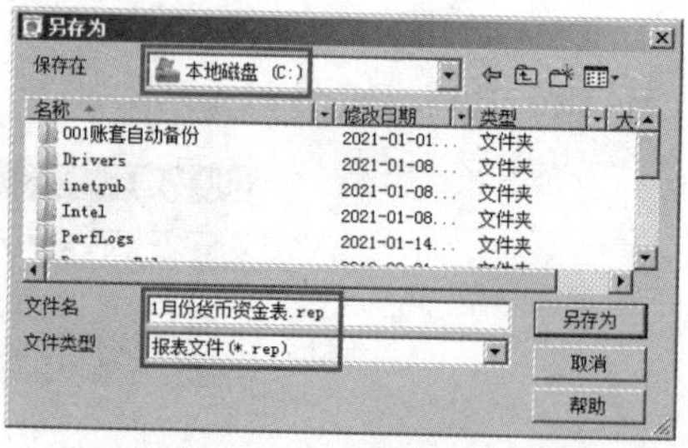

图 11-23　保存报表

11.3 利用模板生成报表

11.3.1 生成资产负债表

【实验资料】

2022 年 1 月 31 日，利用报表模板生成资产负债表，根据最新会计准则调整报表项目。

【实验过程】

2022 年 1 月 31 日，由王健荣（W01）登录企业应用平台。

（1）新建空白报表。

在 U8 企业应用平台，选择"业务工作→财务会计→UFO 报表"命令，打开"UFO 报表"窗口。单击工具栏的 ▢ "新建"按钮，新建一张空白报表。

（2）调用模板生成资产负债表。

单击"格式"菜单下的"报表模板"命令，打开"报表模板"对话框，在"您所在的行业："下拉列表框中选择"2007 年新会计制度科目"，"财务报表"下拉列表框中选择"资产负债表"，如图 11-24 所示。单击"确认"按钮，系统提示"模板格式将覆盖本表格式！是否继续？"，单击"确定"按钮，打开资产负债表模板。

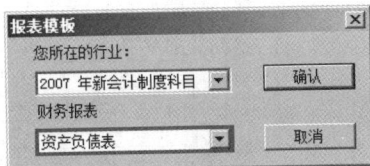

图 11-24 选择报表模板

【提示】

图 11-24 所选的行业对应创建账套时选择的"行业性质"（见图 1-8）。

资产负债表模板中的"公式单元"存储了计算公式，通过这些公式可从 U8 系统取数，进行表内、表间计算等。

（3）根据最新会计准则调整报表项目。

将 A12 单元格由"应收利息"改为"合同资产"；将 A13 单元格由"应收股利"改为"持有待售资产"；将 A20 单元格由"可供出售金融资产"改为"债权投资"；将 A21 单元格由"持有至到期投资"改为"其他债权投资"；将 E14 单元格由"应付利息"改为"合同负债"；将 E15 单元格由"应付股利"改为"持有待售负债"。

（4）调整报表计算公式。

删除 C13 单元格的计算公式，同时将 C14 单元格的计算公式修改为"QM("1221",月,,,年,,)+QM("1131",月,,,年,,)"，即"其他应收款"项目的期末金额等于"其他应收款""应收股利"科目的期末余额合计。

删除 G15 单元格的计算公式，同时将 G16 单元格的计算公式修改为"QM("2241",月,,,年,,)+QM("2232",月,,,年,,)"。即"其他应付款"项目的期末金额等于"其他应付款""应付股利"科目的期末余额合计。

11.3.2 报表取数

【实验资料】

2022 年 1 月 31 日，将报表数据重算后保存至 C 盘根目录下，文件名为"1 月份资产负债表.rep"。

【实验过程】

（1）将报表切换至数据状态。单击窗口左下角的"格式"按钮，系统提示"是否确定全表重算？"，单击"否"按钮，此时报表切换为数据状态。

【提示】

一个UFO报表最多可容纳99 999张表页。

（2）录入关键字并计算报表数据。执行"数据"菜单下的"关键字→录入"命令，打开"录入关键字"对话框，录入关键字"2022年1月31日"。单击"确认"按钮，系统提示"是否重算第1页？"，单击"是"按钮，结果如图11-25所示。

图 11-25　重算完毕的资产负债表

【提示】

在资产负债表取数完毕后，应根据会计等式"资产=负债+所有者权益"，检查报表是否平衡。若不平衡，则应查找原因并进行调整。

（3）保存报表。单击工具栏的 ![save] 按钮，打开"另存为"对话框，存储位置选择C盘根目录，在"文件名"栏输入"1月份资产负债表"。单击"另存为"按钮，完成保存。

11.3.3　生成利润表并取数

【实验资料】

2022年1月31日，利用报表模板生成1月份利润表，根据最新会计准则调整报表项目。将利润表重算后保存至C盘根目录下，文件名为"1月份利润表.rep"

【实验过程】

（1）在"UFO报表"窗口，单击 ![new] "新建"按钮，新建一张空白报表。

（2）调用模板生成利润表。单击"格式"菜单下的"报表模板"命令，打开"报表模板"对话框，在"您所在的行业："下拉列表框中选择"2007年新会计制度科目"，在"财务报表"下拉列表框中选择"利润表"。

（3）根据最新会计准则调整报表项目。将A7单元格由"营业税金及附加"改为"税金及附加”；在 A11 单元格下插入一行，项目名称输入“信用减值损失”；在 A15 单元格下插入两行，项目名称分别输入“资产处置收益”“其他收益”；删除“营业外支出”下面的那一行。

（4）调整报表计算公式。设置信用减值损失本期金额公式为“fs(6702,月,"借",,年)”，设置资产处置收益本期金额公式为“fs(6115,月,"贷",,年)”。修改营业利润的计算公式为“?C5-?C6-?C7-?C8-?C9-?C10-?C11-?C12+?C13+?C14+?C16+?C17”。

（5）将报表切换至数据状态，录入关键字“2022 年 1 月”，并进行整表重算，结果如图 11-26 所示。

	A	B	C	D
1	利润表			
2				会企02表
3	编制单位：　　2022 年	1 月		单位:元
4	项　　目	行数	本期金额	上期金额
5	一、营业收入	1	3,431,304.60	
6	减：营业成本	2	2,223,303.26	
7	税金及附加	3	288,812.11	
8	销售费用	4	39,910.57	
9	管理费用	5	194,303.33	
10	财务费用	6	55,661.11	
11	资产减值损失	7	59,486.80	
12	信用减值损失	8	88,341.44	
13	加：公允价值变动收益（损失以“-”号填列）	9		
14	投资收益（损失以“-”号填列）	10	-3,600.00	
15	其中:对联营企业和合营企业的投资收益	11		
16	资产处置收益（损失以“-”号填列）	12	-2,201.60	
17	其他收益（损失以“-”号填列）	13		
18	二、营业利润（亏损以“-”号填列）	14	475,684.38	
19	加：营业外收入	15	300.00	
20	减：营业外支出	16	3,016.76	
21	三、利润总额（亏损总额以“-”号填列）	17	472,967.62	
22	减：所得税费用	18		
23	四、净利润（净亏损以“-”号填列）	19	472,967.62	

图 11-26　重算完毕的利润表

生成利润表并取数

（6）保存报表。单击工具栏的按钮，打开“另存为”对话框，存储位置选择 C 盘根目录，“文件名”栏输入“1 月份利润表”，单击“另存为”按钮，完成保存。

11.4 自定义财务指标分析表

11.4.1　设计财务指标分析表

【实验资料】

设计图 11-27 所示的财务指标分析表。基本要求：①第 1 行行高 16mm，第 2 行～第 6 行行高 8mm，第 1 列列宽 36mm；②表头字体为黑体，字号为 18 号；③前 3 行和第 1 列单元格文字居中显示。

财务指标分析表

××××年××月××日

分析指标	计算结果	备注
流动比率		流动资产/流动负债
销售净利率		净利润/销售收入
总资产净利率		净利润/总资产

图 11-27　财务指标分析表

【实验过程】

2022 年 1 月 31 日，由王健荣（W01）登录企业应用平台。在 U8 企业应用平台，选择"业务工作→财务会计→UFO 报表"命令，打开"UFO 报表"窗口。设计财务指标分析表的操作过程与知识点"11.2.1 设计货币资金表"相同，此处不再赘述。设计结果如图 11-28 所示。

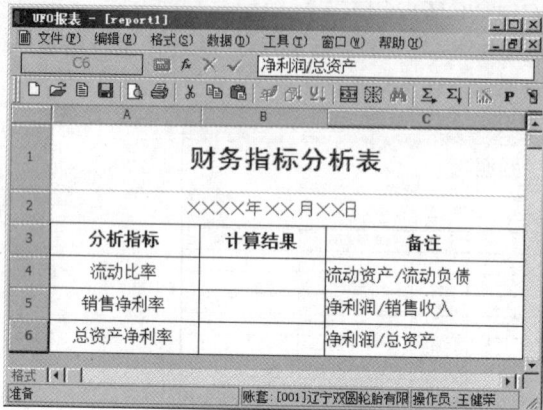

图 11-28　设计完毕的财务指标分析表

设计财务指标分析表

11.4.2　定义表间取数公式

【实验资料】

设置 B4:B6 单元格区域的计算公式。

【实验过程】

（1）单击 B4 单元格，单击工具栏的 f_x 按钮，或者执行"数据"菜单下的"编辑公式→单元公式"命令，打开"定义公式"对话框。在"定义公式"对话框中手工输入""C:\1月份资产负债表"->C18@1/"C:\1 月份资产负债表"->G19@1"，如图 11-29 所示。单击"确认"按钮。

图 11-29　"流动比率"的计算公式

定义表间取数公式

【提示】

关于流动比率的计算公式的说明如下。

B4="C:\1月份资产负债表"->C18@1/"C:\1月份资产负债表"->G19@1

""C:\1月份资产负债表"->C18@1"表示取C盘"1月份资产负债表.rep"第1个表页中C18单元格的数值，即取该表流动资产的期末数。

""C:\1月份资产负债表"->G19@1"表示取C盘"1月份资产负债表.rep"第1个表页中G19单元格的数值，即取该表流动负债的期末数。

整个公式的计算过程如下。

$$B4=\frac{"C:\backslash 1月份资产负债表"->C18@1}{"C:\backslash 1月份资产负债表"->G19@1}=\frac{39\ 239\ 416.13}{844\ 035.96}\approx 46.49$$

（2）单击 B5 单元格，参照上述方法设置"销售净利率"的计算公式，其计算公式为""C:\1月份利润表"->C23@1/"C:\1 月份利润表"->C5@1"，如图 11-30 所示。

（3）单击 B6 单元格，参照上述方法设置"总资产净利率"的计算公式，其计算公式为""C:\1 月份利润表"->C23@1/"C:\1 月份资产负债表"->C38@1"，如图 11-31 所示。

图 11-30 "销售净利率"的计算公式　　　　图 11-31 "总资产净利率"的计算公式

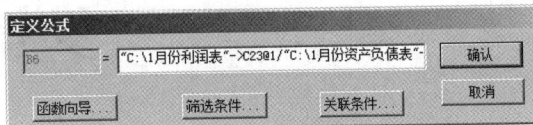

（4）财务指标分析表设置完毕，结果如图 11-32 所示。

图 11-32 公式设置完毕的财务指标分析表

11.4.3 报表取数

【实验资料】

2022 年 1 月 31 日，将财务指标分析表数据重算后保存至 C 盘根目录下，文件名为"1 月份财务指标分析表.rep"。

【实验过程】

（1）将报表切换至数据状态。单击窗口左下角的"格式"按钮，此时报表切换为数据状态。

（2）录入关键字并计算报表数据。执行"数据"菜单下的"关键字→录入"命令，打开"录入关键字"对话框，录入关键字"2022 年 1 月 31 日"。单击"确认"按钮，系统提示"是否重算第 1 页？"，单击"是"按钮。重算结果如图 11-33 所示。

图 11-33 重算完毕的财务指标分析表

财务指标分析表取数

（3）保存报表。单击工具栏的 🖫 按钮，打开"另存为"对话框，存储位置选择 C 盘根目录，在"文件名"栏输入"1 月份财务指标分析表"。单击"另存为"按钮，完成保存。

参考文献

[1] 罗姆尼，施泰因巴特. 会计信息系统[M]. 12版. 北京：中国人民大学出版社，2013.

[2] 陈旭. 会计信息化[M]. 北京：高等教育出版社，2018.

[3] 张瑞君，蒋砚章. 会计信息系统[M]. 8版. 北京：中国人民大学出版社，2019.

[4] 艾文国，孙洁，张华，关涛. 会计信息系统[M]. 4版. 北京：人民邮电出版社，2020.

[5] 艾文国，孙洁，张华. 会计信息系统[M]. 3版. 北京：高等教育出版社，2015.

[6] 毛华扬，陈丰，王婧婧. 会计信息化原理与应用[M]. 4版. 北京：中国人民大学出版社，2020.

[7] 毛华扬，刘红梅，王婧婧. 会计信息系统原理与应用——基于用友 ERP-U8V10.1版[M]. 2版. 北京：中国人民大学出版社，2020.

[8] 毛华扬，邹淑. 会计业务一体化实验教程[M]. 北京：清华大学出版社，2014.

[9] 宋红尔. 会计信息化——财务篇[M]. 2版. 大连：东北财经大学出版社，2020.

[10] 宋红尔，赵越，冉祥梅. 用友 ERP 供应链管理系统应用教程[M]. 2版. 大连：东北财经大学出版社，2019.

[11] 宋红尔. 会计信息系统应用——基于业财融合[M]. 大连：东北财经大学出版社，2020.

[12] 宋红尔，赵德良. 会计信息化综合实训[M]. 大连：东北财经大学出版社，2019.

[13] 戴德明，林钢，赵西卜. 财务会计学[M]. 12版. 北京：中国人民大学出版社，2020.

[14] 万寿义，任月君. 成本会计[M]. 5版. 大连：东北财经大学出版社，2019.

[15] 中国注册会计师协会. 税法[M]. 北京：中国财政经济出版社，2020.

[16] 王红云. 税法[M]. 8版. 北京：中国人民大学出版社，2019.

[17] 刘瑞武，詹阳，余漱峰. 会计信息系统[M]. 北京：人民邮电出版社，2017.

[18] 王海林，续慧泓. 财务管理信息化[M]. 2版. 北京：电子工业出版社，2015.

[19] 黄微平，黄正瑞. 会计信息系统[M]. 北京：北京大学出版社，2019.

[20] 黄辉. 会计信息系统理论与实践[M]. 大连：东北财经大学出版社，2017.

[21] 袁凤林. 会计信息化教程[M]. 北京：经济管理出版社，2017.

[22] 刘宁. 会计信息系统——基于用友 ERP-U8 10.1版[M]. 上海：立信会计出版社，2017.

[23] 李吉梅，杜美杰. 场景式企业财务业务综合实践教程（用友 ERP-U8 V10.1）[M]. 北京：清华大学出版社，2016.

[24] 王成. 财务与供应链综合实践教程（用友 ERP-U8 V10.1）[M]. 北京：机械工业出版社，2016.

[25] 王新玲，刘春梅. 会计信息化应用教程（用友 ERP-U8 V10.1版）[M]. 北京：清华大学出版社，2019.

[26] 王新玲. 用友 U8（V10.1）财务业务一体化应用[M]. 2版. 北京：人民邮电出版社，2019.

[27] 李爱红. ERP 财务供应链一体化实训教程（用友 U8 V10.1）[M]. 北京：高等教育出版社，2016.

[28] 牛永芹，杨琴，喻竹. ERP 财务业务一体化实训教程（用友 U8 V10.1版）[M]. 2版. 北京：高等教育出版社，2017.

[29] 张莉莉，武刚. 企业财务业务一体化实训教程[M]. 北京：清华大学出版社，2018.

[30] 陈祥禧，周海娟. ERP 财务业务一体化实训教程[M]. 西安：西北工业大学出版社，2019.

[31] 魏世和，陶文. ERP 财务业务一体化教程[M]. 北京：高等教育出版社，2017.

[32] 尹桂凤，邓利梅. 财务业务一体化实用教程[M]. 成都：西南财经大学出版社，2016.

[33] 何克理，杨衍莹. 会计信息化（用友 U8V10.1版）[M]. 上海：上海财经大学出版社，2019.

[34] 沈清文，吕玉林. 会计电算化（财务链·供应链）[M]. 北京：人民邮电出版社，2014.

[35] 狄建红. 会计电算化实务——用友 ERP-U8 V10.1（财务链、供应链）[M]. 北京：人民邮电出版社，2015.

[36] 王珠强. 会计电算化——用友 ERP-U8 V10.1版[M]. 2版. 北京：人民邮电出版社，2018.

[37] 孙义，孙玉贤，黄菊英. 会计信息化（用友 ERP-U8V10.1）[M]. 2版. 北京：高等教育出版社，2020.

[38] 李娟，李春燕. 会计信息化实训（用友 ERP-U8V10.1）[M]. 大连：东北财经大学出版社，2018.

[39] 刘薇. 会计信息系统实训[M]. 北京：经济科学出版社，2019.

[40] 王忠孝. 会计信息系统应用（用友 ERP-U8V10.1版）[M]. 北京：高等教育出版社，2021.